转型升级工程　科技创新工程

农业现代化工程　文化建设工程

民生幸福工程　社会管理创新工程

生态文明建设工程　党建工作创新工程

江苏省全面建成更高水平小康社会 开启基本实现现代化新征程

干部读本

社会管理创新工程读本

本书编委会

江苏人民出版社

《江苏省全面建成更高水平小康社会开启基本实现现代化新征程干部读本》编审指导委员会

主　　任	石泰峰	江苏省委副书记
执行主任	杨新力	江苏省委常委、省委组织部部长
副 主 任	王　奇	江苏省委组织部常务副部长
	章剑华	江苏省委宣传部常务副部长
	王　军	江苏省委党校常务副校长
委　　员	陈建刚	江苏省委副秘书长、省委研究室主任
	刘松汉	江苏省委副秘书长
	李一宁	江苏省政府副秘书长、省政府办公厅主任
	赵长林	江苏省纪委常委
	张新民	江苏省委政法委员会副书记兼省社会管理综合治理委员会办公室主任
	陈震宁	江苏省发展和改革委员会主任
	沈　健	江苏省教育厅厅长、省委教育工委书记
	陈蒙蒙	江苏省环境保护厅厅长
	周　岚	江苏省住房和城乡建设厅厅长
	曹苏民	江苏省科学技术厅副厅长
	吴沛良	江苏省农业委员会主任
	吴晓林	江苏省文化厅副厅长
	夏心旻	江苏省统计局副局长

《社会管理创新工程读本》编委会

主　编　张新民

副主编　李三顺

编　委　（按姓氏笔画顺序）

万劲松　张传红　周和林　姜柯宇　姚恒斌

序　言

党的十八大指出，坚持和发展中国特色社会主义，关键在于建设一支政治坚定、能力过硬、作风优良、奋发有为的执政骨干队伍。十八大勾画了在新的历史条件下全面建成小康社会、加快推进社会主义现代化、夺取中国特色社会主义新胜利的宏伟蓝图，提出了全面建成小康社会和全面深化改革开放的目标，并鼓励有条件的地方在现代化建设中继续走在前列。当前，江苏的发展站在新的历史起点。省第十二次党代会确定了全面建成更高水平小康社会、开启基本实现现代化新征程的目标。省委十二届四次全会根据党的十八大新要求，提出以“五个新”提升“两个率先”目标内涵，即增强创新驱动、内生增长的经济发展新动力，构建统筹协调、互动融合的城乡区域发展新格局，增创更具活力、更有效率的改革开放新优势，形成民生改善、安定和谐的社会建设新局面，建设资源节约、环境友好的生态文明新体系，体现了十八大精神和江苏实际的紧密结合，反映了全省人民的共同期盼。省委省政府部署实施的转型升级、科技创新、农业现代化、文化建设、民生幸福、社会管理创新、生态文明建设、党建工作创新“八项工程”，覆盖了全面小康和现代化建设的重点任务，是江苏贯彻落实十八大精神、又好又快推进“两个率先”的有力抓手。全力实施“八项工程”、又好又快推进“两个率先”，对全省党员干部特别是领导干部的理论素养、思想境界、知识水平、应对能力提出了更高要求。全省各级党组织要适应新形势新任务的需要，按照眼界宽思路宽胸襟宽、有信念有本领有担当有正气“三宽四有”的要求，继续大规模培训干部、大幅度提高干部素质，推动各级领导班子和领导干部真正成为坚定理想信念的表率、认真学习实践的表率、坚持民主集中制的表率、弘扬优良作风的表率，切实担负起时代赋予的光荣使命。

《江苏省全面建成更高水平小康社会 开启基本实现现代化新征程干部读本》紧扣党的十八大精神，紧扣省第十二次党代会决策部署，紧扣全省党员干部队伍建设实际，在全面总结我省“两个率先”发展成果和成功经验的基础上，详细解读了江苏全面建成更高水平小康社会、开启基本实现现代化新征程的丰富内涵，透彻阐述了贯彻落实“八项工程”的基本要求和重要举措，体现了理论性与实践性的有机统一，体现了成果集成与创新发展的有机统一，具有较强的时代性、系统性、针对性和可读性，是各级干部提升能力素质、推动发展实践的优秀辅导用书。各级党校、行政学院和有关培训机构要把《读本》作为干部教育培训的基本教材，推动党的十八大精神以及实施“八项工程”、推进“两个率先”等相关知识进课堂、进头脑。广大党员干部要把《读本》作为在职学习的重点内容和日常工作的必备工具书，努力提高推动科学发展、促进社会和谐的能力和水平。各级组织、宣传部门要加强对《读本》学习的组织领导，制定具体的学习计划并抓好落实，扎实推进学习型党组织和学习型领导班子建设。

开启新征程、实现新目标，全省广大党员干部要大兴勤学善学之风，如饥似渴地学习、毫不懈怠地实践、与时俱进地提高，善于从马克思主义科学真理中获得认识世界和改造世界的锐利武器，从人类创造的优秀文明成果中汲取干事创业的丰富营养。要不断加强理论武装，深入学习中国特色社会主义理论体系，进一步坚定对中国特色社会主义的道路自信、理论自信、制度自信，在思想上政治上行动上与以习近平同志为总书记的党中央始终保持高度一致。要重视加强对又好又快推进“两个率先”规律的研究，从理论和实践的结合上，进一步明确方向、理清思路、完善举措，使各项工作更加体现时代性、把握规律性、富有创造性。要围绕实施“八项工程”，进一步加强各方面新知识的学习，以思想理论的新进步、能力素质的新提升，不断开辟中国特色社会主义在江苏实践的新境界，为全面建成更高水平小康社会、开启基本实现现代化新征程而努力奋斗！

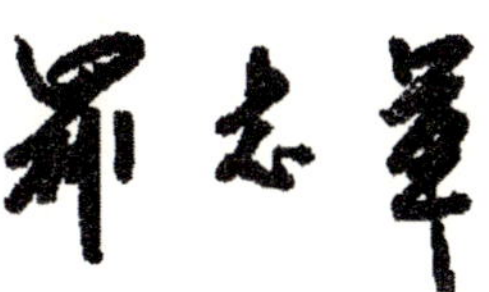

2012年12月

目录

总　论

2011年2月19日，省部级主要领导干部社会管理及其创新专题研讨班在中央党校举行，胡锦涛同志在研讨班开班式上发表了重要讲话，深入阐述了加强和创新社会管理的重大意义，深入分析了我国社会管理领域存在的突出问题及其原因，明确提出了当前和今后一个时期加强和创新社会管理的指导思想、基本任务、重点工作。党的十八大报告指出，“社会和谐是中国特色社会主义的本质属性”，强调“要把保障和改善民生放在更加突出的位置，加强和创新社会管理，正确处理改革发展稳定关系，团结一切可以团结的力量，最大限度增加和谐因素，增加社会创造活力，确保人民安居乐业、社会安定有序、国家长治久安”。这标志着我们党对共产党执政规律、社会主义建设规律、人类社会发展规律认识的深化，对新形势下加强和创新社会管理具有重要指导意义。

2011年3月，全国“两会”期间，胡锦涛同志殷切期望江苏继往开来，坚持“两个率先”，在新的起点上开创科学发展新局面，要求江苏注重加快转变经济发展方式、注重加强自主创新、注重发展现代农业、注重加强文化建设、注重加强社会建设和社会管理、注重加强干部队伍建设。2011年4月20日至21日，江苏省委第十一届十次全会审议通过了《中共江苏省委关于又好又快推进“两个率先”，在新的起点上开创科学发展新局面的决定》，指出在新的起点上开创新局面，夺取新胜利，必须以科学发展观为统领，协调推进社会主义经济、政治、文化、社会建设以及生态文明建设和党的建设，全面落实“六个注重”要求，抓住关键环节，突出工作重点，以新思路新举措实现新目标新任务。决定江苏在“十二五”时期重点实施包括社会管理创新工程在内的“八项工程”。

社会管理是人类社会必不可少的一项管理活动。“十二五”时期是江苏从全面小康迈向基本现代化的重要时期，社会管理任务更为艰巨繁重。因此，必须正确把握形势新变化新特点，针对当前社会管理中的突出问题，加强和创新社会管理，促进社会和谐，为实现“十二五”时期经济社会发展目标任务凝聚强大力量。

第一节　社会管理的概念

时代发展为社会管理带来了一系列新课题，只有用不断创新回应时代新课题，全面提高社会管理科学化水平，才能在更高层次上实现社会和谐。加强和创新社会管理，首先要准确把握社会管理的内涵，明确社会管理与相关概念的区别和联系。

一、社会的概念

社会是由若干相互联系、相互作用的基本要素构成的统一整体。要准确把握社会管理的内涵，必须明确“社会”所指的范围。

首先，社会是一个相对的概念，包括相对于自然界而言的社会，相对于经济而言的社会，相对于国家而言的社会，相对于个人而言的社会。与自然界相对应的社会，泛指人类的一切活动，包括国家、政党、军队、法院、警察，以及政治、经济、文化教育等。与国家相对应的社会，指的是与政治、经济、文化活动相区别的，以人的生活为中心的广泛领域，主要涉及人口、卫生保健、劳动就业、社会保障、社会治安等社会性事务。

其次，社会的范围，还涉及整个社会与它的各个组成部分、各个子系统（如社会生活、社会结构、社会制度和社会观念等）之间的关系，这就是广义社会和狭义社会的关系。与此类似，社会的范围，还涉及社会的大小、宏观与微观社会的划分，统称大社会和小社会的关系，或宏观社会和微观社会的关系。

加强和创新社会管理中的“社会”，指的是相对于国家而言的社会，指的是狭义的社会，即政治、经济、文化以外的社会领域。

二、社会管理的概念

“社会管理”是中国特色社会主义事业建设和发展过程中产生的一个特有词汇，是指政府及其他公共机构为了适应经济社会的发展和满足公众的要求，对社会公共事务，依据公共政策所实施的有效管理。社会管理是以维系社会秩序为核心，通过政府主导、多方参与，规范社会行为、协调社会关系、促进社会认同、秉持社会公正、解决社会问题、化解社会矛盾、维护社会治安和社会稳定、应对社会风险，为人类社会生存和发展创造既有秩序又有活力的基础运行条件和社会环境、促进社会和谐的活动。

国外并没有和“社会管理”完全对应的词汇，最接近的就是“社会治理”或“公共管理”。“治理”源于拉丁文和希腊语，原意为控制、引导和操纵，主要用于与国家公共事务相关的管理活动和政治活动中。自1989年世界银行首次以“治理危机”来概括当时非洲的情况之后，“治理”一词便开始在社会科学界被使用。全球治理委员会于1995年发表《我们的全球伙伴关系》研究报告，对“治理”进行了界定：“治理”是各种公共的或私人的机构管理其共同事务的诸多方式的总和，是使相互冲突或不同的利益得以调和并且采取联合行动的持续的过程。这既包括有权迫使人们服从的正式制度和规则，也包括各种人们同意或认为符合其利益的非正式的制度安排。[①] “公共管理”与“社会治理”的概念相类似，是指公共组织运用所拥有的公共权力，为有效地实现公共利益，对社会公共事务进行管理的社会活动。

---

① 参见王军《江苏“八项工程”读本》，206页，江苏人民出版社，2012。

要明确社会管理的概念，必须把握好三个要素：

第一，社会管理的主体。在传统的社会管理中，国家、政府是社会管理的主体，它们通过运用行政权力对社会进行管控。在这种政府为主体的管控模式中，社会管理的基础力量和手段方式较为单一。随着经济社会的发展，社会管理的主体呈现多元化趋势，现代社会管理的主体不仅仅局限于单一的国家或者政府，还应当包括非政府组织以及公民个体的广泛参与。

第二，社会管理的内容。从字面上看，“社会管理”的对象是“社会”系统。因此，要明确社会管理的内容，首先要掌握社会系统是什么。如前文所述，社会系统是相对于政治系统、经济系统、文化系统而言的。所以，社会管理也就是相对于政治管理、经济管理、文化管理而独立存在的一个管理系统。其内容包括对社会生活的不同领域、社会结构的组成部分、社会制度的各个要素、社会事业的各个方面和社会观念的形成进行组织、协调、服务、监督和控制的过程。

第三，社会管理的手段。社会管理不仅要实现对社会的管理和控制，也包含社会工作与社会服务。传统的观念往往在认为国家或政府是社会管理唯一主体的基础上，强调行政手段的运用。新形势下的社会管理手段要转变到法律手段、经济手段、道德手段等多种手段的综合运用，转变到社会工作、社会服务与社会监督、社会控制并行。

三、社会管理与经济管理、行政管理

社会管理不同于经济管理。经济管理主要是为实现预定目标，对社会经济活动或生产经营活动所进行的计划、组织、指挥、协调和监督等活动，包括宏观经济管理和微观经济管理。所谓宏观经济管理，指的是一个国家中央政府遵循自然规律和经济规律，运用经济、法律和必要的行政等手段，从系统、综合和全局的角度对国民经济的运行和发展进行的总体指导和调控。所谓微观经济管理，指的是对各类企业、合作经济组织、个体劳动者的经营活动的管理。社会管理与经济管理的区别是显而易见的。

社会管理与行政管理有许多相似之处，长期以来我们也习惯于用行政管理的方式和手段管理社会，当然事实证明这并非时时成功、处处奏效。行政管理是指政府运用公共行政权力，依法对国家事务、社会公共事务、自身内部事务实施管理的活动，也可以泛指一切企业、事业单位的行政事务管理工作。狭义的行政管理指国家行政机关对社会公共事务的管理，又称为公共行政。随着社会的发展，行政管理的对象越来越广泛，包括经济建设、文化教育、市政建设、社会秩序、公共卫生、环境保护等各个方面。现代行政管理多应用系统工程思想和方法，以减少人力、物力、财力和时间的支出和浪费，提高行政管理的效能。行政管理具有以下几个特点：第一，一切行政活动都是直接或间接与国家权力相联系，以国家权力为基础的；第二，行政管理是根据国家法律推行政务的组织活动，在执行中又能动地参与和影响国家立法和政治决策，制定政策是行政管理的一种重要活动方式；第三，行政管理既管理社会的公共事务，又执行阶级统治的政治职能；第四，行政管理讲究管理的效能，它通过计划、组织、指挥、控制、协调、监督和改革等方式，力图最优地实现预定的国家任务，并达到应有的社会效果；第五，行政管理是人类改造社会的实践活动的一个特定领域，有它自身发展的客观规律性。

行政管理与社会管理也有明显的不同之处，从管理主体来看，行政管理的主体是政府，而社会管理的主体除了政府，还有社会组织、企事业单位、社会团体和公民个人等。“党委领导、政府负责、社会协同、公众参与”的社会管理格局，就以中国特有的方式，表达了社会管理主体的多元性，即由国家力量与社会力量，公共部门与私人部门，政府、社会组织与公民，共同来治理一个社会。这里“党委领导、政府负责”说的是国家力量、公共权力部门、政府，“社会协同、公众参与”指的是社会力量、私人部门、社会组织和广大公民。这说明社会管理的主体不是一元的而是多元的。从管理手段来看，行政管理是运用国家权力对社会事务进行的管理，它主要运用正式制度的方式如行政、法律、制度等对社会公共事务进行管理，带有明显的强制性，而社会管理既运用正式的、制度化的手段，更多的则是运用非正式的、非制度化的手段如道德、伦理、习俗、宗教等对社会事务进行管理，既具有强制性又具有非强制性的特点。

四、社会管理与社会建设

社会建设有广义和狭义两种理解。广义的社会建设是指包括经济、政治、文化等在内的社会大系统建设；狭义的社会建设是指与经济、政治、文化并列的社会系统建设，是指通过社会阶层结构、社会利益关系、社会组织、社会保障、社会服务、公共安全、社会秩序等方面问题的不断解决，促进社会和谐和文明进步。

社会管理和社会建设是一个问题的两个方面，统一于构建社会主义和谐社会的实践中。两者既有区别，又有联系。

两者的区别主要在于：一是概念与侧重点不同。“管理”，强调过程的高效和结果的有序；“建设”，有创立、兴建的意思，可直观地理解为从无到有、从弱到强、从劣到优的过程。社会管理侧重于解决社会问题，维护社会有序运行；社会建设侧重于增加服务设施，改善社会成员生活质量，以及对未来社会发展进行宏观规划。二是评价标准不同。评价社会管理主要看社会运行状况，具体指标如公众安全感、上访率、公众参与度、社会和谐指数等；评价社会建设主要看社会事业发展状况和社会保障水平等方面，具体指标如就业率、社会保障覆盖面及保障资源分配公平度等。

两者的联系主要在于：一是价值理念和最终目标相同。都秉持以人为本的基本理念，都是在为推动社会和谐进步和人的自由而全面发展创造条件。二是主体相同。在现代社会，无论是社会管理，还是社会建设，政府都不再是唯一的主体。执政党、政府、社会组织和公众等是他们共同的主体。三是内容上互相交叉。例如，社会保障体系建设、社会组织建设等，是它们的共同内容。四是功能上相互促进。高效的社会管理是社会建设得以顺利进行的重要保证；社会建设的不断进步，必将增加社会公正，促进社会和谐，从而减轻社会管理的压力。

第二节 加强和创新社会管理的时代背景及其意义

社会管理创新，是指在现有社会管理条件下，运用现有的资源和经验，根据政治、经济和社会的发展态势，尤其是依据社会自身运行规律乃至社会管理的相关理念和规范，研究运用新的社会管理理念、机制、知识、技术和方法等，对传统管理模式及相应的管理方式和方法进行改造和改进，建构新的社会管理机制和制度，以实现社会管理新目标的活动过程。① 社会管理的加强和创新是密不可分的，“加强”是“创新”的基础，“创新”是加强的重要手段。加强和创新社会管理的根本目的是维护社会秩序、促进社会和谐、保障人民安居乐业，为党和国家事业发展营造良好的社会环境。我们党提出加强和创新社会管理，具有深刻的时代背景和重大的历史意义。

一、加强和创新社会管理的时代背景

当前，我国改革开放已经进入攻坚阶段，加强和创新社会管理显得十分必要和紧迫。

1. 我国社会的深刻变化，对加强和创新社会管理提出了新课题

当前，我国既处于发展的重要战略机遇期，又处于社会矛盾凸显期，社会管理领域存在的问题还不少，如人民内部矛盾多样多发、流动人口和特殊人群管理服务问题突出、刑事犯罪居高不下、公共安全事故频发、非公有制经济组织和社会管理服务问题突出、信息网络建设管理面临严峻挑战等。我国社会管理领域存在的问题，是我国经济社会发展水平和阶段性特征的集中反映。经过新中国成立 60 多年来特别是改革开放 30 多年来的建设和发展，我国经济实力和综合国力显著

① 参见王军《江苏“八项工程”读本》，198 页，江苏人民出版社，2012。

增强，这为我们不断满足人民日益增长的物质文化需要、解决社会管理领域存在的问题打下了重要物质基础。同时，我国仍处于并将长期处于社会主义初级阶段的基本国情没有变，人民日益增长的物质文化需要同落后的社会生产之间的矛盾这一社会主要矛盾没有变，发展中不平衡、不协调、不可持续问题依然突出，我们解决各种社会问题的物质基础还比较薄弱。加强和创新社会管理，正是在这样的背景下提出来的，是党中央正确把握我国经济社会形势的新变化、新特点提出来的。

首先，全方位的对外开放格局已经形成，全球化和信息化影响越来越大。经过 30 多年的改革开放，我国已经实现了从封闭半封闭到全方位开放的历史性转变。1978 年，我国货物进出口总额只有 206 亿美元，在世界货物贸易中排名第 32 位，到 2010 年，我国货物进出口总额达到 29740 亿美元，比 1978 年增长了 143 倍，成为世界货物贸易第一大出口国和第二大进口国；入境旅游人数从 1978 年的 180.9 万人次增加到 2010 年的 1.34 亿人次，居民出境人数从 1993 年的 374 万人次增加到 2010 年的 5739 万人次。对外开放一方面使社会的开放性、流动性大大增强，使整个社会充满活力，也使社会管理的难度明显加大；另一方面，在经济国际化的同时，也伴随着更多的全球性问题，包括国际恐怖主义、跨国犯罪，以及类似于 SARS、禽流感等高传染性疾病的危害等，这些都带来了社会管理的高风险和高隐患。与此同时，社会信息化步伐明显加快。2010 年，我国网民人数达到 4.57 亿，互联网普及率达 34.3%，超过世界平均水平。[①] 互联网已经成为人们社会生活的重要工具。在互联网环境下，信息往往以几何级数传播，以“扇形”的方式传播。互联网强大的组织功能可以把全世界各地看似没有一点联系的人在不知不觉间组织在一起形成集体行动。网络世界具有高度开

---

① 参见张艳玲《2010 年中国网民人数 4.57 亿，互联网普及率 34.3%》，中国网 2011 年 2 月 28 日。

放性、隐蔽性和低约束性的特点，给社会带来便捷、高效、快速的交流沟通和信息传递的同时，也给正常的社会生活带来了一系列新的困惑和干扰，使社会管理和社会稳定面临前所未有的新挑战。

其次，民生建设取得重大进展，但社会保障体系尚不完善。改革开放30多年，我国实现了从贫穷、基本温饱到总体小康的跨越。城镇居民人均可支配收入从1978年的343元增加到2010年的19109元，农村居民人均纯收入从1978年的134元增加到2010年的5919元。消费结构明显优化，农村居民家庭恩格尔系数从1978年的67.7%下降到2010年的41.1%，城镇居民家庭的恩格尔系数从1978年的57.5%下降到2010年的35.7%。[①] 随着生活的改善，人民群众共享发展成果的愿望更加强烈，对发展社会事业、改善公共服务、丰富精神生活、提高道德水平、维护公共安全等提出更高要求，寄予更多期盼。从社会保障这一民生建设的重要方面看，我国的社会保障逐步由国有单位向各类用人单位的劳动者扩展，由职工向居民扩展，由城市向农村扩展，初步构建了适应社会主义市场经济体制基本要求的社会保障体系框架。截至2010年底，城镇基本养老保险覆盖人数已达2.57亿人，新型农村社会养老保险参保人数超过1亿人；城乡基本医疗保险参保人数达12.6亿人；工伤保险参保1.62亿人，其中6329万是农民工；失业保险、生育保险覆盖面也迅速扩大。城乡最低生活保障制度的建立和完善，使城乡低收入和经济困难居民生活得到了保障。与此同时，我国社会保障体系还不完善，尚未实现城乡统筹，一部分人群还没有实现应保尽保，保障标准和管理服务水平还比较低，同人民群众的期望还存在很大的差距。随着人口老龄化和人口流动的加速，以及工业化、城镇化和就业形式的多样化，我国社会保障制度建设仍将面临重大挑战。

第三，社会结构发生重大变化，社会利益关系错综复杂。从所有制结构看，我国实现了从单一公有制经济到多种所有制经济共同发展的

① 参见温家宝《政府工作报告》(2011年)，新华网2011年3月15日。

转变，非公有制经济迅速发展。2010 年，在全部规模以上工业总产值中所占的比重，非公有制企业为 69.8%。从产业结构来看，我国已经实现由农业为主向第一、二、三产业协同发展的转变。从 1952 年到 2010 年，第一产业增加值占 GDP 的比重由 51%下降到 10.2%，第二产业增加值由 20.8%增加到 46.6%，第三产业增加值由 28.2%增加到 43%。从城乡结构来看，改革开放以来，我国城镇化水平年均提高 0.9%，从 1978 年的 17.9%上升到 2010 年的 49.68%，城镇人口增加到 6.66 亿人。与此同时，城镇化与工业化不同步，城镇化质量不高，农村发展滞后于城市；城乡发展差距、基本公共服务差距扩大，城乡居民收入差距从 1978 年的 2.57 倍扩大到了 2010 年的 3.23 倍。从区域结构来看，呈现出东部领先、中部崛起、西部追赶的格局，但是，地区之间经济社会发展的差距仍然在不断拉大。从社会阶层结构来看，改革开放以来，随着经济体制的深刻变革，我国社会阶层结构发生了深刻变化，出现了大量新的社会阶层。这些新的社会阶层，主要由非公有制经济人士和自由择业的知识分子组成，集中分布在新经济组织和新社会组织中。从就业结构来看，2010 年我国城乡就业人数达到 7.9 亿人，其中城镇就业人数 3.2 亿人，占总数的 40%；第一、二、三产业就业人数之比为 39∶27∶34；非公有制经济就业人数比重增加到 78%，成为就业的主渠道。我国社会结构发生的这些深刻变化，既使我国社会越来越充满生机和活力，同时也使整个社会利益关系越来越错综复杂，协调社会关系的难度加大。

第四，人口结构发生重大转变，人口流动规模不断扩大。我国实行计划生育政策以来，累计少生 4 亿人，实现了人口再生产类型的历史性转变。在实现人口有计划、可控制平稳增长的同时，人口老龄化速度加快。2010 年 60 岁及以上老年人口占人口比重达到 12.5%，预计 2020 年将达到 18%，本世纪中叶将达到 30%，人口类型将从轻度老龄化转变为深度老龄化，进而转变为重度老龄化。由于我国生产力水平总体上还不高，社会保障体系还不完善，“未富先老”带来的社会问题影响深远。与人口密切相连的家庭结构发生深刻变化，家庭小型化和人口老龄化过程同步加快，几千年来形成的“金字塔”型家庭代际结构在城市已开始转变为“421”倒“金字塔”型结构，很多过去依靠家庭和代际帮助解决的问题，比如养老问题已经逐步成为社会问题，传统的家庭养老模式难以为继，新的社会养老模式尚待建立。出生人口性别比偏高，2010 年达到 117.94，[①]是世界上出生人口性别比最高的国家之一，这将给我国的社会管理和社会稳定带来不利的影响。此外，人口总体素质难以适应经济社会发展的要求、人口分布对自然环境和社会环境带来的压力等问题也逐渐凸显。更加需要引起注意的是，我国流动人口规模不断扩大。2010 年，仅农民工就达 2 亿多人。据预测，2050 年我国流动人口将达 3.5 亿人。目前，流动人口特别是农民工收入水平仍然偏低，未能充分享受到社会公共服务，普遍面临劳动就业、子女教育、社会保障、生活居住、社会融合等方面的问题，流动人口的民生问题和服务管理压力越来越大。

第五，社会组织大量增加，类型越来越多样化。截至 2010 年，我国依法登记的社会组织达 43.9 万个，其中社会团体 24.27 万个，民办非企业单位 19.45 万个，基金会 2168 个；在民政部门备案的农村专业经济协会有 4 万多个、城市社区社会组织有 20 多万个。全国社会组织目前约有专职工作人员 540 万人，兼职工作人员 500 多万人，各类志愿者 2500 多万人。这些大量兴起的公益性、互益性、自治性的社会组织，正逐步承担起不少政府无法有效提供的社会管理和公共服务功能。如何有力有序有效地引导这些社会组织健康发展，如何管理好这些组织、发挥好这些组织的作用，成为当前社会管理面临的新情况新挑战。

第六，多元文化交流融合，人们的思想观念发生深刻变化。随着改革开放的深入，多种文化交流交融，人们的世界观、价值观逐步走向多元化。群众的参政意识、民主意识、法治意识、维权意识、监督意识明显

① 参见蒋彦鑫《我国出生人口性别比连续三年下降》，载《新京报》2012 年 7 月 10 日。

增强，以实现人的发展和幸福为中心的观念逐步树立，但也出现了集体观念淡薄、公德意识弱化、极端个人主义思想抬头等问题。人们的市场经济意识明显增强，开放、竞争、效益观念深入人心，但也出现了拜金主义的观念和“笑贫不笑娼”的现象，一部分人一味追求物质利益，为了金钱不择手段，在市场活动中进行不正当竞争。人们思想空前活跃，独立性、选择性、差异性明显增强，自信、包容、多元观念逐步树立，科学、民主、文明、公平、创新等理念日益成为社会主流价值观，但也出现了盲目崇洋、追求“西化”等不良思潮。

2. 我国社会管理面临的新情况新问题，对加强和创新社会管理提出了新挑战

当前，我国社会管理中出现了不少新情况和亟待解决的新问题，有的问题已严重影响社会稳定。特别是随着市场经济的发展和各项改革的深化，越来越多的“单位人”变成了“社会人”，原来那种单位制的社会管理体制已经不能适应经济社会发展的要求了，并越来越严重地制约和影响了经济社会的全面发展。

新中国成立后，我国城市逐步建立了以“单位制”为主、以基层地区(街道、居委会)管理为辅的社会管理体制。单位是适应计划经济体制而设立的一种特殊的组织形式，具有政治、经济与社会三位一体的功能，以行政性、封闭性、单一性为特征。国家通过单位这一组织形式管理职工，通过街道、居委会管理社会闲散人员、民政救济和社会优抚对象等，从而实现对城市全体成员的控制和整合，达到社会稳定和巩固政权的目的。

改革开放以来，我国社会发生了剧烈的变迁，在从传统的封闭的农耕社会向现代的开放的工业社会转型的过程中，我国的所有制结构出现了变化，社会流动越来越频繁，尤其是社会主义市场经济体制取代了高度集中的计划经济体制，使得“单位制”失去了生存的土壤，逐步趋于失效。

单位制被逐渐打破的原因，主要有三个方面：一是所有制结构的

变动。改革以前，我国单一的公有制经济确保了把所有的职工都纳入“单位制”之中。改革以后，这种单一的所有制结构被打破。“公有制为主体、多种所有制经济共同发展”成为我国的基本经济制度。非公有制经济的发展，使体制外出现了自由流动的资源，单位不再可能全面控制职工。二是市场经济的发展。高度集中的计划经济体制强调指令性计划，管理经济和社会的手段主要是政治动员和行政指令，使企事业单位成了政府的工具和附庸。1992 年党的十四大明确“我国经济体制改革的目标是建立社会主义市场经济体制。”实行市场经济，带来了我国国有企业以及事业单位的全面改革。国有企业建立现代企业制度，按照市场规律办事，努力提高市场竞争力；事业单位改革管理体制，提高工作效率，实现政社分开以及事社分离。从计划经济体制到社会主义市场经济体制的过渡，使“单位制”的运行基础不复存在。三是社会流动的加剧。改革开放以后，随着流通体制、劳动人事、社会保障、户籍管理等制度的改革，我国社会出现了前所未有的自由活动空间。在城乡之间，原来依附于土地的农民大量流入城市，出现了全国规模的农村剩余劳动力转移，僵硬的城乡二元格局出现了松动。在单位之间，职工的流动已司空见惯，出现大量国有企业职工流入外资企业、内陆省份人才和劳动力流入沿海城市的情况，单位已经不可能严格限制人员的流动了。

单位制的逐渐解体，给社会管理提出了严峻挑战。随着社会结构的变化，户籍制度逐步松动，旧的劳动用工制度被打破，社会流动速度明显加快，大量人员逐渐脱离原有的单位系统，成为所谓“体制外人员”。如农村中大量剩余劳动力离开土地和农村，纷纷涌入城镇，他们大都没有组织系统、没有城镇户籍；随着改革的深化，城市失业人数不断增加；还有大量转业退伍军人处于待安置状态。这些“体制外人员”不仅数量庞大，而且在总人口中已占有相当大的比重。他们脱离原有的社会管理体制的控制轨道，基本上处于“两不管”的真空状态。另外，还出现了大量的流浪未成年人、社会闲散青少年、刑释解教人员、社区服刑人员、重性精神病人、易感染艾滋病病毒人员、吸毒人员等特殊群体，这些群体中有一部分人脱离党和政府的管理视线，成为社会治安的隐患。在社会成员由"单位人"转变为"社会人"和大量体制外人员形成的情况，政府不能再用过去高度集中的权力体制管理社会事务和控制社会成员，应当建立一种与市场经济相适应的社会管理体系。但是在我国现阶段，我们进行社会管理的理念思路、体制机制、方法手段等，相应的转变、调整和重构还很不到位，政府公共服务职能"缺位"、"错位"的问题较为突出，社会组织和社区建设进展缓慢，社会自治功能没有得到充分发育，社会化服务程度亟待提高，使很大一部分"社会人"游离于社会管理之外。这些问题的存在，既造成社会管理成本高、资源浪费，也导致种种社会矛盾的产生乃至激化。

3. 国外加强社会治理的经验为我国加强和创新社会管理提供了新启示

规范和协调社会事务，对社会进行治理，是各国政府的一项基本职能。20 世纪 90 年代以来，为应对市场化、工业化、城市化、信息化和全球化的快速发展给社会治理带来的问题和挑战，许多国家都在探索加强和改进社会治理的方式、方法和手段。特别是西方发达国家纷纷掀起了政府改革的浪潮。如英国的私有化运动、美国的"企业化政府"改革、法国的"革新公共行政计划"、丹麦的"公营部门现代化计划"等。这些改革很多内容涉及社会治理，对社会转型期的我国社会管理有很好的借鉴意义。

美国是西方国家的代表，是世界上最发达的国家。美国社会具有很强的多元性，人种复杂、政治自由、个人独立、文化多元。多年来美国民众生活安逸、社会稳定，是因为美国有一套成熟的社会治理机制，很好地发挥了政府公共管理、宗教管理的教育引导作用和非政府组织的协调作用。如美国的社会保障制度是在经济危机的背景下产生的，属于保障型的社会保障制度，在责任上强调政府、企业和个人三方分担。最初美国的社会保障水平不高，但随着社会的发展，社会保障项目不断增多、保障水平也不断上升。美国的社会保障主要由社会保险和社会福利组成，涵盖了失业保险、老年福利、健康医疗、教育福利、住房福利、妇女儿童福利、伤残人员救助、退伍军人安置等。美国是宗教大国，民众大部分信仰宗教，宗教能积极发挥道德作用，从思想文化方面有效地稳定民众情绪，达到对社会的整合。非政府组织在美国具有广泛而无可替代的影响，提供政府做不好、做不到的服务，发挥协调和桥梁作用，协同处理劳资矛盾、种族冲突、贫富差距等社会问题。美国在20世纪50年代就成立了社会工作者协会和社会工作教育委员会，实现了社会工作的专业化和职业化。目前，美国共有社会工作者56万余人，他们为社会公众提供专业服务，在社会福利和社会服务等领域做了大量的工作，成为美国社会治理的一支重要力量，为美国社会的稳定作出了突出贡献。

英国是世界上第一个福利国家，实行以政府为主导的社会福利制度。福利国家制度一直是英国社会治理的重要方式，但长期的高福利使得国家财政负担过重，面临着严重的财政危机和管理危机。1979年以撒切尔夫人为代表的保守党执政后，开始推行以“新公共管理”为导向的政府改革，将市场竞争机制引入社会治理，优化政府的社会治理职能，以提高政府效率，向公众提供质量更高的公共产品和服务。1997年以布莱尔为首的工党执政后，实行发展型社会政策，积极推动“投资型国家”建设，实施了“私人筹资主动行动”，积极购买私营部门提供的公共产品和服务，将一些福利项目市场化，交由私营部门经营管理，以促进公共部门和私营部门在社会治理中的合作。这样，既降低了社会治理的成本，减轻了政府的财政压力，同时，又保证了公共产品和公共服务质量的提高。在英国的公共服务体系中，社会工作发挥了重要作用。社会工作最早产生于英国，在第二次世界大战以后由于社会建设的需要，逐步发展壮大，成为了社会治理的重要支撑。英国社会工作涉及的领域广泛，几乎涵盖了教育、司法、儿童保护、养老、社区等社会生活的各个领域。英国的社会工作有很强的政府主导性和公益性，90%

以上的社会工作者被地方政府公共服务部门聘用，其余的大部分被非政府组织聘用。在英国，社会工作者薪资待遇与教师处于同等水平，并因其良好的专业性和公益性，受到公众的尊重，拥有较高的社会地位。

除了美国、英国以外，丹麦、加拿大、日本、新西兰等国家的政府改革对我国社会管理也有很好的启示。西方发达国家在社会治理方面可供我国借鉴的经验主要有：一是根据社会发展的需要及时对社会管理进行调整。社会是动态发展的，社会管理为了适应社会发展的需要，应不断作出调整。在面对全球化冲击时，英、美等国都及时地调整了本国的社会治理政策，摆脱了可能产生的社会危机。二是建立完善的社会保障制度。当社会遇到转型或受到外界影响时，社会保障能够对社会的运行起着安全阀、稳定器的作用。三是积极引导非政府组织参与社会治理。西方发达国家社会治理成功之处关键在于根据社会发展的需要，将社会治理的一部分职能交给非政府组织来承担，发挥非政府组织在社会建设和治理中的作用。四是建立一支专业化、职业化的社会工作者队伍。社工在提供社会服务和社会整合方面发挥了重要作用。我国社会工作开展较晚，目前社工的专业化和职业化水平不高，因此，要加快社工队伍建设，引导其参与社会管理，发挥其在构建社会主义和谐社会中的作用。

另外，韩国、新加坡等亚洲新兴国家加强社会治理的经验也值得我们借鉴。

韩国于上世纪70年代初兴起了“新村运动”，主要目的是解决当时城乡贫富差距过大的问题。运动之初，政府无偿向全国所有行政里和居民区提供水泥，用于基础设施建设。70年代末，政府逐步退出“新村运动”，全国各地组成以村为单位、以全体农民为会员的开发委员会来推进这项运动。80年代，“新村运动”逐渐完成了由“民间主导＋政府支持”到完全由“民间主导”的过渡。在“新村运动”的过程中，韩国政府先后制定了一系列法律法规，对“新村运动”的性质、组织关系和资金来源等都作了详细的规定，为“新村运动”的顺利实施提供了法治保障。韩国政府还设立“新村运动本部”、“新村运动指导部”、“救持会”三级指导机构，形成了高效的指导网络。“新村运动”因政府、社会和公民之间密切合作、广泛互助，取得了令人瞩目的成就，有力推动了韩国城乡经济社会的均衡发展。韩国“新村运动”的成功，充分体现了政府作为管理者和服务者角色的重要性。①

新加坡是一个高度法制化的国家，法律体系完备，法律监督机制健全。为了创造一个秩序井然的社会环境，国会和政府制定了从政治体制、经济管理、公民权利与义务，到公共卫生、酒店管理、停车规则等的一整套具体详尽的法律、法规和禁令，在罪与非罪问题上界限分明，使政府、公务人员、公民行为均有法可依。公务人员一旦犯罪，不仅会受到刑事处罚，其公积金也会被全部没收。同时，新加坡建立了严密的法律监督体系，并充分运用现代电子信息技术，来保障法律法规的执行。新加坡的做法体现了依法推进社会管理的趋势。② 另外，新加坡依托社区安全与治安计划（CSSP），有效维护社区治安安全；成立了社区调解中心（CMC），鼓励和引导民众通过调解的方式来解决纠纷；大力发展社会组织，在增强社会活动、增进社会和谐中发挥重要作用；常怀“居安思危”的危机意识，注重对青少年的教育和培养，谋求民族和国家的永续发展；建立民众联络所、居民（邻里）委员会、社区发展理事会等多层次的机制平台，努力构建有凝聚力、有活力、有韧性的和谐社区；注重把现代法治理念与传统儒家思想融合，践行“尊法尚德”治国之路。这些做法对我们加强和创新社会管理都是很大的启发。

在这样的背景下，我们必须充分认识加强和创新社会管理的重要性和紧迫性。要深入研究社会管理规律，创新社会管理方式，完善社会管理体系和政策法规，整合社会管理资源，拓宽服务领域，形成社会管

---

① 参见王军《江苏“八项工程”读本》，218—219 页，江苏人民出版社，2012。

② 参见王军《江苏“八项工程”读本》，219 页，江苏人民出版社，2012。

理和社会服务的合力。

二、加强和创新社会管理的意义

胡锦涛同志在省部级主要领导干部社会管理及其创新专题研讨班上的讲话中强调，加强和创新社会管理，是继续抓住和用好我国发展重要战略机遇期、推进党和国家事业的必然要求，是构建社会主义和谐社会的必然要求，是维护最广大人民根本利益的必然要求，是提高党的执政能力和巩固党的执政地位的必然要求，对实现全面建成小康社会宏伟目标、实现党和国家长治久安具有重大战略意义。

1. 加强和创新社会管理，是继续抓住和用好我国发展重要战略机遇期、推进党和国家事业发展的必然要求。

新世纪头 20 年，是我国发展的重要战略机遇期，但机遇总是与挑战并存的。当前，我国正处于从传统的农业社会向现代工业社会并进而向信息社会、知识社会转变的加速期。社会转型时期往往是一个国家或社会的矛盾多发期。西方发达国家在过去上百年甚至两百多年发展过程中遇到的各种矛盾和问题，我们在这 30 多年的改革发展中尤其是进入新世纪新阶段的这 10 年都遇到了。正如党的十八大报告指出的那样，我们工作中还存在许多不足，前进道路上还有不少困难和问题。主要是：发展中不平衡、不协调、不可持续问题依然突出，科技创新能力不强，产业结构不合理，农业基础依然薄弱，资源环境约束加剧，制约科学发展的体制机制障碍较多，深化改革开放和转变经济发展方式任务艰巨；城乡区域发展差距和居民收入分配差距依然较大；社会矛盾明显增多，教育、就业、社会保障、医疗、住房、生态环境、食品药品安全、安全生产、社会治安、执法司法等关系群众切身利益的问题较多，部分群众生活比较困难；一些领域存在道德失范、诚信缺失现象；一些干部领导科学发展能力不强，一些基层党组织软弱涣散，少数党员干部理想信念动摇、宗旨意识淡薄，形式主义、官僚主义问题突出，奢侈浪费现象严重；一些领域消极腐败现象易发多发，反腐败斗争形势依然严峻。对这些问题，我们必须高度重视，进一步认真加以解决。

科学有效的社会管理，能够创造良好的发展环境、有序的生活环境、稳定的社会环境，为经济社会持续健康发展创造条件。只有不断加强和创新社会管理，构建与社会主义市场经济体制相适应的社会管理体系，妥善处理各种社会问题，化解各种社会矛盾，形成良好有序的社会环境，才能抓好用好我国经济社会发展重要战略机遇期，推动我国经济社会又好又快发展，推进党和国家事业的发展。

2. 加强和创新社会管理，是构建社会主义和谐社会的必然要求。

我们党适应经济社会发展的新趋势新特点，顺应各族人民过上更加美好生活的新期待，提出了构建社会主义和谐社会的重要战略任务。党的十六届六中全会决定指出，我们要构建的社会主义和谐社会，是在中国特色社会主义道路上，中国共产党领导全体人民共同建设、共同享有的和谐社会。社会主义和谐社会应当是民主法治、公平正义、诚信友爱、充满活力、安定有序、人与自然和谐相处的社会。构建社会主义和谐社会是贯穿中国特色社会主义事业全过程的长期历史任务，是在发展的基础上正确处理各种社会矛盾的历史过程和社会结果。

加强和创新社会管理不仅是构建和谐社会的一项重要内容，而且也是实现和谐社会的一个重要保障。安定有序的社会环境是构建和谐社会的基本要求。当前我国正处于经济转轨、社会转型时期，经济体制、社会结构、利益格局、思想观念等都正在发生深刻变化，这些变化给社会发展带来巨大活力的同时，也给社会管理带来新挑战、新问题，使社会建设和社会管理的任务加重、难度增大。因此，构建社会主义和谐社会，必须加强和创新社会管理，提高社会管理科学化水平，使社会处于动态平衡、动态优化的健康运行状态，使全体人民各尽其能、各得其所又和谐相处。只有加强和创新社会管理，建立有效的社会管理体制机制，实施有序的社会管理，才能有效地推动社会整合，激发全社会的创造活力，协调各方面的利益关系，切实维护社会公平和正义，增强全社会的法律意识和诚信意识，保障社会公共安全，促进社会稳定有序，推动社会发展进步，从而使社会更加和谐。

3. 加强和创新社会管理，是维护广大人民群众根本利益的必然要求。

我们党的根本宗旨是全心全意为人民服务。我们的一切工作，都是为了不断实现好、维护好、发展好最广大人民根本利益。社会管理是对人的服务和管理，涉及广大人民群众的切身利益。利益关系是一切社会关系的基础。教育、就业、收入分配、社会保障、医疗、住房、社会治安、安全生产等等，都是人民群众最关心、最直接、最现实的利益问题。改革开放以来，人民群众不断分享发展成果，得到的实惠越来越多。但由于社会阶层分化、利益多元、分配制度不完善等原因，人民内部各种具体利益矛盾不可避免地表现出来。只有不断加强和创新社会管理，减少和化解各种因利益冲突而引发的社会矛盾，让发展带来的增量利益为广大人民群众所共享，让广大人民群众感受到社会的发展进步，才能真正增强人民群众的主人翁意识，充分发挥人民群众的积极性和主动性，促进经济社会更好更快地发展，进而真正从根本上维护人民群众的根本利益。

同时，加强和创新社会管理本身也是增进人民福祉的有效手段。随着人民群众物质生活水平的不断提高，其社会需求也呈现出一些新的阶段性特征，对公共服务的需求越来越大，政府单方面提供的公共产品和公共服务已难以完全满足人民群众的需要。只有加强和创新社会管理，调动社会多方力量参与社会管理和公共服务，才能有效整合各种社会管理资源，提供充足的社会服务，满足人民群众多样化、层次化、个性化的服务需要，让人民群众从社会生活和公共服务中得到实惠、尝到甜头、享到幸福。

4. 加强和创新社会管理，是提高党的执政能力和巩固党的执政地位的必然要求。

党的执政能力，就是党提出和运用正确的理论、路线、方针、政策和策略，领导制定和实施宪法和法律，采取科学的领导制度和领导方式，动员和组织人民依法管理国家和社会事务、经济和文化事业，有效治党治国治军，建设社会主义现代化国家的本领。我们党成为执政党，是历史的选择、人民的选择。加强党的执政能力建设，是时代的要求、人民的要求。进入新世纪新阶段，国际局势发生新的深刻变化，世界多极化和经济全球化的趋势在曲折中发展，科技进步日新月异，综合国力竞争日趋激烈，各种思想文化相互激荡，各种矛盾错综复杂，敌对势力对我国实施西化、分化的战略图谋没有改变，我们仍面临发达国家在经济、科技等方面占优势的压力。我国改革发展处在关键时期，社会利益关系更为复杂，新情况新问题层出不穷。在机遇和挑战并存的国内外条件下，我们党要带领全国各族人民全面建成小康社会，实现继续推进现代化建设、完成祖国统一、维护世界和平与促进共同发展三大历史任务，必须大力加强执政能力建设。

所谓执政地位，是指执政党对国家政权的领导地位。执政党取得执政地位的合法性是获得政权和巩固政权的根本问题。党的执政地位合法性分理论合法和事实合法两个层面：理论合法性即由宪法确定的合法性；事实合法性即由民意、民心确定的合法性。一个政党要取得执政地位的合法性，其领导地位、执政权力不但要得到宪法和法律的保护，更要获得民众的信赖和支持，得到人民的普遍认同、支持和拥护。中国共产党的执政基础最集中地体现在中国共产党是中国工人阶级的先锋队，同时也是中国人民和中华民族的先锋队，代表了广大人民的根本利益，因而得到广大人民的拥护和支持，也就是说党的领导、党的执政地位是建立在广大人民群众的拥护和支持的基础之上的。

我们党历经革命、建设和改革，已经成为领导人民掌握政权并长期执政的党，成为对外开放和发展社会主义市场经济条件下领导国家建设的党。新时期，在社会主义市场经济体制建立后，由于多种所有制成分共存，造成了社会结构的复杂多样，使党的执政基础已经并将继续发生重大变化。面对社会环境和执政条件的深刻变化，如何巩固党的执政基础，提高党的领导水平和执政能力，关系到党的执政地位是否稳固，关系到全面建成小康社会的目标能否实现，关系到中华民族复兴伟业的兴衰成败。

从一定意义上讲，社会建设水平的高低、社会管理能力的强弱，是衡量和检验执政能力、执政水平的一个重要标志。我们党作为我国社会主义事业的领导核心和现代化建设的组织者，只有加强和创新社会管理，提高执政能力，全面提升社会管理科学化水平，才能提高应对各种社会风险、解决各种社会问题、化解各类社会矛盾的能力，维护社会秩序，促进社会和谐，保障人民安居乐业；才能维护好、发展好、实现好人民群众的根本利益，增强人民群众的安全感和幸福感；才能更好地凝聚社会各方共识与合力，为党和国家事业发展营造良好社会环境。只有加强和创新社会管理，更好地发扬人民民主，确保人民当家作主和依法参与社会管理，加强社会组织、城乡基层自治组织建设，才能使党执政的社会基础不断得到夯实，执政地位不断得到巩固。

第三节 社会管理创新工程的总体框架

在新的历史时期，江苏省委、省政府从“两个率先”的大局出发，作出了实施社会管理创新工程的重大战略决策。这项工程的决策，具有深刻的历史背景；对这项工程的部署，时间虽短，但显示清晰的脉络，形成完整的体系；工程本身具有丰富的内涵，必须从总体上进行把握。

一、在新的起点上开创社会管理工作新局面

“十二五”时期是江苏省全面建成更高水平小康社会，并向基本实现现代化迈进的关键期，也是加快转变发展方式、推动经济转型升级的攻坚期。改革开放特别是“十一五”以来，江苏经济持续快速发展，人民生活不断改善，社会保持和谐稳定。但随着经济体制深刻变革、社会结构深刻变动、利益格局深刻调整、思想观念深刻变化，社会矛盾多发，社会问题凸显，社会风险增大。加强和创新社会管理极为重要、极为紧迫，不仅事关“两个率先”的顺利实现，而且事关江苏的长治久安。省委

十一届十次全会决定把社会管理创新工程作为江苏省“十二五”时期实施的“八项工程”之一，主要基于以下三点考虑：

1. 为了保障和促进“两个率先”。胡锦涛同志殷切希望江苏继往开来，坚持“两个率先”，在新的起点上开创科学发展新局面。加强和创新社会管理，既是“两个率先”的重要保障，也是“两个率先”的重要内容。中央不仅要求江苏在经济建设上率先，而且要求江苏在社会建设和社会管理上也走在全国前列，率先建立与社会主义市场经济体制相适应的社会管理体制，并在综合试点方面为全国提供经验。江苏只有在加强和创新社会管理上取得突破性进展，全面提高社会管理科学化水平，才能切实保障和促进“两个率先”。

2. 为了更好地维护社会和谐稳定。当前我们正经历着空前广泛的社会变革。这种变革给发展进步带来巨大活力的同时，也必然带来这样那样的矛盾。江苏作为东部沿海发展较快的地区，社会管理领域遇到的矛盾和问题比较早、比较多。当前江苏省虽然总体上和谐稳定，处在发展的重要战略机遇期，但同时又处在社会矛盾凸显期；虽然经济社会总体上协调发展，但社会建设滞后于经济建设、社会管理滞后于社会建设的现象在一些地方还不同程度存在。社会矛盾运动是推动社会发展的基本力量。只有遵循社会发展规律，加强和创新社会管理，主动正视、妥善处理社会矛盾，解决民生难题，激发社会活力，才能更好地维护社会和谐稳定。

3. 为了不断满足全省人民群众新要求新期待。江苏经过多年的快速发展，人民群众生活水平有了很大提高。在新的发展阶段，人民群众对过上美好生活充满新的期待，对共享改革发展成果的愿望更加强烈；在解决温饱之后、在走向富裕之途，人民群众实现自身全面发展尤其是对精神层面的需求更加强烈；随着改革的深化，利益格局发生深刻调整，新老矛盾相互交织，人民群众的民主意识、权利意识、法治意识明显增强，对社会公平正义的期待更加强烈。要回应和满足这些新要求新期待，必须实施社会管理创新工程，加强和创新社会管理。

二、江苏省委、省政府关于社会管理创新工程的总体部署

2011年4月，省委十一届十次全会决定实施社会管理创新工程，提出按照最大限度激发社会活力、最大限度增加和谐因素、最大限度减少不和谐因素的要求，完善“党委领导、政府负责、社会协同、公众参与”的社会管理工作格局，积极开展社会管理创新综合试点，努力率先建成与社会主义市场经济体制相适应的社会管理体制。重点抓好三个方面：一是强化源头治理，减少社会矛盾，把社会稳定风险评估作为实施重大决策、重大项目的必经程序和前置条件，切实防止因决策不当引发社会矛盾。二是健全管理机制，化解社会矛盾，重点完善诉求表达、矛盾排查和预警、矛盾调处、应急管理、社会公共安全管理五项机制，确保社会稳定有序、健康运行。三是夯实基层基础，强化社区管理和服务功能，增强社区自治和服务功能，2015年全省城乡社区基本建成管理有序、服务完善、文明祥和的社会生活共同体。

2011年5月，省委、省政府召开全省创新社会管理加强群众工作会议，制定《关于实施社会管理创新工程切实加强群众工作的意见》，强调力争在创新社会管理、建设和谐社会方面走在全国前列，并提出了实现社会稳定工作、依法治省水平、基层基础建设、社会管理绩效“四个位居全国前列”的具体目标。把实施社会矛盾排查化解、人口服务管理、公共安全体系建设、固本强基、社会组织培育管理、信息网络综合管理等“六大行动计划”作为推进社会管理创新工程的重要抓手，通过着力解决社会管理重点难点问题，推动提升社会管理科学化水平。

2011年7月18日，省委办公厅、省政府办公厅转发了《省委政法委、省综治委①关于社会管理创新工程实施方案》，围绕“六大行动计

① 综治委是“社会管理综合治理委员会”的简称，社会管理综合治理委员会原称社会治安综合治理委员会，2011年各级社会治安综合治理委员会陆续更名为社会管理综合治理委员会，二者均简称“综治委”，综治委的办事机构——社会治安综合治理委员会办公室或社会管理综合治理委员会办公室，均简称“综治办”。

划”，确定了 15 项攻坚行动，明确了 78 项具体指标，提出了 60 个项目化的措施。

2011 年 11 月，江苏省第十二次党代会提出了今后 5 年全面建成更高水平小康社会、奋力开启基本实现现代化新征程的奋斗目标，并将社会建设和管理科学化水平明显提高、社会管理机制更趋完善作为江苏基本实现现代化主要目标之一。明确以社会管理创新工程为统揽，积极推进理念思路、体制机制和方法创新，健全党委领导、政府负责、社会协同、公众参与的社会管理格局，激发社会活力，促进社会和谐。加强社会管理制度建设，健全群众利益协调、诉求表达、矛盾调处、权益保障机制，提高源头治理、动态协调和应急处置能力，强化法律规范、道德约束，完善社会诚信体系。加强人口管理服务，建立人口基础信息库和管理服务综合信息平台，完善流动人口服务管理制度，做好特殊人群管理服务工作。加快推进村级有集体收入、有活动阵地、有信息网络、有双强带头人、强化党组织领导责任的“四有一责”建设，全面推行“一委一居一站一办”①社区管理服务模式，健全基层社会管理和服务体系。坚持积极引导和依法管理并重，促进社会组织健康有序发展。

省委政法委、省综治委把 2012 年确定为“社会管理创新工程推进落实年”，明确以社会管理创新工程为主抓手，强化工作责任，实化工作措施，深化推进步骤，推动社会管理各项重点工作取得显著成效。制定了《2012 年度全省政法综治重点工作任务责任分解方案》，确定了年度 30 项社会管理创新项目任务，并召开省综治委全会，逐一明确目标要求、责任部门，健全完善社会管理综合治理责任体系，为推进落实社会管理创新工程各项任务提供有力保证。

2012 年 11 月，江苏省委十二届四次全会认真贯彻党的十八大精

① “一委”指社区党委或党支部委员会，“一居”指社区居民委员会，“一站”指社区管理服务站，“一办”指社区综治办。

神，强调要深入实施社会管理创新工程，健全社会管理体制，创新社会管理机制，完善基本公共服务体系，全面提高社会管理科学化水平。在工作重心上，要加强基层社会管理和服务体系建设，增强城乡社区服务功能，发挥群众参与社会管理的基础作用；重点内容上，要进一步畅通和规范群众诉求表达、利益协调、权益保障渠道，大力加强流动人口、特殊人群、"两新"组织、信息网络管理服务体系建设，不断提高信访工作、安全生产、平安建设的水平；方式方法上，要更加注重把群众工作的传统方法与信息化、网格化、精细化等现代手段结合起来，更加注重运用法治思维和法治方式化解矛盾、维护稳定。

综合上述部署，社会管理创新工程的总体框架包括：在工作要求上，以最大限度激发社会活力、最大限度增加和谐因素、最大限度减少不和谐因素为总要求；在奋斗目标上，确立"率先建成与社会主义市场经济体制相适应的社会管理体制"的总体目标；在工作格局上，着力健全党委领导、政府负责、社会协同、公众参与的社会管理格局；在工作内容和任务上，重点抓好社会管理制度建设、加强基层社会管理服务、完善党和政府主导的维护群众权益机制、加强流动人口和特殊人群服务管理、加强非公有制经济组织和社会组织服务管理、加强公共安全体系建设、完善信息网络服务管理、营造良好社会环境等；在工作载体上，以平安江苏建设为主要载体。

三、实施"六大行动计划"

"六大行动计划"是江苏推进社会管理创新工程的重要抓手，其主要内容为：

1. 社会矛盾排查化解行动计划。按照"属地管理"、"谁主管谁负责"的原则，把社会矛盾纠纷排查化解工作落实到基层，开展社会矛盾纠纷大排查，对排查发现的问题，加强分析研判，明确责任主体，及时有效化解。深化社会矛盾纠纷大调解机制建设，健全县、乡、村、组多层次调解工作网络，把专业调处机制向矛盾纠纷多发领域延伸，加强人民调解、行政调解、司法调解有效对接，综合运用法律、政策、经济、行政等手段和教育、协商、疏导等方法，及时有效把矛盾化解在基层、解决在萌芽状态。针对群众反映强烈的突出问题，开展征地拆迁、劳动社保、涉法涉诉信访积案化解“三大攻坚”，严格规范土地征用和房屋拆迁行为，加大劳动关系监测预警、调解仲裁和监察执法力度，加强涉法涉诉案件的复查、甄别、处理，有效解决和大幅减少征地拆迁、劳动争议、涉法涉诉引发的矛盾，确保三类信访积案化解率达到85%以上。高度关注企事业单位改制重组、食品药品质量、安全生产、环境保护、医患纠纷等涉及群众切身利益的问题，依纪依法加大治理力度，以实际成效取信于民。围绕实施社会矛盾排查化解行动计划，重点抓好源头治理、矛盾纠纷化解“两项攻坚行动”。

2. 人口服务管理行动计划。以国家建立人口信息库为契机，健全完善实有人口信息采集动态管理体系，以公安人口信息为基础，逐步融合人口和计划生育、人力资源和社会保障、住房和城乡建设、民政、教育、交通、工商、税务、统计等部门和金融系统等相关信息资源，探索建立以公民身份证号码为唯一代码的人口基础信息库，形成全面覆盖、功能齐全的人口管理和服务大平台，实现对所有人口底数清、情况明、服务好。加快户籍管理制度改革，放宽中小城市和小城镇落户条件，引导非农产业和农村人口有序向中心城市和建制镇转移。把流动人口服务管理纳入当地经济社会发展规划，实施流动人口居住证制度，把公共服务由户籍人口逐步向常住人口扩展，流动人口凭居住证可享受本地居民在劳动就业、入学医疗、社会保障等方面的相关待遇。加大特殊人群动态服务管理力度，县(市、区)、乡镇(街道)建立由党委政府主导、综治和司法部门牵头、相关部门共同参与，集教育、管控、救助、矫治、就业于一体的特殊人群综合管理服务平台。出台促进特殊人群就业和社会保障相关政策，提高服务管理水平。围绕实施人口服务管理行动计划，重点抓好流动人口服务管理、特殊人群服务管理“两项攻坚行动”。

3. 公共安全体系建设行动计划。以深化平安江苏建设为载体，以社会化、网络化、信息化为重点，以防得住、控得严、打得狠为目标，进一步健全专群结合、点线面结合、网上网下结合、人防物防技防结合、打防管控结合的立体化社会治安防控体系，加强重点地区、重点场所社会治安综合治理，严密防范和依法打击各种违法犯罪活动。完善食品药品安全标准，加强食品药品安全监管。健全安全生产政策法规和技术服务体系，完善安全生产监管体制，加大公共安全投入，深化安全生产专项治理，落实企业安全生产的主体责任，切实保障人民群众生命财产安全。加强应急知识和相关法规的全民宣传教育，依法落实社会风险和突发事件隐患排查监控责任，进一步健全突发事件监测预警、信息报告、信息共享、社会动员、快速反应、救援处置、事故调查以及信息发布、舆论引导机制，提高全民风险防范意识和应急处置能力。一旦发生突发事件，各地党政主要负责人应靠前指挥，部门之间加强协调联动，有效稳控事态，依法妥善处置。围绕实施公共安全体系建设行动计划，重点抓好治安防控体系建设、公共安全监督体系建设、应急管理体系建设"三项攻坚行动"。

4. 固本强基行动计划。各级党委、政府应把工作精力和注意力更多放到基层，把人力、财力、物力更多投到基层，推动乡镇(街道)把工作重心逐步转到社会管理和服务上来，努力夯实基层组织、壮大基层力量、整合基层资源、强化基础工作。以"四有一责"建设为重点，全面提升村级组织推动发展、为民服务、化解矛盾、凝聚群众的能力。把做强做优社区作为加强社会管理、服务群众的重要平台，进一步优化城乡社区布局，全面推行"一委一居一站一办"社区管理服务模式，健全社区以党组织为核心、居民自治组织为主体、管理服务站和综治办为依托的新型管理服务体系。动员社区工青妇组织和社会组织、物业管理机构、驻区单位各方面的力量，形成社区、居民小区、楼栋纵向到底、横向到边的社区管理服务网络，进一步规范社区公共服务内容和流程，满足群众服务需求。把加强和创新社会管理作为基层党组织创先争优活动的重要内容，推动基层组织和党员干部把知民情、解民忧、化民怨、暖民心作为经常性工作，以自身模范行动赢得群众对党和政府的拥护。围绕实施固本强基行动计划，重点抓好社会管理基础制度建设、基层社会管理服务体系建设、社会管理信息化建设“三项攻坚行动”。

5. 社会组织培育管理行动计划。坚持积极引导和依法管理并重，促进社会组织健康有序发展。建立社会组织党工委，扩大社会组织党的工作覆盖面。大力推进政府与社会组织在机构、职能、经费、人员等方面分开，设立社会组织发展专项资金，完善政府购买公共服务政策，提高社会组织承接政府转移职能、开展公益服务和中介服务的能力。逐步扩大社会组织直接向民政部门申请登记范围，创新社会组织服务管理模式，充分发挥行业管理部门作用，形成统一登记、各司其职、协调配合、分级负责、依法监管的管理体制。完善社会组织法人治理结构，健全社会监督机制和科学有效的评估制度，建立全省信息化管理体系。健全境外非政府组织在苏活动管理机制，规范活动行为。围绕实施社会组织管理行动计划，重点抓好非公有制经济组织服务管理、社会组织培育管理、境外非政府组织管理“三项攻坚行动”。

6. 信息网络综合管理行动计划。制定加强和改进互联网管理工作实施意见。由省互联网信息办公室牵头，整合公安、新闻宣传、通信管理等网络舆论引导、监管、技防方面力量，把法律规范、行政监管和行业自律、技术保障结合起来，形成党委统一领导、政府严格管理、企业依法运营、行业加强自律、全社会共同监督的综合管理格局。坚持及时准确、公开透明、有序开放、有效管理、正确引导的原则，健全网上舆论引导机制和舆情监测体系，加强正面宣传，净化网络环境，牢牢掌握网络舆论主动权。加快互联网管理地方立法，加强互联网安全设施建设和管理，建立网络媒体自律公约，落实电信运营企业、用户法律责任和网络信息安全制度，加强网络文化建设，提高互联网业界自我约束、自我管理水平。围绕实施信息网络综合管理行动计划，重点抓好虚拟社会综合防控体系建设、互联网安全管理“两项攻坚行动”。

[案例]

南通市社会管理创新八大体系

南通市作为全国社会管理创新综合试点地区和典型培育城市，创新发展八大体系，初步探索出了一条契合实际、富有成效的区域社会管理之路。一是创新发展社会矛盾纠纷大调解体系。着力拓展综合平台，推动县、乡两级大调解中心从单一调解功能向矛盾研判、排查预警、直接调处、对接互动、管理考核、指导督查、技能培训等综合功能转变。着力创新专业调处，探索建立医患、劳资、环保、征地拆迁、交通事故赔偿、消费价格等10多个专业调处新机制。着力深化源头预防，引入稳定风险评估、听证对话等制度，在重大项目、重大改革以及涉及群众切身利益的事项实施前，全面实行稳定风险评估。二是创新发展实有人口服务管理体系。在外来人口管理上，建立110多个镇街外来人口管理服务中心，大力推进外来人口集中住宿、集中管理、集中服务。在特殊人群服务管理上，县(市、区)构建集“教育矫正、监督管理、帮困扶助、心理矫治”等职能于一体的特殊人群管理服务中心，镇街建立健全专业社工服务中心，有效为特殊人群提供就业指导、教育引导、管理矫治等各项服务。三是创新发展新型社区管理服务体系。全市社区建立公共管理服务中心，以此为依托，建立健全民生服务站、社情民意收集室、社区综治办、特殊人群管理站、新市民服务站、劳动保障服务站、慈善超市等服务阵地，把矛盾调解、治安联防、网格化管理、社区公共服务等机制引入社区。四是创新发展公共安全服务体系。在强化生产安全、消防安全、食品安全等的同时，深入推进技防、人防、自防、心防“四位一体”的现代防控体系建设。五是创新发展社会诚信体系。率先出台公务员思想道德和社会诚信行为规范，出台领导干部道德操守问责办法，建立行政权力网上公开运行机制、行政许可事项公示制度，充分发挥政府的表率作用。加大信用监管力度，构建涵盖企业、社会团体、公民个人等各方面信用记录的公共信用信息平台，通过动态监管、实时评级和及时披露，努力解决假冒伪劣、不守信誉、违反合同等突出问题。六是创新发展社会管理队伍体系。通过政府出资购买服务，有效培育构建起专职调解、专业社工、专职巡防、专业监控、专职保安、外口专管①、心理矫治、长安服务等10多支新型社会管理专业队伍，总人数达到23000多人。七是创新发展信息化管理体系。在县(市、区)设立社会管理信息中心，开发启用涵盖众多部门数据信息的社会管理综合信息系统，实现区域内矛盾排查、来信来访、社会治安、安全生产等数据信息"一网式"汇聚，采集、分析、交办、监督等功能"一体化"运行。八是创新发展组织领导体系。以项目化的方式推进社会管理创新，围绕360多个重点创新项目，以项目书、任务书的形式，逐一明确项目牵头领导、责任单位、完成时限。把社会管理创新纳入基本现代化考评指标体系，纳入党政综合考核，率先探索建立领导干部"德、能、勤、绩、廉、法、安"七位一体考评体系。

四、将平安建设作为社会管理创新工程的有效载体

2011年7月底，省委、省政府召开全省深化平安江苏建设大会，部署2011—2013年深化平安江苏建设任务，制定了《关于深化平安江苏建设的意见》，提出在巩固前阶段平安江苏建设成果的基础上，紧紧围绕建成全国和谐稳定示范区的总目标，建设一个基础更牢、水平更高、人民群众更加满意的平安江苏，实现社会矛盾化解、社会治安打防控、公共安全监管、维护国家安全、基层基础建设、平安建设创新能力、政法综治队伍建设、平安建设组织保障水平"八个全国领先"的目标，要求各地、各部门以平安江苏建设为载体，把社会管理创新扎实推向深入。

江苏省第十二次党代会对深化平安江苏建设作了进一步强调。提出坚持打防结合、预防为主，标本兼治、重在治本，以建设和谐稳定示范区为目标，实现基层平安创建全覆盖。深入开展社会矛盾纠纷排查，强化大调解机制建设。加强和改进信访工作，依法规范信访秩序，切实

① "外口"指外来人口，"外口专管"指专事外来人口服务管理工作的人员。

解决群众反映强烈的突出问题。按照防得住、控得严、打得狠的要求，更加注重科技防范，健全点线面结合、网上网下结合、人防物防技防结合、打防管控一体化的现代治安防控体系，强化重点地区、重点部位和场所的社会治安综合治理，严密防范和依法打击各类违法犯罪活动，加强国家安全工作。严格落实安全生产责任，完善安全生产政策法规和技术标准，加大公共安全投入，切实提高安全监管水平，特别是要健全覆盖城乡的食品、药品安全监管体系，加强生产、流通全过程控制，确保人民群众食品安全、用药安全。

在新形势下实施社会管理创新工程，必须从全局的高度认识和把握创新社会管理与深化平安建设的关系。从总体上讲，创新社会管理和推进平安建设的根本出发点和价值追求是一致的，其目标相同，都是为了维护社会良好秩序、保障人民安居乐业、确保社会和谐稳定；路径相通，都要依靠党的政治优势和社会主义制度优势，依靠综合治理的体制优势和机制优势，充分运用政治、经济、行政、法律、道德等多种手段来推进工作；工作相融，两者的工作重点、工作任务、工作措施相辅相成、相互交融、密不可分。

创新社会管理和深化平安建设两者的关系，可以用两句话来概括：

第一，社会管理创新引领平安建设深化。伴随着形势任务的发展变化，政法综治工作的重点也在不断发生调整和变化，大体经历了整治社会治安、推进平安建设和创新社会管理三个阶段。上世纪 90 年代，中央强调政法综治工作的重点是“整治社会治安，打击和预防犯罪”，并部署开展了“严打”专项斗争。2005 年，中央下发《关于深入开展平安建设的意见》，提出了防范敌对势力渗透破坏、预防和减少矛盾纠纷、维护社会治安秩序、预防和减少重特大安全事故等四项重点任务。2010 年以来，中央作出加强和创新社会管理重大战略部署，强调在解决社会稳定突出问题的同时，按照最大限度激发社会活力、最大限度增加和谐因素、最大限度减少不和谐因素的总要求，着力解决影响社会和谐稳定的源头性、根本性、基础性问题，并采取了强化源头治理的一系列重点措施。简要回顾政治综治工作重点任务的发展变化历程,可以看出,创新社会管理已成为政法综治工作总领性、全局性的任务。相比这些年开展的平安建设,社会管理创新更加注重源头治本,更加注重综合施策,更加注重从体制机制层面解决问题。这"三个更加注重",对平安建设提出了新要求,赋予了新内涵,增添了新动力。深化平安建设,必须以此为引领,在创新理念、思路、方法和举措上下功夫,在健全体制、体系、制度、机制上见成效,不断提升平安建设水平,让"平安"这个"易碎品"真正坚固结实起来。

第二,平安建设承载社会管理创新重任。2003年以来,经过全省上下的共同努力,平安江苏建设取得累累硕果,成为江苏工作的一个重要品牌。实践证明,平安建设是政法综治部门维护和谐稳定、服务"两个率先"的重要抓手和有效载体。创新社会管理,平安建设承载重任。实施社会管理创新工程的社会矛盾排查化解、人口服务管理、公共安全体系建设、固本强基、社会组织管理、信息网络综合管理等"六大行动计划",要依托平安建设这一载体加以推进;实现社会稳定工作、依法治省水平、基层基础建设、社会管理绩效等社会管理创新工程"四个位居全国前列"的目标,要依靠深化平安建设为之奠定坚实基础。总之,以社会管理创新引领平安建设,平安建设就有了新目标和新标杆;以平安建设推进社会管理创新,社会管理创新就有了"推进器"和"加速器"。我们必须胸怀全局、把握规律,以实施社会管理创新工程为统领,以深化平安建设为重要载体,开拓奋进,戮力创新,全面提升社会管理科学化水平。

第一章　社会管理创新工程的指导思想和目标任务

实施社会管理创新工程，要以邓小平理论、“三个代表”重要思想、科学发展观为指导，以维护群众利益为根本，坚持以人为本、服务为先，坚持党政主导、群众参与，坚持依法治理、综合施策，坚持群众路线、凝心聚力，率先建成与社会主义市场经济体制相适应的社会管理体系，协调社会关系、规范社会行为、解决社会问题、化解社会矛盾、促进社会公正、应对社会风险、保持社会稳定。

第一节　社会管理创新工程的指导思想

在全面建设小康社会，实现经济增长方式转变，着力推进“十二五”规划，改善和保障民生的社会背景下，明确和坚持科学的社会管理指导思想非常重要。如果指导思想偏离了社会主义原则和公平正义的社会主义核心价值观，其结果要么是传统的计划经济时期的社会管理理念、体制和机制很难转变过来，导致重物轻人、重国家轻社会的倾向，要么是脱离我国国情，照搬西方国家的做法，放弃党委、政府的主导作用，导致出现社会管理混乱的局面。江苏省委、省政府《关于实施社会管理创新工程切实加强群众工作的意见》指出，实施社会管理创新工程，必须坚持以邓小平理论和“三个代表”重要思想为指导，全面贯彻落实科学发展观,牢牢把握最大限度激发社会活力、最大限度增加和谐因素、最大限度减少不和谐因素的总要求,以维护群众利益为根本,以体制机制创新为动力,以加强基层基础工作为重点,解决民生突出问题,预防化解社会矛盾,充分激发社会活力,共同建设和谐社会,共创更加美好生活。社会管理创新工程的指导思想,有以下三点需要重点把握。

一、坚持以中国特色社会主义理论体系为指导

中国特色社会主义社会管理的指导原则源于马克思主义的社会管理思想。马克思主义在加强社会管理的有关论述中,着重强调了国家本身具有的双重职能:一个是阶级统治职能,一个是社会管理职能。国家的社会管理职能是基本的、经常性的;国家的社会管理职能会随着社会的发展,在管理国家日常事务中发挥着越来越重要的作用。由于社会主义社会废除了所有制的剥削属性,人民在经济上获得了解放,从而在政治上获得了管理国家和社会的权利,社会管理的目的不是导致社会两极分化,国家的一切事务和社会管理是由人民来执行的,社会管理首先要体现的是社会公正的价值目标;社会主义社会要废除对人管理不平等、不公正的现象,建立的社会管理制度是坚持了人民是社会管理的主体、人民当家作主的管理原则,为人民当家作主开辟了一条崭新的道路。

社会主义制度在中国建立后,受苏联的影响,采用了高度集权的计划经济的社会管理体制,强调以阶级斗争为纲,强调以政治为核心,社会管理体制日趋僵化,社会管理最显著的特点是重国家轻社会,重政治轻法治,重集体轻个人。社会管理的指导思想逐渐背离了马克思主义的社会管理原则,社会管理缺少活力,社团自治完全缺失。

党的十一届三中全会后,邓小平把马克思主义与中国的社会管理实践相结合,提出了具有中国特色的社会管理指导思想,为中国特色社会主义社会管理体系的形成开辟了道路。

邓小平理论关于社会管理的目标、内容和途径的思想是对马克思

主义社会管理思想的丰富和发展。改革开放后，我们党把国家的工作中心转移到经济建设上来，社会管理的主要任务是围绕经济建设这个中心，为改革开放和社会主义现代化建设服务。社会主义本质论是中国特色社会主义社会管理的重要指导思想。邓小平认真总结了社会主义的经验教训，回答和解决了我们多年没有完全搞清楚的问题，就是什么是社会主义、如何建设社会主义的问题。邓小平在1992年南方谈话中指出：社会主义的本质是解放生产力，发展生产力，消灭剥削，消除两极分化，最终达到共同富裕。邓小平提出的社会主义本质论，为社会管理指明了方向，就是通过发挥社会管理的职能，解放和发展生产力，通过先富帮后富，最终实现共同富裕。社会管理的任务是为经济建设和改革开放服务，实现社会稳定。在经济发展与社会稳定的关系中，维护社会稳定占有重要地位。邓小平提出：第一，坚定不移地推进改革开放，大力发展社会生产力，加快经济发展是实现社会稳定的根本保证。只有经济发展了，才能充分显示社会主义制度的优越性，才能改善人民生活。第二，要加强社会主义民主与法制建设。要消除社会不稳定的因素，基础在于化解好人民群众的内部矛盾，消除不稳定因素，健全民主和法制是根本途径。第三，正确处理改革与稳定的关系。随着社会主义改革的推进，社会关系和社会利益会发生变化，大量的社会矛盾和问题会出现，这些矛盾和问题会形成不稳定的因素，对改革造成不良影响。为此，要做到三点：一是坚定不移推进改革。二是改革要有领导、有步骤、有序进行。三是要为社会稳定提供良好的政治环境，坚持中国共产党的领导和社会主义方向。

在我国进入全面建设小康社会的新阶段，江泽民同志根据经济社会发展、社会结构和阶层的新变化，提出了“三个代表”重要思想，又进一步丰富和发展了我国社会主义社会管理的指导思想。我们党提出了社会主义的根本目标是促进人的全面发展。为此，社会管理的重要任务是处理好社会的各种利益关系，调动一切积极因素，尊重劳动、尊重知识、尊重人才、尊重创造，放手让一切劳动、知识、技术、管理和资本的活力竞相迸发，让一切创造社会财富的源泉充分涌流。在社会管理工作中，改善党的领导和加强党的建设是根本保证。

改革开放30多年来，我国社会管理工作取得巨大成绩，社会管理水平不断提高，社会管理体系不断完善，取得的一切成绩就是因为我们坚持和发展了马克思主义的社会管理思想，坚持以中国特色社会主义理论为指导，逐步形成了中国特色社会主义的社会管理思想。在新的历史时期，我们党提出了加强和创新社会管理这一战略性的任务。社会管理无论如何加强和创新，都必须坚持以中国特色社会主义理论为指导，才能体现中国特色社会主义的本质要求，才能建立起与社会主义市场经济相适应的社会管理体系，才能从根本上提升社会管理的科学化水平。

二、贯彻落实科学发展观

我们党提出要坚持以人为本，树立全面、协调、可持续的发展观，促进经济社会和人的全面发展。科学发展观第一要义是发展，核心是以人为本，基本要求是全面协调可持续，根本方法是统筹兼顾。科学发展观是指导经济社会发展的根本指导思想，标志着中国共产党对于社会主义建设规律、社会发展规律、共产党执政规律的认识达到了新的高度，标志着马克思主义和新的中国国情相结合达到了新的高度和阶段。党的十八大强调必须把科学发展观贯彻落实到我国现代化建设全过程。实施社会管理创新工程，必须深入贯彻落实科学发展观。具体来说，就是要做到“六个统筹”。

1. 统筹经济社会发展，为加强和创新社会管理创造有利条件。社会管理领域存在的问题是在经济社会发展过程中产生的，单纯就社会管理抓社会管理没有出路。应当把加强和创新社会管理摆到经济社会发展大局中来思考和谋划，针对发展中存在的不平衡、不协调、不可持续问题，认真研究解决经济社会发展中存在的深层次矛盾，从根本上改进社会管理。

2. 统筹城乡、区域发展，逐步使大多数流动人口在城市和农村各得其所。近年来一些地方的外来人员聚集事件，说明对流动人口的服务管理已经成为社会管理中最突出的问题之一，也是最难解决的问题之一。我国2亿多流动人口特别是1.5亿多农民工，既是对我国工业化、城镇化、现代化建设作出了巨大贡献的群体，也是最需要全社会关心关爱的群体。对他们的服务管理，不仅涉及亿万家庭的幸福安宁和社会大局的和谐稳定，而且直接关系到我国的工业化、城镇化进程和社会主义新农村建设的进程，关系到实现小康社会和社会主义现代化目标的全局。我们必须积极稳妥地推进户籍管理制度改革、全面实行居住证制度，解决好流动人口在就业服务、子女上学、社会保障、医疗卫生、住房租购等方面存在的问题，真正实现基本公共服务由户籍人口向常住人口全覆盖，促进流动人口与当地居民和谐相处。调整产业、区域经济结构，大力发展县域经济，推进社会主义新农村建设，加快缩小城乡、地区差距，尽可能就地就近转移农村富余劳动力，逐步使大多数流动人口稳定下来，在城市和农村各得其所。

3. 统筹服务与管理，努力向服务型管理转变。社会管理必须坚持以人为本、服务为先，寓管理于服务之中，努力实现管理与服务的有机统一。管理者应当时时处处站在群众角度考虑问题，把群众满意不满意作为衡量和检验社会管理工作的根本标准，确保社会管理的各项决策部署、政策措施符合广大群众的意愿和需要，得到广大群众的拥护和支持。要由过去主要强调管理向更多强调服务转变，进一步畅通服务渠道、完善便民措施。在管理中，要坚决纠正粗暴野蛮管理、侵犯群众权益和消极管理、任由群众权益遭受侵害的两种错误倾向，做到该服务的服务好，该管理的管到位，真正使社会管理成为促进和谐的工作，成为得民心的工作。

4. 统筹条块关系，加强社会管理基层基础建设。当前，社会管理基层基础建设总体还比较薄弱，其中一个重要原因是条块分割、各自为战，特别是基层各类服务管理资源分散，形成不少服务“盲点”、管理“真空”。应当坚持基层在先，统筹整合条与块的各类服务管理资源，全面推广扁平化、网格化服务管理模式，把各项公共服务和社会管理措施落实到城乡社区、基层单位、每家每户，让广大群众看到变化、见到实效、得到实惠。在城市，应当做实做强社区，整合社区各类服务管理资源，使社区更好地承担起服务管理“社会人”的责任。在农村，应坚定不移地推进社会主义新农村建设，积极探索构建城乡一体化、村庄社区化服务管理体系，让广大农民逐步同城市居民一样享受最基本的公共服务。对于已经城镇化的农村乡镇、村和外来人口较多的乡镇、村，要全面推行社区化管理体制，健全基层组织，充实管理力量，延伸公共服务。当前，应结合老城改造、新区规划，积极推动社会服务管理中心建设，形成方便广大群众和社会各界参与的服务管理平台。充分发挥基层党组织的领导核心作用，广泛开展服务型党组织建设，组建以党员干部为骨干的服务团队，构建党组织领导下的综合服务管理平台，为广大群众提供便捷高效的服务。

5. 统筹当前与长远，把社会管理服务提升到新的层次和水平。加强和创新社会管理的近期目标是解决当前群众反映强烈的突出问题，中长期目标是建设中国特色社会主义社会管理体系。应当立足当前、着眼长远，把解决突出问题与加强长远建设有机结合起来，不断提升社会管理服务的层次和水平。当前，要针对群众反映强烈、影响社会和谐稳定的突出问题，比如流动人口融入城镇难问题、特殊人群融入社会难问题、一些非公有制经济组织劳动关系不和谐问题、社会组织健康发展问题、互联网管理难问题、社会矛盾纠纷多发问题、刑事案件高发问题、公共安全事故频发问题，等等，一个一个地攻坚克难，努力取得突破性进展。同时，要针对制约社会管理长远发展的全局性问题，比如，如何完善党委领导、政府负责、社会协同、公众参与的社会管理格局，如何完善基层社会管理服务体系，如何加强社会管理法律、制度、体制、机制、能力建设，等等，以改革创新精神，积极推动解决，努力建设中国特色社会主义社会管理体系。

6. 统筹物质文明建设与精神文明建设，为加强和创新社会管理营造良好社会环境。加强和创新社会管理，既要抓好硬件建设，确保取得物质成果，又要抓好软件建设，凝聚各方面力量共同团结奋斗。党的十七届六中全会从中国特色社会主义事业总体布局的高度，对深化文化体制改革、推动社会主义文化大发展大繁荣进行了部署，制定了建设社会主义文化强国的行动纲领。我们应当把建设社会主义先进文化、提高群众思想道德素质和科学文化素质作为加强和创新社会管理的基础性工程，深入开展社会主义核心价值体系教育，为加强和创新社会管理奠定坚实的思想道德基础。切实加强公民道德建设，加大惩恶扬善力度，引导人们依法行使权利、自觉履行义务，积极承担社会责任、家庭责任，推动形成我为人人、人人为我的社会氛围。积极推进政务诚信、商务诚信、社会诚信和司法公信建设，抓紧建立健全覆盖全社会的征信系统。加强对群众的教育引导，努力形成知荣辱、讲正气、作奉献、促和谐的良好风尚。

三、以维护群众利益为根本

社会管理的核心是对人的服务和管理，加强和创新社会管理，必须坚持以群众利益为根本。马克思主义是关于无产阶级解放的学说，马克思主义政党的一切理论和奋斗都应致力于实现最广大人民的根本利益。我们党在建立之初，就把中国人民的解放和中华民族的富强作为自己的宗旨。改革开放以来，党和政府始终把维护好、发展好最广大人民群众的利益，作为首要的问题去看待、去解决，这是30多年来我国社会主义建设事业能够取得重大成就的一条根本性原因。随着改革的深入，我国的经济、政治、文化、社会等领域都发生了深刻变革，出现了经济成分和经济利益格局多样化、社会生活多样化、社会组织形式多样化、就业岗位和就业形式多样化。这既为我国的经济和社会发展注入了生机和活力，也带来了各种利益关系调整的复杂化，特别是在一些地方，由于利益调节不到位，群体性事件呈上升趋势，大量事关群众权益的矛盾和问题凸显出来。在这种情况下，如何更有效地维护群众权益，是摆在我们面前的一项重要任务。

党的十八大强调要建立健全党和政府主导的维护群众权益机制。从当前我国和江苏省经济社会发展的现实来看，加强和创新社会管理，坚持以维护群众权益为根本，必须建立科学有效的维护群众权益机制。

一是形成科学有效的利益协调机制。群众权益本质上是利益问题。协调利益是指在社会系统变化中协调不同利益主体之间相互关系的组织、制度和发挥其功能的作用方式。利益协调的内容，大体上包括：多元化利益观念引导，利益获取行为的规范约束，与时俱进的利益调节，适度的利益补偿等。社会主义和谐社会，不是无差别的社会，也不是没有任何矛盾和问题的社会，而是一个通过一定机制不断化解利益矛盾，最大限度地增加和谐因素，最大限度地减少不和谐因素的社会。为了实现这一社会目标，我们一定要解放思想、实事求是、与时俱进，一切从实际出发，自觉按经济规律和社会规律来切实地推进利益协调机制的建立健全。

二是形成科学有效的诉求表达机制。随着经济社会的快速发展，作为诉求表达主体，人们的主体意识和权利意识不断增强，政治表达和政治参与的要求逐步提高，从而具备了理性地、合法地表达自己利益诉求的能力。不同的社会阶层、社会利益群体、社会成员，都有各不相同的利益和利益诉求。要引导社会以理性、合法的形式表达利益诉求，预防和及时化解社会矛盾、凝聚人心，以形成思想共识，党和政府就必须落实人民群众的决策参与权、知情权和监督权。这就需要党和政府建立健全科学有效的诉求表达机制，为各个利益主体提供充分的表达利益诉求的平台，从而使各个利益主体的利益诉求能够通过正当的、规范的渠道进入公共决策过程中，供决策者参考和借鉴。

三是形成科学有效的矛盾调处机制。随着我国改革开放进入关键时期，出现了社会矛盾多样多发的状况。社会利益差距扩大特别是收入分配差距过大引起的种种矛盾，已经成为影响我国社会稳定与社会和谐的重大问题。胡锦涛同志指出："关键是我们要正视矛盾，找到化解矛盾的正确途径和有效方法，形成妥善处理矛盾的体制机制，而不能让矛盾积累和发展起来，以致影响国家改革发展稳定的大局。”①为此，要学会善于运用政策、法律、经济、行政等手段调处矛盾纠纷，特别是要学会善于运用法律手段调处矛盾纠纷，把矛盾纠纷调处工作逐步纳入法治化的轨道；学会和善于运用经济手段调整利益关系，特别是物质利益关系和物质利益矛盾；善于综合运用教育、协商、调解等行之有效的解决矛盾的方法。

四是要形成科学有效的权益保障机制。社会主义和谐社会是以人为本的社会。加强和创新社会管理，必须着力解决人民群众最关心最直接最现实的利益问题。因而，切实保障和实现人民群众的基本权益是社会管理创新工程的重中之重。既要着力解决农村土地征用、城市房屋拆迁、城乡环境保护、企业重组改制和破产、涉法涉诉中群众反映强烈的问题，又要着力建立健全科学有效的权益保障机制，用健全的制度、体制和机制维护、保障和实现人民群众的合法权益。从当前来讲，尤其要建立健全五大权益保障机制，即就业权保障机制、健康权保障机制、受教育权保障机制、受救助权保障机制和公平享受基本公共服务权保障机制，从而维护、保障和实现人民群众的合法权益。

［**案例**］

淮安市创新维护群众权益工作机制

淮安市在推进社会管理创新工程中，以解决好群众最关心最直接最现实的利益问题为切入点，紧扣“依法维权”主题，积极完善党委、政府主导的维护群众权益机制，于2008年创新设立了职工、妇女儿童、农民工、企业、老年人、残疾人等六大专业维权中心，整合维权资源，发挥专业维权优势，最大限度地维护好人民群众的合法权益，从源头上预

① 胡锦涛：《在省部级主要领导干部提高构建社会主义和谐社会能力专题研讨班上的讲话》(2005年2月19日)，《央视国际》2005年6月26日。

防和化解各类矛盾纠纷。截至2011年底,全市六大维权中心共接待处理求助案件6792件,办结6542件,化解各类矛盾纠纷2854起,筹集并协助解决帮扶救助资金600余万元,有力地维护了受助对象的合法权益,促进了社会和谐稳定。

第二节 社会管理创新工程的基本原则

原则是指说话或行事所依据的法则或标准。实施社会管理创新工程,必须坚持以人为本、服务为先,坚持党政主导、多方参与,坚持依法治理、综合施策,坚持群众路线、凝心聚力的基本原则。

一、坚持以人为本、服务为先

加强和创新社会管理,必须坚持以人为本。

坚持以人为本,从哲学范畴上说,就是要求社会管理必须以人为根本。"以人为本"中的"本",在哲学上可以有两种理解,一种是世界的"本原",一种是事物的"根本"。社会管理创新工程中强调的"以人为本"的"本",不是"本原"的本,是"根本"的本,它与"末"相对。这里的"以人为本",是哲学价值论概念,不是哲学本体论概念。提出以人为本,不是要回答什么是世界的本原,人、神、物之间,谁产生谁,谁是第一性、谁是第二性的问题,而是要回答在我们生活的这个世界上,什么最重要、什么最根本、什么最值得我们关注。以人为本,就是说,与神、与物相比,人更重要、更根本,不能本末倒置,不能舍本逐末。通俗一点讲,就是要人性化。在传统的社会管理中,国家往往通过"单位制"对社会实行管制。这种体制一定程度上保证了社会秩序的稳定,但是却缺乏对个体价值的尊重与重视。21世纪的中国社会是多元的社会,经济成分多种多样,文化事业蓬勃发展,个人权利意识逐渐觉醒,人们更加崇尚自我价值的满足。应对新形势,加强和创新社会管理,必须贯彻落实以人为本的价值取向，尊重人、关心人、实现人的价值，从关注每一社会个体的利益开始，达到整个社会系统和谐有序运行的目的。

坚持以人为本，从经济范畴上说，就是要求社会管理必须满足人的需要。邓小平曾经说，衡量一切工作得失的标准，就是要看是否有利于发展社会主义社会生产力、有利于增强社会主义国家的综合国力、有利于提高人民的生活水平。同样，在推进社会管理创新工程中坚持以人为本，就是要使经济更加发展、民主更加健全、科教更加进步、文化更加繁荣、社会更加和谐、人民生活更加殷实。当然，以人为本，更加强调在社会管理创新过程中，不仅要看社会经济的总量是否得到增加，还要看各项建设是否真正地、全面地达到了满足人的需要的目的，更要看达到这一目的的过程，是不是节约了资源和劳动力，是不是注意了保护生态环境，是不是既满足了当前的需要又保持了可持续发展等。

坚持以人为本，从政治范畴上说，就是要求社会管理必须视人民为主人。视人民为主人，体现在社会实践中，就是要全心全意为人民服务。“为人民服务”是党的根本宗旨，也应该是党员领导干部一切行动的出发点和归宿。将以人为本作为社会管理创新工程的基本原则，坚持了马克思主义的群众观点和群众路线，贯彻了马克思主义的核心价值观，集中体现了中国共产党全心全意为人民服务的根本宗旨和立党为公、执政为民的根本要求。坚持立党为公、执政为民，就是坚持以人为本，尊重人民群众推动历史前进、创造社会财富的实践主体和实现自身利益、享有发展成果的价值主体地位，始终把体现人民意志、反映人民愿望、实现人民利益作为一切工作的出发点和落脚点，始终把依靠人民群众的智慧和力量作为推进事业发展的根本工作路线。

坚持以人为本，从伦理道德范畴上讲，就是要求社会管理必须尊重和保障人权。我国宪法规定，国家尊重和保护人权。一个社会要想获得和谐、稳定、健康的发展，就必须弘扬以人为本的理念，尊重和保护每一位公民的合法权利。当前社会管理中出现的很多问题和矛盾，往往是因为没有树立尊重人权的意识，侵犯了人的健康权、生命权和财产权等，造成了十分恶劣的社会影响。任何政党、政府、团体、社会组织以及一切拥有权力者，都应该尊重公民的合法权益。在社会管理创新中坚持以人为本，就是要尊重和保护人权，建立和完善对合法私有财产的保护制度、土地征用制度、社会保障制度、政府问责制度等，实现好、维护好、发展好广大人民群众各方面的合法权益。

加强和创新社会管理，必须坚持服务为先。

服务，是指为他人做事，并使他人从中受益的一种有偿或无偿的活动。从属性看，服务包括生产性服务和消费性服务；从状态看，服务既有物质有形服务，也有非物质无形服务。从提供服务的角度看，服务具有以下特点：一是人的因素至关重要。服务的好坏不仅仅取决于工作人员的多寡，更取决于服务态度的优劣和服务方式的先进程度。二是灵活性强。服务的方式、方法和内容都因人而异、因事而异、因时而异，没有绝对的服务方式、方法和内容，只有灵活应变、适合对路的服务。三是时间性强。服务的"使用价值"与活劳动同时出现和发生作用，随着活劳动结束，服务也就意味着消失。

"服务为先"是"以人为本"的必然要求。社会管理中，管理是服务的手段，服务是管理的最高境界。在现实生活中，我们的一些管理工作之所以得不到群众的理解支持，甚至引发矛盾冲突，一个重要原因是在思想观念、管理方式、工作作风等方面没有充分尊重群众、贴近群众、依靠群众、保护群众、服务群众。一些社会管理职能部门和工作人员习惯于以管人者自居，居高临下，服务意识淡薄；有的把部门利益和个人利益凌驾于公共利益、群众利益之上，与民争利，甚至乱收费、乱罚款；一些社会管理措施、办法不是考虑群众怎么便利，而是考虑自己管起来怎么省事，等等。因此，加强和创新社会管理，必须切实转变这种不合时宜的观念和做法，坚持服务为先，寓管理于服务之中，努力实现管理与服务的有机统一，努力向服务型管理转变，在完善服务中提高管理效能，在加强管理中提高服务水平。在管理的理念思路上，要从过去防范控制型向人性化服务型转变，在管理的方法手段上要从主要依靠封堵卡控向通过沟通、协商、协同等方式来转变，让人民群众切实感受到权益受到保障、心情更加舒畅，从而自觉接受管理、主动配合管理、积极参与管理。如在流动人口管理中，要强调“人性化管理、亲情化服务、市民化待遇”，以居住证代替暂住证，赋予居住证提供用工信息、转接劳动保险关系、计划生育情况登记、帮助子女就近入学等服务功能，从而调动流动人口办证的积极性，达到“以证管人”的目的。在刑释解教人员安置帮教工作中，要出台相关政策措施，使刑释解教人员享受公民待遇，使他们感到社会的温暖，达到减少重新违法犯罪的目的。在加强社区管理的过程中，大力推进社区救助、就业、卫生、养老、计生、文化、教育、体育、安全等各类公共服务，使“社会人”愿意接受社区的管理，真正成为“社区人”。

二、坚持党政主导、多方参与

坚持党政主导、多方参与，要求党、政府、企事业单位、社会组织、人民团体、人民群众等各类主体发挥不同的作用，共同参与和治理社会。这一原则有四个突出特点：一是党委、政府发挥主导作用。党委为社会管理创新指明方向，政府承担服务与管理社会的主要责任。二是参与社会管理的主体是多方的。三是社会管理的方式需要统筹规划，侧重于协调、参与和合作。四是通过增强社会管理合力，实现社会和谐稳定的目标。

我国建立社会主义制度之后，国家的各项管理活动都要在党和政府的主导下进行，但在社会主义市场经济条件下，与行政管理等其他管理活动相比，社会管理更强调发挥社会力量的自主性和参与性，发挥社会力量在社会管理中的协同、自治、自律、他律、互律作用，充分调动人民群众的积极性、主动性、创造性。社会是由大量的组织组成的，这些组织是根据自愿原则形成的，在法律和内部约定的条件下进行管理。但是诸多的社会组织也要服从政府的管理，参与党和政府主导的社会管理，并在其中扮演重要角色。因此，加强和创新社会管理，就是要发挥党委、政府的主导作用，发挥多方治理主体的作用，提供、调整和增进社会福祉，推动个人发展和社会有序和谐。党政主导、多方参与理念的树立，对于加强和创新社会管理有着重要的现实意义。

坚持党政主导，要求各级党委、政府本着高度的责任感和积极创新精神做好社会管理工作，以各地开展的社会管理创新综合试点为突破口，探索社会管理的新思路、新办法、新举措，切实解决管理中的重点、难点问题，为尽快建立起符合我国国情、与社会主义市场经济体制相适应的社会管理体系打下坚实基础。一是要明确党政“一把手”的责任。加强社会建设、创新社会管理、维护社会稳定，是各级党委、政府的责任。各级党政领导必须深入贯彻落实科学发展观，牢固树立正确的政绩观，坚持以人为本、全面协调可持续发展。必须从根本上保障和改善民生，维护广大人民群众的合法权益，让人民群众共享发展的成果。在推进社会管理创新工程中坚持党政“一把手”负总责、亲自抓。二是各级党政领导应当带头维护宪法和法律的权威。党政领导应当带头依法办事，带头依法行政，依法合理使用社会管理资源，维护各部门的社会公信力，为社会管理工作提供良好的社会环境。三是要协调各部门齐抓共管。要解决影响社会和谐稳定的源头性、根本性、基础性问题，不是某一个部门或某一个系统的工作能够做到的，需要各部门之间协调配合。各级党委、政府应当明确各个职能部门在社会管理中承担的职责任务，并加强部门之间的协调，使各部门既各司其职、各负其责，又密切配合、整体联动，形成社会管理的整体合力。四是要确定一批社会管理重点项目，纳入经济社会发展总体规划和本地区、本部门整体工作部署，通过项目化管理等方式，推动社会管理取得实效。五是要抓好社会管理创新综合试点，及时总结推广基层行之有效的做法和经验，着力提升社会管理的整体水平。

坚持多方参与，就是要处理好各司其职与协同配合的关系，充分依靠人民群众，调动一切积极因素，发挥好社会力量的作用，形成社会管理创新的整体合力。一是要注重发挥社会力量的自治作用。例如，要不断完善村民自治制度。村民自治是中国特色社会主义社会管理体系的重要组成部分，是我国农村基层民主制度和治理方式，以民主选举、民主决策、民主管理和民主监督为主要内容，实行村民自我管理、自我教育和自我服务。完善村民自治制度对于发扬基层民主，促进社会主义新农村建设以及构建和谐社会都具有重要意义。二是要注重发挥人民团体在社会管理和公共服务等方面的作用。人民团体等机构有自上而下的完备的组织系统，有具有群众工作、思想政治工作和社会工作经验的人才队伍，不仅是党和国家联系群众的桥梁和纽带，而且能够在反映群众诉求、化解社会矛盾、提供咨询服务、参与社会管理等方面发挥重要作用。三是注重发挥社团、行业组织和中介组织等社会组织提供服务、反映诉求、规范行为的作用。通过积极培育各类社会组织，加强和改进对各类社会组织的管理和监督，完善社会化服务网络，努力形成社会管理和社会服务的合力，不断满足人们日益增长的物质文化需求。四是要注重发挥企事业单位在社会服务中的作用。在其他国家一般由非营利社会组织承担的社会功能和公益服务，在我国很多是由企业事业单位来承担的。我国企事业单位改革的方向，是要建立一个与社会主义市场经济体制相适应的现代企事业组织体系。在坚持政企分开、政事分开的前提下，明确企事业单位服务管理员工的社会责任，推动企事业单位完善内部治理结构，健全规章制度，改善员工工作和生活环境，加强人文关怀，维护企事业单位内部和谐稳定，进而促进全社会的和谐稳定。五是要注重发挥社区在基层社会管理中的作用。社区是居民自治组织，肩负着基层自我管理的任务。随着社会的发展变化，居民的各种生活需求越来越多样化，社区功能出现广泛化趋势，社区在基层社会管理中的作用越来越重要。“社会千条线，社区一根针”。许多社区服务中心承担着几十种服务功能，包括治安、社会保障、社会福利、社会救助、就业、卫生、防疫等。这种服务实际上也具有自我管理的功能。而且，随着社会的发展，人们的维权意识在不断增强，围绕权益保护也产生了一些权益纠纷。这就需要从社区开始，建立解决问题的基层机制。同时，应通过社区生活使人们逐步认识到，公民意识不仅包括公民权益，也包括公民义务和公民责任。

三、坚持依法治理、综合施策

社会管理科学化水平较高的社会，必然是社会管理法治化程度较高的社会。要实现社会管理科学化，必须坚持依法治理，切实把社会管理纳入法治化轨道。这是因为：首先，加强和创新社会管理要以法治理念为引领。法治理念向人们提供了一种目标模式、理想状态、价值追求和行为指向，引导社会向理性化、有序化方向发展。在加快建设社会主义法治国家的新形势下，加强和创新社会管理，必须牢固树立依法管理的理念，加强社会主义法治理念教育，不断提高全体公民的法治意识，努力把崇尚法治变成一种思维习惯、生活方式和行为模式，引导各类社会主体依法理性表达诉求，在全社会树立依法办事、守法光荣的风尚，推动社会管理朝着正确的方向创新发展。其次，加强和创新社会管理要以法治体系为基础。社会管理的主要任务包括协调社会关系、规范社会行为、化解社会矛盾、保持社会稳定等。这就需要进一步建立健全社会主义法治体系，大力推进科学立法、严格执法、公正司法和全民守法，切实解决有法不依、执法不严、违法不究等群众反映强烈的突出问题，着力破解影响社会和谐稳定的源头性、基础性、根本性问题，不断提高依法执政、依法行政、公正司法、依法办事的能力和水平，为加强和创新社会管理奠定基础。第三，加强和创新社会管理要以法治建设为保障。加强和创新社会管理是一项系统工程，需要综合运用经济、行政、法律、道德、舆论等多种手段。法律是全体社会成员共同遵守的强制性行为规范，法律手段是调节社会关系与定分止争的最重要手段。我们必须更加注重发挥法律手段的作用，依法保障群众利益、化解社会矛盾、查处违法犯罪活动、维护社会秩序，不断提高社会管理法治化水平。

坚持依法治理，当务之急是加强社会管理领域的立法工作，完善教育、就业、收入分配、社会保障、医疗卫生、应对突发事件、预防化解社会矛盾纠纷、社会组织监管等方面的法律法规，不断推进社会管理工作制度化、规范化、程序化。依靠完备的法律法规体系，清除社会管理面临的种种体制性障碍，巩固、扩大社会建设和社会管理成果。改进执法方式，依法调节社会利益关系，维护公民合法权益，促进社会公平正义，将各项社会事务纳入科学管理、依法管理的轨道。

推进社会管理创新工程，坚持依法治理是重要前提，但仅靠依法治理是不够的，还必须坚持综合施策，这是由我国的特殊国情和社会管理的特点决定的。首先，我国的传统文化“尚德”而不“尚法”，这种传统文化仍深深根植于当前社会的土壤之中，只有依法依德依情进行服务管理，才能使人们从内心深处自觉服从管理。其次，社会管理涉及面广。社会管理虽然主要是对社会领域事务的管理，但管理过程中往往涉及到政治领域、经济领域、文化领域等，仅用法律手段难以解决错综复杂的社会问题。第三，目前社会领域的立法滞后，有些方面的管理还存在无法可依的问题，在相关法律法规出台之前，只能综合运用道德的、教育的等其他手段进行管理。

坚持综合施策，就是要在依法治理的前提下，善于综合运用法律法规、经济调节、行政管理、道德约束、心理疏导、舆论引导等多种手段，规范社会行为，调节利益关系，推动社会管理重点难点问题的解决。如对流动人口，既要加强管理，改革常住人口、暂住人口分类管理办法，建立覆盖全部实有人口的动态管理体系，又要强化服务，积极稳妥推进户籍制度改革，全面推行居住证等“一证通”服务管理措施，着力解决流动人口的劳动就业、社会保障、子女教育、医疗卫生等基本民生问题，努力实现基本公共服务由户籍人口向常住人口全覆盖。对特殊人群，既要落实分类帮教管控措施，实现有效管理，又要完善服务保障措施，制定落实就业、生活等政策，建立健全对特殊人群的社会关怀帮扶体系，使他们尽快融入社会。对社会组织，既要积极引导发展，重点培育和优先发展经济类、科技类、公益慈善类、城乡社区服务类社会组织，又要将其纳入党委和政府主导的社会管理体系严格依法管理，促进社会组织健康有序发展。对信息网络，既要落实管理责任，努力形成党委统一领导、政府严格管理、企业依法运营、行业加强自律、全社会共同监督的综合管理格局，有效防止和依法打击有害信息传播，又要加大正面宣传力度，加强主流文化传播，培育健康向上的信息网络文化，引导广大网民成为和谐社会的建设者。

四、坚持群众路线、凝心聚力

群众路线，就是一切为了群众，一切依靠群众，从群众中来，到群众中去。社会管理的主体主要是“人”，服务和管理的对象也主要是“人”，即人民群众。加强和创新社会管理，说到底就是要坚持群众观点，改进群众工作。党和国家事业的发展进步，离不开人民的创造力量；党的全部执政活动，离不开强有力的群众工作。一切社会管理部门都是为群众服务的部门，一切社会管理工作都是为群众谋利益的工作，一切社会管理过程都是做群众工作的过程。从这个意义上说，群众工作是社会管理的基础性、经常性、根本性工作。

坚持群众路线、凝心聚力，从江苏推进社会管理创新工程来讲，要从以下几个方面入手：

第一，更加自觉坚定地贯彻党的群众路线。切实加强以保持党同人民群众血肉联系为重点的作风建设，推动广大党员干部牢记全心全意为人民服务的宗旨，真正做到思想上尊重群众、感情上贴近群众、工作上依靠群众，时刻把群众放在心坎上，做人民好公仆。牢固树立正确的世界观、权力观、事业观，把人民赋予的权力真正用来为人民服务，坚持对党负责与对人民负责相一致，多干打基础、利长远、惠民生的好事实事，努力创造出经得起实践、人民和历史检验的政绩。坚持问政于民、问需于民、问计于民，尊重群众首创精神，善于从群众中汲取智慧和力量，把群众呼声作为第一信号，把群众需求作为第一选择，把群众利益放在第一位置，把群众满意作为第一标准，怀着对人民群众的深厚感情和造福群众的强烈责任感，满腔热情、脚踏实地做好服务群众的各项工作。

第二，积极宣传群众动员群众。充分发挥文化教育人民、引导社会、推动发展的作用，坚持不懈地用中国特色社会主义理论体系武装干部群众，广泛开展社会主义核心价值观教育，进一步巩固全省人民团结奋斗的共同思想基础。深入推进社会公德、职业道德、家庭美德、个人品德建设，引导人们自觉履行法定义务、社会责任、家庭责任。完善社会诚信体系和行为规范，营造诚信社会氛围，促进公民、法人和其他组织的行为符合社会共同行为规范。加强和谐文化建设，深入开展精神文明创建活动，不断提高公民素质和社会文明程度。各级宣传思想文化部门应当牢固确立宣传思想文化主战线、主阵地、主力军的地位，强化面向群众的宣传思想工作。健全党委、政府新闻发言人和新闻发布制度，领导干部应当定期向群众宣讲党的方针政策和党委、政府的工作部署。充分发挥全国“双百”、江苏“双 50”人物和各类先进典型示范引领作用，教育带动群众。注重运用互联网、手机等新兴媒体，做好舆论宣传引导工作。全面贯彻党的民族和宗教工作基本方针，教育引导各族各界群众团结一心、共同奋斗，推动经济社会发展，促进社会稳定和谐。

第三，畅通群众诉求表达渠道。搭建多种形式的沟通对话平台，尊重和保护群众表达诉求的权利。完善人民建议征集制度，抓好人民建议的办理和落实。加强党政“一把手”网上信箱、政府 12345 服务热线、政风行风热线等社情民意“直通车”建设，方便群众反映诉求，努力做到诉求合理的解决问题到位、诉求无理的思想教育到位、生活困难的帮扶救助到位。加强党委、政府门户网站建设，提高行政权力网上公开透明运行水平，为群众反映问题、提出意见、查询办理情况提供便利条件。有序扩大基层民主、推广“党群恳谈会”、“党群议事会”等基层民主形式，切实保障群众的知情权、参与权、表达权、监督权。党政领导干部应当带头走进电视台、电台、网络直播室，与群众互动交流。在新闻媒体和新闻网站开设群众工作专栏、民生专题、民情互动频道等，及时反映和解答群众关心的重要问题。推行民意调查制度，把群众满意作为衡量和评价工作的重要依据。

第四，健全联系群众制度。深入开展领导干部下基层“三解三促”活动，深入农村、社区和基层单位，了解民情民意、破解发展难题、化解社会矛盾，促进干群关系融洽、促进基层发展稳定、促进机关作风转变。县以上党政领导干部应当根据工作实际，建立不同类型的基层联系点，定期到联系点了解情况，推动工作。省、市、县党政部门应当根据工作职责，在基层建立民情联系责任区。完善领导干部基层调研制度，省、市领导干部每年深入基层调研时间不少于两个月。县(市、区)领导干部应当用更多时间、更多精力，深入基层，真正到群众中去问冷暖、问疾苦，察民情、解民难，加强调查研究。乡镇领导干部应当坚守基层工作第一线，与群众打成一片，为群众解决问题。定期选派机关干部到经济欠发达县的乡镇和村驻点帮助工作。全面推行党员干部与困难群众结对帮扶。

第五，用群众工作统揽信访工作。把群众工作理念贯穿于信访工作全过程，形成信访工作从源头做、全过程做、靠大家做的新格局。在人民来访接待中心基础上，组建全方位、多功能、高效率的群众诉求受理和权益保障服务中心，对群众诉求做到“一站式受理、一条龙服务、一揽子解决”。乡镇(街道)依托政法综治中心，整合有关部门力量，设立群众诉求受理和权益保障服务站，村、社区依托管理服务站设立群众诉求受理窗口，听取群众意见，调处矛盾纠纷，办理群众有关事项。健全党政领导干部接访约访下访制度，定期公开接访，经常阅批群众来信，主动约访下访重要事项，督促检查和回访处理情况。坚持把解决问题作为信访工作的着力点和落脚点，落实首办负责制，提高初信初访化解率，完善复杂疑难信访领导包案、部门会办和督查督办工作制度，依法做好信访事项“三级终结”和信访人教育管理工作，有效解决一些信访事项“终而不结”问题。严格实行突出信访问题和重点信访事项通报制度，完善信访工作绩效考核办法。建立解决特殊疑难信访问题专项资金，规范管理使用，做好困难信访群众帮扶救助工作。

第六，切实纠正损害群众利益的不正之风。加强对中央和省委、省政府保障和改善民生决策部署贯彻落实情况的督促检查，确保各项惠民工程真正落到实处。深入治理中小学教育乱收费，纠正医药购销和医疗服务中的不正之风，进一步清理涉企收费和各种摊派，深入推进农村基层党风廉政建设，有效防止发生在群众身边的腐败行为。严肃查处领导干部以权谋私、失职渎职，一些部门和基层组织滥用职权、与民争利以及侵占各种惠民补贴、土地补偿、擅自处置集体资产资源、侵吞集体收益等损害群众利益的案件。深入推进机关作风建设，切实解决一些部门和干部办事不公、效率不高等问题。各级领导干部必须遵守廉洁自律的各项规定，以为民务实清廉的良好形象增进群众对党和政府的信任。

第三节 社会管理创新工程的奋斗目标

所谓目标，就是在预定时期里，特定工作所要达到的水准与状态。确定社会管理创新工程的奋斗目标，以目标统揽工作的全局，有利于各部门、各单位分工合作，形成整体合力，有利于促进社会管理综合治理的检查督促和考核奖惩工作的开展，最终促进各项措施的落实。

一、社会管理创新工程的总体目标

2011 年 7 月 5 日，中共中央、国务院制定的《关于加强和创新社会管理的意见》确定加强和创新社会管理的目标是：紧紧围绕全面建设小康社会的总目标，牢牢把握最大限度激发社会活力、最大限度增加和谐因素、最大限度减少不和谐因素的总要求，完善党委领导、政府负责、社会协同、公众参与的社会管理格局，加强社会管理法律、制度、体制、机制、能力建设，完善基层社会管理服务，建设中国特色社会主义社会管理体系。党的十八大对“中国特色社会主义社会管理体系”作出明确界定，这个体系包含四个方面的内容：一是形成党委领导、政府负责、社会协同、公众参与、法治保障的社会管理体制，二是形成政府主导、覆盖城乡、可持续的基本公共服务体系，三是形成政社分开、权责明确、依法自治的现代社会组织体制，四是形成源头治理、动态管理、应急处置相结合的社会管理机制。

江苏省委十一届十次全会通过的《中共江苏省委关于又好又快推进"两个率先"在新的起点上开创科学发展新局面的决定》提出要"率先建成与社会主义市场经济体制相适应的社会管理体制"①。这是江苏推进社会管理创新工程的总体目标。

改革开放以来，我国社会主义市场经济的基本框架逐步建立，与之相适应的经济政策和宏观调控机制也已经基本建立，并在现代化建设的实践中逐步完善。市场经济取向的改革有力地促进了经济发展，显著地改善了民生，但也对原有的社会管理体制形成了重大的挑战。首先是收入分配结构的变化。衡量收入分配均等化程度的基尼系数逐步攀升，城乡、区域和社会成员之间的收入差距不断扩大，一些分配不公现象引起群众不满。如何调节收入分配结构、扭转收入差距扩大趋势、建立公平合理的收入分配秩序，成为维护社会和谐稳定需要解决的关键问题。其次是经济改革形成了许多不同利益群体。如何在新的形势下整合和协调好阶层的利益，形成既充满活力又和谐相处的秩序，成为社会管理的重要任务。再次，市场经济体制的确立使对个人利益的追求获得了正当性和合理性，但与这种变化相适应的社会道德和诚信体系建设明显滞后，规范民众追求个人利益的行为体系还不完善。所以，加强和创新社会管理的总目标，就是要建立与社会主义市场经济相适应的社会管理体制。

在中国的经济版图上，江苏无疑是最具活力的地区之一。占全国1%的土地，养活了6%的人口，创造了全国10%的国内生产总值。改

---

① 参见《中共江苏省委关于又好又快推进"两个率先"在新的起点上开创科学发展新局面的决定》，载《新华日报》2011年5月6日。

革开放30年多年来，在发展的每一个阶段，中央都对江苏提出了较高的要求。特别是党的十三届四中全会以后，江泽民同志多次来江苏视察，勉励江苏要率先全面建成小康社会、率先基本实现现代化，为全国发展作出更大贡献。2003年以来，胡锦涛同志多次对江苏工作作出重要指示，要求江苏继续当好深化改革开放的排头兵，走在科学发展的前列，朝着"两个率先"的目标奋勇前进，把江苏的明天建设得更加美好。2011年初，胡锦涛同志对江苏提出"继往开来，坚持'两个率先'，在新的起点上开创科学发展新局面"的新要求。"两个率先"不仅仅是经济发展的要求，也是实现公平正义、社会和谐的要求。2011年全国"两会"期间，胡锦涛同志在参加江苏代表团审议时提出了"六个注重"的要求。其中，注重加强社会建设和社会管理，就是要求江苏探索社会管理新路径，切实解决好人民群众最关心最直接最现实的利益问题。从中央对江苏的期望看，率先全面建成小康社会、率先基本实现现代化，是江苏本世纪头20年的发展总定位，率先建成与社会主义市场经济体制相适应的社会管理体制，则是基本实现现代化的重要保障、重要内容和重要标志。

从江苏的工作基础来看，作为改革开放前沿阵地，江苏在社会管理上遇到问题早，着手解决早。江苏2003年在全国率先开展平安建设，9年来，经过全省上下的努力奋斗，取得了令人瞩目的成效，建立了以社会矛盾纠纷大调解机制建设、社会治安大防控体系建设和综治基层基础建设等"三大建设"和组织领导机制、齐抓共管机制、检查考核机制和经费保障机制等"四大机制"为主要内容的平安建设完整体系，综治工作绩效和公众安全感连续多年位居全国前列。2004年以来，法治江苏建设在全省展开，各级党委依法执政理念普遍增强，法治政府建设稳步推进，公正司法水平有效提升，法治文化建设成效明显，逐步形成了具有江苏特色的区域法治建设工作格局。当前，经济发展越快，越要重视社会管理，这已成为全省共识。随着社会治安、平安建设、法治指数纳入江苏各级党政部门的政绩考核内容，"经济发展是政绩，和谐稳定也是政绩”的理念已为全省各级领导干部普遍接受。因此，率先建成与社会主义市场经济体制相适应的社会管理体制，在江苏的基础非常坚实，通过全省上下的不懈努力，这一总体目标是能够实现的。

二、社会管理创新工程的具体目标

省委、省政府《关于实施社会管理创新工程切实加强群众工作的意见》提出了实现社会稳定工作、依法治省水平、基层基础建设、社会管理绩效“四个位居全国前列”的具体目标。省委、省政府《关于深化平安江苏建设的意见》，提出实现社会矛盾化解、社会治安打防控、公共安全监管、维护国家安全、基层基础建设、平安建设创新能力、政法综治队伍建设、平安建设组织保障水平“八个全国领先”的目标。把这两个文件的表述综合起来，社会管理创新工程的具体目标主要有以下几点：

1. 社会稳定工作位居全国前列。社会矛盾纠纷“大调解”机制和社会治安“大防控”体系建设显著加强，各类矛盾纠纷发现预警率、调处率和调处成功率处于全国领先水平，进京非正常上访、群体性事件发生率保持全国低位，不发生有重大影响的群体性事件。公众安全感以及八类主要刑事案件破案率处于全国领先水平，流动人口和特殊人群违法犯罪率在东部沿海省份保持低位，不发生有重大影响的暴力恐怖事件、黑社会性质组织犯罪案件等恶性刑事案件。社会公共安全监管绩效全国领先，社会公共安全事故人员死亡率保持全国低位，不发生有重大影响的公共安全事故。

2. 基层基础建设位居全国前列。基层政法综治组织规范化建设成效显著，乡镇(街道)政法综治工作中心集中办公率达100%，综治办、人民法庭、检察室、公安派出所、司法所全部达到规范化建设要求。乡镇(街道)依托政法综治工作中心，设立群众诉求受理和权益保障服务站，村(社区)设立群众诉求受理窗口。基层政法综治队伍、社会管理专业队伍和群防群治队伍配齐配强。社区管理服务体系健全、功能完善，到2015年，城乡社区“一委一居一站一办”实现全覆盖；90%以上的城市社区、80%以上的农村社区达到省级和谐社区标准；社区管理服务综合信息系统覆盖率达90%以上,有条件的地方力争实现全覆盖。

3. 社会管理法治化水平位居全国前列。法治江苏建设取得明显成效,社会管理地方性法规和规章进一步完善。依法执政、依法行政水平不断提高,党委、政府科学民主依法决策规则制度健全完善,公共权力配置和行使受到有效规范和约束,至2015年,行政复议纠错率达100%、行政案件败诉率低于1%。法制宣传教育成效明显,公务员每年学法不少于40个学时,到2015年,领导干部学法培训率达100%,非人大任命的领导干部任前法律知识考试率达90%以上。坚持公正廉洁执法,司法执法队伍教育培训、执法管理、内外监督机制健全完善,整体素质明显提升,执法规范化水平显著提高,涉法涉诉信访率、执法人员违法违纪案件发生率明显下降,人民群众对司法执法机关满意率保持在95%以上。全社会法治意识普遍增强,经济、政治、文化和社会领域法治化水平明显提高。

4. 社会管理创新水平位居全国前列。党委、政府主导下的利益协调机制、诉求表达机制、矛盾调处机制和权益保障机制进一步健全,群众合法权益得到依法保护,损害群众利益问题得到有效解决。社会管理创新组织领导和工作推进机制不断完善,各级党委领导核心作用和政府主导作用得到充分发挥,统筹社会、组织社会、管理社会、服务社会能力明显提高。社会管理服务体系基本建立,流动人口和特殊人群服务管理、公共安全体系建设、非公有制经济组织和社会组织服务管理、信息网络服务管理等机制建设绩效显著。

上述具体目标的确定,既考虑了江苏省社会管理的现有情况,也把社会管理创新工程放到全国加强和创新社会管理的大背景下进行了考察。总的来说,经过数年的平安建设和法治建设,江苏社会管理工作取得了长足的进步,积累了许多成功的经验,不少方面的工作走在了全国前列,社会管理的一些主要指标已在全国占有明显优势,因此,省委、省政府提出的上述目标具有较强的科学性、现实可能性和工作导向性,经过努力是完全可以实现的。

三、与社会管理有关的现代化指标

2011 年 11 月召开的江苏省第十二次党代会，确立了全面建成更高水平小康社会、开启基本实现现代化新征程的奋斗目标，讨论通过了《江苏基本实现现代化指标体系》。该指标体系中，经济发展、人民生活、社会发展、生态环境四大类指标分别包括 9 项、7 项、8 项和 6 项指标。其中与社会管理直接有关的指标有两项，即法治和平安建设水平、和谐社区建设水平。

1. 法治和平安建设水平

法治和平安是现代化的基础和必备条件，没有法治和平安就没有现代化。社会各个方面都实现依法有序治理，广大人民群众安居乐业，这是建设中国特色社会主义、全面建设小康社会最基本的条件，也是实现现代化最基本的条件。法治健全、社会平安可以让人们生活得更有尊严、更加幸福。该项指标重在评价社会法治和平安建设的状况以及公正和谐的程度，是为江苏基本现代化建设营造公平正义的法治环境、和谐稳定的社会环境的重要保障。这一指标下具体包括法治建设满意度和公众安全感 2 个二级指标。

法治建设满意度，通过对党政机关在宪法和法律范围内活动，公共权力行使、公民意识与社会秩序、人民群众民主权利和民生保障、法制宣传教育和法治文化等方面的调查，反映人民群众对法治建设成果的认可程度，2010 年，江苏为 84.5%，确定目标值为 90%以上。

公众安全感是老百姓对社会治安环境和自身安全的感受，包括了老百姓的工作、居住、出行、娱乐、社交等各个方面，是衡量社会建设和管理乃至社会发展程度的重要标志。公众安全感既反映公众安全程度，也反映人民群众对政府和社会管理综合治理各个部门工作绩效的认可程度；不仅是衡量社会治安状况的“晴雨表”，而且是体现个人生存质量的重要指标，直接关系一个地方的人居环境、投资环境乃至公众对政府的信任度、满意度。公众安全感通过第三方民调机构调查取得，主要运用电话调查的形式，调查内容包括群众安全感、群众对社会治安状况的评价、影响群众安全感的主要因素、被调查者认为增强群众安全感最急需解决的问题、群众对于社会热点问题的关注情况、群众对政法工作和队伍建设的满意程度等等。2010年,江苏为90.43%,确定目标值为90%以上。

2. 和谐社区建设水平

这是江苏基本实现现代化六项自创指标之一,是强化基层基础建设、反映社会和谐稳定程度的重要指标,体现了中国特色、江苏特点。具体包括城市和谐社区建设达标率、农村和谐社区建设达标率2个二级指标。计算公式为:城市(农村)和谐社区建设达标率=城市(农村)和谐社区达标数/城市(农村)社区总数。

社会建设与管理的重心在基层,社区建设是构建和谐社会的基础性工作。在基本现代化进程中,随着社会管理重心下移,社区承担着越来越多的社会管理职能。构建和谐社会涉及到社会生活的方方面面,如果缺少了社区这一块,和谐社会就不可能完整。和谐社区建设是指以邓小平理论和"三个代表"重要思想为指导,全面贯彻落实科学发展观,努力把社区建设成为管理有序、服务完善、环境优美、治安良好、生活便利、人际关系和谐、各个社会群体和谐相处的社会生活共同体。和谐社区的标准包括六个方面:一是社区服务,二是社区环境,三是社区文化,四是社区稳定,五是居民自治,六是党的领导。江苏的和谐社区达标是以《江苏省城乡和谐社区建设评价总则》为标准,共7大类30项80个指标,内容涵盖社区党建、社区自治、社区服务、社区治安、社区环境、社区文明、社区组织等多个门类。

2010年,江苏城市、农村和谐社区建设达标率分别为50%、35%。根据《江苏省城乡和谐社区建设评价总则》的要求,确定目标值为城市98%、农村95%以上。

第四节 社会管理创新工程的基本任务

胡锦涛同志在中央党校省部级主要领导干部社会管理及其创新专题研讨班上指出:为了维护社会秩序、促进社会和谐、保障人民安居乐业,为党和国家营造良好的社会环境,社会管理的任务包括协调社会关系、规范社会行为、解决社会问题、化解社会矛盾、促进社会公正、应对社会风险、保持社会稳定等方面。这七个方面的任务也是实施社会管理创新工程的基本任务。

社会管理七大任务的关系不是并列的,它们是有内在联系的有机整体。其中,应对社会风险、保持社会稳定是前提;促进社会公正是目标和关键;协调社会关系、规范社会行为、解决社会问题、化解社会矛盾是途径。因此,理解和把握社会管理的基本任务,要注重其整体性、结构性和系统性,以处理好各个任务相互之间的关系,全面统筹社会管理基本任务的方方面面。

一、协调社会关系

社会关系是社会运行之中作为主体的人与人之间相互依赖、相互作用而产生的基于权利义务配置的社会联系的结构的总称。马克思指出:人的本质是一切社会关系的总和。意思是说,社会关系源于人,因为有了人类,人与人之间便产生了各种复杂的关系,这些关系就统称为社会关系。从关系的双方来讲,社会关系包括个人之间的关系、个人与集体之间的关系、个人与国家之间的关系;一般还包括集体与集体之间的关系、集体与国家之间的关系。这里集体的范畴,小到民间组织,大到国家政党。这里的国家在实质上是一方领土之社会,从这个意义上来讲,个人与国家之间的关系实质就是个人与社会之间的关系,而个人与世界的关系实质就是个人与全社会之间的关系。从关系的领域来看，社会关系的涉及面众多，主要有经济关系（即生产关系）、政治关系、法律关系。此外，宗教、军事等也是社会关系体现的重要领域。

由于经济快速发展、人民生活水平提高、政治保持稳定，从总体上看，当前我国的社会关系是协调的、和谐的。但地区、城乡、行业等发展的不平衡性导致社会矛盾增多、社会关系紧张，协调社会关系的任务仍很艰巨。

协调社会关系，首先要正确把握当前中国社会关系的新特点。社会关系的变化是由所有制和分配制度变化决定的。改革开放以来，随着社会主义市场经济的发展，我国经济体制、经济结构等方面发生了深刻的变化：从计划经济体制向社会主义市场经济体制转变；从单一公有制形式向以公有制为主体、多种所有制经济共同发展转变；从单一的按劳分配制度向以按劳分配为主体、多种分配方式并存的分配制度转变。经济改革引发了原有的社会关系和利益格局的深刻调整，社会关系出现了新的特点，即利益主体多元化、利益主体差距扩大、人民内部矛盾对抗程度有所增强。我们应当正确分析和判断社会关系特别是人民内部矛盾的特点和走向，为协调社会关系提供科学依据。

其次要及时调整社会政策，高度重视协调社会利益关系。我国当前存在的许多深层次矛盾和问题，大都与利益关系不协调有关。统筹协调各方面利益关系，妥善处理社会矛盾，适应我国社会结构和利益格局的发展变化，形成科学有效的利益协调机制，关键是协调好以下社会利益关系：

1. 协调阶层的利益关系。改革开放初期的“两个阶级一个阶层”——工人阶级、农民阶级和知识分子阶层，随着社会主义市场经济的发展和社会的变迁，已形成、分化为许多新的社会阶层。2002 年中国社会科学院推出的《当代中国阶层研究报告》，根据职业的分化和三种资源（组织资源、经济资源和文化资源）的占有，把全体社会成员划分成十大社会阶层，即国家和社会管理者阶层，经理人员阶层，私营企业家阶层，专业技术人员阶层，办事人员阶层，个体工商户阶层，商业服务业员工阶层，产业工人阶层，农业劳动者阶层，城乡无业、失业、半失业者阶层。[①] 分析我国社会分层的现状和特点，有两点值得注意：一是社会阶层结构不合理，中间层人数较少，中下层人数较多，从长远看不利于社会稳定发展；二是各阶层收入差距、社会地位在明显拉开，新的社会阶层与传统社会阶层之间、社会阶层内部由于利益获取模式的不同往往会发生各种冲突与纠纷，这些冲突与纠纷极易引发社会问题。近年来出现较多的农民工因讨薪而爬楼跳楼、征地拆迁中的暴力争端等社会性事件的背后其实都是阶层利益冲突。因此，如何协调社会各阶层的利益关系，又不至于破坏社会主义的公正和效率，是社会管理面临的急迫任务。

2. 协调城乡的利益关系。我国是一个农业大国，也是城乡二元结构问题较为突出的大国。改革开放以来，我国城镇化取得巨大成就，2011年中国历史上城市人口第一次超过乡村人口，城镇化水平超过50%，达到51.27%。这标志着中国数千年来以农村人口为主的城乡人口结构发生了逆转，可以说是中国现代化进程中的一件大事。但我国城镇化质量不高，农村发展滞后于城市，城乡发展差距、基本公共服务差距扩大，城乡居民收入差距从1978年的2.57倍扩大到2010年的3.23倍。农村居民，尤其是农民工在就业、社保、教育、卫生、福利等方面与城市居民差别明显，农民土地的利益得不到保护，农民不满情绪和城乡矛盾加大，群体性事件增多。因此，加大协调城乡利益关系刻不容缓。

3. 协调区域的利益关系。改革开放以后，由于我国各地区区位优势不同、资源禀赋迥异，加上政策的差异，东部地区率先发展，在经济增长和居民收入等方面与中西部地区拉开差距。20世纪末，国家开始实施西部大开发和振兴东北老工业基地战略，此后，中西部地区发展速度加快，但发展差距造成区域利益的不平衡仍在增大。从江苏来看，苏

① 参见陆学艺《当代中国阶层研究报告》，社会科学文献出版社，2002。

南、苏中、苏北三大板块发展的不平衡性也非常明显，协调区域发展的难度很大。

此外，劳资利益关系、干群利益关系、行业利益关系的不平衡也是导致社会矛盾和社会问题的根源。

协调社会利益关系是社会管理最基本的任务，党的领导关键是要制定战略、政策，加强宏观指导；政府要着重在社会分配、社会保障、区域发展等方面搞好制度安排，用制度把不同阶层、不同区域、不同行业的利益关系理顺，从源头上预防和减少社会矛盾，最大化地增加社会和谐因素。

二、规范社会行为

社会行为是指人们为了生存和发展的多种需要，在社会生活中与他人和社会产生互动、发生作用的一切行为。社会行为是多样的、有意识的、有意义的行为，是随着社会发展而变化的。美国社会学家帕森斯指出，人类的行为是在一个制度框架中进行的，制度不仅是组织的结构，而且是规范的模式，用来规定在一定的社会中，什么是适当的、合法的和期望的行为或社会关系的方式。规范社会行为的目的，就是运用社会习惯、道德、宗教和法律，根据人们的需求、好恶、价值判断，确立社会成员在社会活动中应遵循的基本准则，以此调节社会利益关系，维持社会秩序和稳定。

在社会管理中，规范的社会行为一方面是对人们社会行为和社会利益关系普遍规律的集中反映，也是一定社会经济发展条件下人们行为和相互关系基本要求的本质概括。另一方面，它是通过民主协商、社会认可，构成了社会成员普遍遵循的行为准则，其表现形式就是社会认可的习俗规范、道德规范、宗教规范、纪律规范和法律规范。规范的社会行为具有普适性、标准性、强制性。

当前，在我国社会管理中，规范社会行为面临的任务包括：一是要健全社会规范体系。社会规范体系是通过制定法律和道德规范等确定共同行为准则来指导和约束人们行为、维护社会秩序的基本手段。

社会规范体系不健全,或不遵守共同行为准则,即所谓“失范”,是产生社会矛盾、引发社会冲突、危害正常的社会生活的重要根源。要在各个领域加快建立和完善行为规范体系,通过自律、互律、他律,把人们的行为尽可能地纳入共同行为准则的轨道,形成既要维护社会公共利益,又要尊重个人合法权益,既有统一意志,又有个人心情舒畅的社会环境。二是要加快公民个人基本信息制度、个人信用管理制度等社会基础制度建设,对违反社会共同行为准则的,要有相应的惩戒制度。三是要抓规范社会行为教育。把规范社会行为作为一个社会教育的长效和艰巨的工程列入国民教育计划,从基础教育抓起。中小学基础教育是人们人生观价值观以及道德观认知,包括规则意识形成的关键时期。因此,规范社会行为意识的教育应该从儿童和青少年抓起。

三、解决社会问题

所谓社会问题,是指一个国家在社会建设中出现了妨碍社会协调发展、影响社会成员健康生活、导致社会结构失衡的一种现象。任何社会在任何时期都会存在这样那样的社会问题。不发展有不发展的问题,发展起来了不比不发展问题少。目前中国社会存在的问题有就业问题、分配问题、社会保障问题、群体性事件问题等等,但在所有社会问题中,人民群众反映强烈、值得我们关注的一个重要问题是腐败问题。腐败是一个国家的官员运用手中的权力,在政府垄断的资源领域里寻租获得非法收入的行为。腐败问题既有国家官员价值观扭曲的问题,也有市场经济改革不到位的问题,更有我们的权力结构和设计存在缺陷的问题。官员的腐败,有对其权力制衡不到位的原因,更有干部选拔、任用、监督制度不科学不完善的原因。只要权力得不到公众的有效监督,腐败就难以遏制。政治学原理告诉我们:没有制约的权力导致腐败,绝对没有制约的权力导致绝对的腐败,这是权力运行的一般规律。目前权力腐败是人民最不满意的问题之一,就是因为权力对市场和资源垄断和控制的空间太大,权力缺少有效的制衡。

另一个值得关注的问题是社会结构失衡问题。目前我国经济发展快于社会发展，社会发展滞后于经济发展，导致社会结构失衡，社会出现两极分化趋向，经济发展过程中缺少两头小、中间大的“橄榄形”社会结构的相应发展。从城乡结构看，城镇化与工业化不同步，农村发展滞后于城市，城乡发展差距、基本公共服务差距扩大，城乡居民收入差距以及居民内部不同群体收入差距持续扩大，城镇居民 20%最高收入户的平均可支配收入是 20%最低收入户的 7.5 倍，城乡平均为 6.5 倍。行业收入差距不断扩大，2010 年，平均工资最高的行业是金融业，为 70146 元，最低的农林牧渔业，为 16717 元，最高与最低之比为 4.2∶1，而上世纪 80 年代，我国行业间工资收入差距基本保持在 1.6～1.8倍左右，目前世界上多数国家行业间差距在 1.5～2 倍。① 不同所有制企业之间以及企业内部高管和普通职工之间的收入差距也明显扩大。这样的收入差距，使我国社会“塔形”结构很难改变，难以构建“橄榄形”社会。“塔形”的社会结构，加上社会建设滞后于经济发展，带来了“上学难”、“看病难”、“住房难”等一系列社会普遍关注的民生问题。

社会要发展，必须解决社会发展中的重大社会问题，因此，从某种意义上可以说，社会是在解决“社会问题”中发展的。解决我国的社会问题是一项长期而艰巨的任务，而解决我国的一切问题关键在于发展，只有实现科学、全面协调和可持续发展，才能解决我国目前存在的主要社会问题。解决发展的途径就是要进一步解放思想，大胆推进改革开放，按照公平正义的社会主义本质要求，破除阻碍科学发展的体制、机制障碍。

社会管理是与公共权力联系在一起的。人类社会生活离不开公共权力。人类需要有组织的社会生活，就不可避免地需要公共权力。任何社会都做不到保证每一位权力的代行者公正廉洁地执行公务，保证对授权者的忠诚。但从社会管理角度讲，解决社会腐败问题，首先就

---

① 参见萧坊《评论：理性看待行业收入差距》，载《中国青年报》2011 年 12 月 12 日。

是要靠积极稳妥地推进政治体制改革，改变权力高度集中、权力过分集中到"一把手"的体制来解决。没有政治体制改革的推进和成功，经济体制的改革也没有保障，获得的成果也会得而复失。同时，还要大力推进行政管理体制改革，转变政府职能，减少政府的审批权，降低政府官员寻租的空间和机会，建立科学有效的反腐败长效机制。

党的十八大报告指出，加强社会建设，必须加快推进社会体制改革。社会结构失衡，社会建设落后于经济建设，要靠大力推进社会改革，构建以保障和改善民生为重点的社会制度体系来解决。如社会分配不公、收入差距拉大的问题要靠完善社会主义市场经济体制，破除经济垄断，改革分配制度，提高中低阶层收入的政策来解决。此外，土地制度、医疗卫生制度、户籍制度、社会保障制度等等，都要改革。总之，要把保障和改善民生作为社会改革的着力点，坚持走共同富裕的道路，坚持社会公平正义的核心价值观；从制度设计和安排上，合理调整收入分配关系，加快推进覆盖城乡居民的社会保障体系建设，加快推进住房保障的建设，使改革发展的成果惠及全体人民。

四、化解社会矛盾

社会矛盾指社会事物、现象内部或其之间既同一又斗争的关系。社会矛盾既具有普遍性又具有特殊性。前者是指在不同的社会形态中、在社会生活的各个方面都自始至终存在着社会矛盾；后者是指不同社会形态、同一社会形态不同发展阶段所包含的社会矛盾，不同社会生活方面所包含的社会矛盾，及这些矛盾的各个方面，都是不一样的、有差别的。

胡锦涛同志在庆祝中国共产党成立90周年大会上的重要讲话中指出："社会矛盾运动是推动社会发展的基本力量。我们要遵循社会发展规律，主动正视矛盾，妥善处理人民内部矛盾和其他社会矛盾，不断为减少和化解矛盾培植物质基础、增强精神力量、完善政策措施、强化制度保障，最大限度增加社会活力，最大限度增加和谐因素，最大限度减少不和谐因素。"化解社会矛盾是解决社会问题的主要途径，是加强和创新社会管理最重要的任务。化解社会矛盾，就要研究和分析当前中国社会矛盾的特点和规律，把握好处理社会矛盾的基本原则，创新化解社会矛盾的机制和举措。

当前我国社会矛盾的主要特点有：一是矛盾主要集中在农村土地征用、城镇房屋拆迁、国有企业改制、涉法涉诉等领域，因劳资纠纷、医患纠纷、环境污染、非法集资、股市房市投资受损等引发的矛盾明显增多，民生类、发展类纠纷已占纠纷总量的近三分之二，成为当前社会矛盾纠纷的主体。因农村土地征用、城镇房屋拆迁引发的群体性事件占总量的五分之一。二是矛盾涉及各行业各阶层，既有农民、城镇居民、职工、离退休人员、个体工商者、出租车司机、学生，也有军队退役人员、原民办教师等特定人群。三是“触点”增多、“燃点”降低，一些群体性事件诱因简单、事发突然，特别是一些一般性矛盾纠纷因处理不及时、不妥当演化为大规模群体性事件。四是关联性增强，历史遗留问题和改革发展中的问题、经济领域问题和社会领域问题、合理诉求和不合法方式、多数人合理诉求和少数人无理要求、群众自发行为和敌对势力插手利用相互交织，特别是“无直接利益冲突”事件增多。五是行为方式日趋激烈，暴力对抗程度加剧，有的动辄围堵冲击党政机关，堵塞公路和拦截列车情况时有发生，处置过程中稍有不慎就可能酿成流血事件。社会矛盾产生的根源非常复杂，主要在于当前我国社会结构失衡、社会关系失调等。

化解社会矛盾，首先要重视、尊重人民的物质利益和生命尊严，以人民利益为本位，树立服务为先的管理理念。一些地方政府在化解矛盾的方法、途径方面创造了很好的经验，如工作中注意抓住房难、就业难等主要矛盾，加快建设公租房，解决中低收入群体的住房困难；大力扶持微型企业，以创业带动就业，让群众有活干、能赚钱；启动户籍管理制度改革，逐步消除城乡居民的待遇差异；努力解决群众的合理诉求，解决信访积案，维护群众合法权益。这些经验都值得大力推广。其次是把预防和化解社会矛盾的关口前移，建立和完善民意利益表达机制，保障公民的建议权和申诉权，畅通政府与人民群众沟通的网络和信息渠道，及时了解民意，随时调整侵犯民众利益的政策、法规，让政策和法规随着经济社会的发展更加符合人民的利益，更加有利于民生。第三，完善社会矛盾合理化解机制。有的社会矛盾发生，牵涉方方面面，不是一个职能部门能解决的。当矛盾上升为群体性事件后，要按照统一指挥、各司其职、分工负责、相互配合、形成合力的原则，做到信息公开、稳定情绪、理性解决、讲究策略、科学处置。第四，完善利益协调机制。利益协调机制要坚持社会公正原则，统筹不同群体、不同部门、不同地区的利益诉求，从部门利益和集体利益至上向保护个体利益和弱势群体利益转变，注意从源头上减少群体性事件的发生，把化解社会矛盾的关口前移，避免社会矛盾对经济社会发展造成更大的损失。

五、促进社会公正

社会公正是社会主义和谐社会的本质和基石。社会公正指的是，通过社会体制最大限度地实现对社会权力、社会资源、社会利益、社会财富和社会机遇的分配（即权利、地位、结果），与每个社会成员的社会贡献（即义务、作用、行为）相适应。社会公正是人类社会的一种价值追求，一般而言，社会公正是在社会发展的一定时期，社会成员对获得的社会机会和社会资源是否得当的一种价值评判，其实质是社会的各种权利和义务在社会成员之间合理分配的状态。从这个意义上说，社会公正既体现为一种价值理念，也体现为一种制度设计安排。

当代中国的社会建设尽管取得了巨大成就，但毋庸讳言，社会公正问题已经成为一个为各个阶层所普遍关注的社会焦点，成为一个影响中国经济社会发展全局的大问题。

促进社会公正，需要全党全社会达成共识，需要在社会管理基本任务中把社会公正放在工作的重要位置。如果一个社会失去公正，社会发展就有走向畸形的风险，市场经济的基本准则就有被歪曲的危险，社会矛盾将被激化，社会活力将会丧失。

党的十八大报告指出，公平正义是中国特色社会主义的内在要求。促进社会公正，要求依法建立以权利公平、机会公平、规则公平、分配公平为主要内容的社会公平保障体系。

一是要保障权利公平。在现代社会，社会公正首先意味着社会权利上的公平，它承认并保证社会主体具有平等的生存、发展权。保证权利公平，最重要的是从法律上、制度上、体制上努力营造一个维护权利公平的制度环境。要切实维护和落实宪法和法律规定的各项权利，保证全体社会成员都能够比较平等地享有受教育的权利、工作就业的权利、参与社会政治生活以及其他法律规定的权利，努力为每个社会成员提供均等的发展机会。坚持法律和规则面前人人平等，任何人、任何团体都不能有超越法律和规则的特权。

二是要保障机会公平。社会主体参与社会活动，要求社会确保机会均等，这是实现权利公平的前提。这就要求社会的制度安排和非制度安排给每个社会主体的生存、发展的机会是平等的，劳动的权利、受教育的机会、职业的选择等不能受家庭背景、种族、性别以及资本占有状况等因素的限制和影响。另外，从有利于挖掘、发挥出每个人的潜能的要求来看，机会公平意味着要满足人的不同层次需要和不同人的不同层次需要。

三是要保障规则公平。社会主体参与社会活动，要求规则必须是公平的，只有在规则公平的前提下，才能实现机会公平、权利公平，才能保证效率的提高。也就是说，政府不仅要保证社会主体享有平等的规则，而且要保证在制度和规则面前所有社会主体一律平等。从规则的制定来看，要求制定者秉持公心，吸收民意，通过充分论证，科学设计，尽最大可能使规则从总体精神到具体细节，都公正严明，不偏不倚，为社会成员提供公平竞争的制度环境。从规则的执行来看，要求相关主体敬畏规则，遵守规则，严格按规则办事，并对违规者进行惩戒。当然，不论是规则的制定还是执行，都应是公开的、透明的。

四是要保障分配公平。在当代，人们通常以社会财富（包括物质财富和精神财富）的分配是否合理作为评判社会公平程度的直接依据，所以，分配公平是社会公平的根本内涵和最高层次。分配是否公平，不仅关系到效率的高低，对社会制度的变革和社会秩序的维护与稳定也起着决定性作用。实现分配公平，有赖于合理的社会分配机制的建立，其中分配制度和分配政策起着极为重要的、直接的作用。当前，要高度重视解决收入分配差距过大的问题。在改革发展的进程中，社会成员之间存在一定的收入差距是难以避免的，但应保持在合理范围内。如果社会成员收入差距悬殊而又长期得不到解决，就不仅会挫伤人们的积极性，而且会影响社会的安定团结。要合理调整国民收入分配格局，积极推进分配制度改革，进一步理顺分配关系，完善分配制度，着力提高低收入者收入水平，扩大中等收入者比重，有效调节过高收入，取缔非法收入，努力缓解地区之间和部分社会成员之间收入分配差距扩大的趋势。

六、应对社会风险

社会风险是一种导致社会冲突，危及社会管理和社会秩序的可能性。一旦这种可能性变成了现实性，社会风险就转变成了社会危机，对社会稳定和社会秩序会造成灾难性的影响。任何一个社会发展到特定阶段，必然要面临一个社会风险期，这是社会发展演变的一个重要规律。当前，我国经济社会发展已进入了社会风险高发期、危险期。我们常说，中国社会人均 GDP 超过 1000 美元之后，进入了经济转轨和社会转型的加速期，改革进入爬坡的攻坚阶段，矛盾凸显、利益凸显、危机易发。一些社会矛盾、公共安全、社会分配问题和不满情绪容易被无限放大，可能会产生对社会稳定的破坏力，给社会和谐带来严重冲击。

应对社会风险，关键是要有社会危机意识，建立应对社会危机的科学体系和防范机制，以防范危险为出发点，用长远的、全局的眼光积极调整社会政策，有效化解人口、资源、环境以及效率、公平等方面容易引发风险的因素。

面对突发的社会危机和风险，要抓好应对社会危机和风险的源头治理和动态协调，构建应对社会风险的管理体制。一是要完善应对社会风险的应急管理领导体制。按照“统一领导、综合协调、分类管理、分级负责、属地管理为主”的要求，建立健全各级各类应对突发事件的机构，配强领导班子，明确职责权限，理顺工作关系，完善工作制度，保证经费投入，加强技术装备。二是要健全完善突发事件监测预警机制、信息报告和信息共享机制、风险评估和事故调查机制、应急处置救援机制、社会动员和参与机制，以及信息发布和舆论引导机制、国际合作机制、恢复重建机制。三是要加强应对社会风险的法律法规和预案体系建设。进一步完善有关突发事件的法律法规，抓紧制定各项配套制度和工作细则。加强预案演练，确保预案规定内容落到实处，提高预案管理水平。四是要加强全民应对社会风险的能力建设。依法落实风险和突发事件隐患排查监控责任，实现对各类风险隐患治理的制度化、规范化、常态化。加强应急知识和相关法规的全民宣传教育，将公共安全纳入国民教育体系。利用各种新闻媒体介绍普及应急知识，特别是要加强对各级干部应急知识和能力的培养，提高对突发事件的应对和处置能力，提高全社会防灾救灾和应对社会危机的能力。

七、保持社会稳定

社会稳定是指一定社会的各个系统保持动态的有序性和连续性。具体说来，它是指没有全局性的政治动荡和社会骚乱，政权不发生突发性质变，公民不是用非法手段来参与政治或夺取权力，政府也不采用暴力或强制手段压制公民政治行为，以此维护社会秩序。

“夫利莫大于治，害莫大于乱。”①保持社会稳定，是直接关系到我们党的执政地位、关系到社会主义的命运、关系到国家长治久安的问题。没有社会稳定，什么事情也办不成，已经取得的成果也会丧失。

胡锦涛同志在省部级主要领导干部社会管理及其创新专题研讨班开班式上强调指出：加强和创新社会管理，要牢牢把握最大限度激发社会活力、最大限度增加和谐因素、最大限度减少不和谐因素的总

① 见《管子・正世》。

要求，以解决影响社会和谐稳定突出问题为突破口，提高社会管理科学化水平，完善党委领导、政府负责、社会协同、公众参与的社会管理格局，加强社会管理法律、体制、能力建设，维护人民群众权益，促进社会公平正义，保持社会良好秩序，建设中国特色社会主义社会管理体系，确保社会既充满活力又和谐稳定。

保持社会稳定，首先要提高党和政府正确处理发展和稳定关系的能力，树立正确的动态的稳定观。任何一个国家和社会都会存在不稳定的因素，这是一种现实存在，我们要承认在一定范围和限度内不稳定因素存在的绝对性；社会稳定不意味着社会没有矛盾和对抗，没有社会问题，稳定是相对的，不稳定是绝对的。稳定要靠发展和改革来积极争取。我们提出始终要处理好改革、发展和稳定的关系，就是坚持了动态的社会稳定观；提出坚持改革力度、发展速度和社会可承受程度的统一，确保社会安定团结、和谐稳定。没有经济的发展，稳定就是一句空话；没有稳定，发展就没有安定的环境保障；没有改革，经济发展就会缺少动力，社会改革和社会结构调整就不可能进行，稳定就没有方向。

保持社会稳定，从社会管理体制、机制完善的角度看，首先要健全社会稳定的领导体系，建立各部门、各系统主要领导负总责的机制，加强党委和政府主要领导对社会稳定工作的指挥、协调作用，增强领导的预见性和主动性。同时，要建立并严格落实社会稳定工作责任追究制。没有责任追究制，社会稳定工作就不会得到高度重视。还要建立与人民群众信息畅通的信访机制，不仅要让人民反映民意，还要让人民监督政府，通过信访渠道，解决群众的实际困难，满足群众的止当要求，为人民群众参政议政提供便利通道，保障群众来信来访的权利。

第二章　完善社会管理体制

随着改革开放的深入和社会转型的加快，我国的社会结构发生了巨大变化，对完善社会管理体制的要求日益迫切。社会管理体制包括社会管理领导体制和社会管理保障体系。社会管理领导体制又称社会管理格局，是国家就各种社会管理主体在社会管理中的地位作用、相互关系及运行方式而作出的具有约束力的制度安排。社会管理保障体系是国家规范社会运行的各种政策法规体系、组织机构体系、资源支持体系的总称。现代社会管理体制是适应工业化、城市化、信息化、市场化和全球化的新的社会现实而相对独立于政治和经济子系统的社会子系统的制度化管理。各个国家的社会管理体制呈现出不同的模式，同一国家不同时期的社会管理体制也会有所不同。

健全完善社会管理体制，是构建社会主义和谐社会的必然要求，是社会建设的重要内容和制度保障。胡锦涛同志在省部级主要领导干部社会管理及其创新专题研讨班上的讲话中强调，要“进一步加强和完善社会管理格局，切实加强党的领导，强化政府社会管理职能，强化各类企事业单位社会管理和服务职责，引导各类社会组织加强自身建设、增强服务社会能力，支持人民团体参与社会管理和公共服务，发挥群众参与社会管理的基础作用”。这就明确地界定了不同社会主体在新的社会管理体制中的地位、作用和责任。其目的是要调动社会不同主体参与社会管理的积极性和创造性，为促进社会和谐、实现全面小康和基本现代化的目标任务凝聚强大力量。党的十八大报告提出要“加快形成党委领导、政府负责、社会协同、公众参与、法治保障的社会管理体制”，首次对我国社会管理体制的构建作出完整表述，其中“党委领导、政府负责、社会协同、公众参与”强调的是社会管理格局，“法治保障”则明确了“法治”是社会管理体制的根本保障。

第一节 新中国成立以来我国社会管理体制的演变

社会管理体制的发展演变，是与一国经济社会发展实践以及经济体制、政治体制改革的不断深入相适应的。新中国成立 60 多年来，我国社会管理体制的演变经历了四个阶段①。

一、一元主体社会管理体制的形成阶段

这一阶段从 1949 年到 1978 年。新中国成立之初，一方面为了摆脱中国传统的社会结构瓦解所带来的总体性危机，以及新政权面临的国内外反动势力的颠覆企图，同时为了尽快恢复社会秩序，使中国政治经济步入正常轨道，另一方面也受到苏联的影响，我国确立了高度集权的计划经济体制，通过国家垄断社会资源、中央集权决策来统一配置资源和进行收入再分配，形成了“再分配”体制下的总体性社会。这 30 年中，在高度集权的政治体制和计划经济体制基础上，我国建立了“国家—单位—个人”的一元主体社会管理体制。在这一阶段，国家对社会资源的分配是通过城市的“单位”和农村的“人民公社”来具体实现的。

1. 城市中的“单位”

在整体的社会背景下，城市逐步建立了以“单位制为主、街居制为

---

① 参见何增科《我国社会管理体制的现状分析》，载《甘肃行政学院学报》2009 年第 4 期。

辅”的管理体制。在城市里，国家掌握着一切资源，决定着对单位的资源分配，而单位又掌握着对其成员的资源分配。正是“国家—单位—社会成员”的资源掌控关系，才实现了“社会成员—单位—国家”的紧密型依附关系。1954 年起在城市基层设立了居民委员会，作为城市基层群体自治组织来管理社会事务，但由于隶属于城市街道办事处，是基层政权进行社会管理的一种组织的延伸，主要是完成上级政府下达的各项任务，行政色彩严重，实际上自治性并不明显。居民委员会与单位组织一起构成了政权以外的城市社会管理体系，协助和代理国家实现对其社会成员的管理。所以，国家主要通过“单位”这一组织形式管理职工，通过“街居”体系管理社会闲散人员，从而实现了对城市全体社会成员的控制和整合，达到了巩固政权和社会稳定的目的。

2. 农村中的“人民公社”

在农村，通过建立人民公社制度，实行集体经济。在人民公社领导下，农村实行“三级所有，队为基础”的管理体制，生产资料归集体所有，农民没有生产资料的所有权，也没有进行生产、生活的自主权，参加集体生产。人民公社不但控制着生产，掌握着农产品的交易和分配，而且控制着农村的社会关系、政治生活和精神生活，通过政治运动来实现对农民思想的改造。所以，人民公社既是农村基层政权机关，又是农村经济、文化、生活单位，生产队成为准行政化组织，农民几乎完全依赖行政体系，社会呈现高度政治化和行政化倾向。

总而言之，当时的社会管理体制包括作为国家的社会控制和福利供给职能的延伸的单位体制，“议行合一、政社合一”的人民公社体制，作为单位体制补充的街居制，依靠政治身份来划分的阶级分类体制并辅之以运动式、批斗式的政治管理方式，作为党和政府的传送带的群团组织，城乡分割限制人口自由流动的户籍制度等。一元主体社会管理体制依靠严密的社会控制维持了社会秩序，实现了平均主义的分配，但却窒息了社会的创造活力，牺牲了个体的自由和权利。

二、一元主体社会管理体制的逐步解体阶段

这一阶段从1978年改革开放到1992年。改革开放的过程是一个工作重心转移的过程,"以阶级斗争为纲"转移到了"以经济建设为中心",这一阶段社会管理适应改革开放初期经济体制改革而进行了应对性调整。改革开放开始之后,我国计划经济体制逐步被破除,党和政府积极探索将市场经济机制逐步引入经济社会发展实践中,从计划经济向有计划的商品经济、社会主义商品经济逐步过渡,至1992年党的十四大正式提出了建立社会主义市场经济体制。在这一过程中,我国的所有制结构由单一的公有制经济结构,经过"公有制为主体、非公有制经济为补充"、"逐步鼓励和支持非公有制经济发展",逐步演变为"以公有制为主体,多种所有制形式共同发展"的所有制结构。改革开放的过程是一个放权让利调动各方积极性的过程,向地方放权、向企业放权的过程使各级地方政府和国有企业赢得了自主权和积极性,高度集权的政治体制逐步为适度行政性分权的政治和行政体制所取代,政治和经济逐步分开,私人经济部门在公共部门旁边成长起来。农民开始自发地向城市和工业服务业进行转移,但这一时期农民工还被称为"盲流"。政府作为唯一的社会管理主体的地位受到严重冲击,人民公社体制、阶级分类体制先后解体,运动式、批斗式的管理方式被新的法制化管理方式所取代,城乡分割的户籍制度日益松动,作为社会控制细胞和福利供给者的单位逐渐变为比较单纯的工作场所。但这一阶段的社会管理体制改革推进较为缓慢,并且明显滞后于经济体制改革的步伐。

1. 城镇中的"单位制+街居制"

改革开放以后,在城镇,街居制得以恢复,特别是1989年《城市居民居委会组织法》通过并颁布实施,街居制有了较快发展。城镇社会管理体制由原来的"单位制为主、街居制为辅"逐步演变为"单位制+街居制"。但由于行政管理体制改革推进缓慢,虽然居委会工作对象和工作任务大大拓展了,但它更多地充当政府"脚"的角色,政府和国有企事业

单位依然是社会事务管理的绝对主体，社会组织发育受到严格的管控，成长缓慢。社会成员的自由流动空间虽然不断扩大，但对单位的社会心理依赖依然存在。

2. 农村中的“村民委员会”

在农村，人民公社被乡镇人民政府和村民委员会所代替。1988 年 6 月我国《村民委员会组织法》开始试行，农村基层民主政治在探索中起步。但由于乡镇政府对农村管理的全方位渗透，以及单向行政权力的强制性运用，再加上村民委员会带有明显的行政倾向，农村村民社会自治发展缓慢。

在这一阶段，由于相关的社会管理规范制度建设滞后，不断产生并急剧积累了一系列社会问题，如收入差距逐步拉大、“三农问题”开始显现、腐败现象严重、社会不规范现象开始出现、社会各类矛盾不断增多等。这些问题的产生与发展，使进入发展关键时期的我国经济社会面临着很多不确定因素。

三、从一元主体向多元主体社会管理体制的过渡阶段

这一阶段从 1992 年党的十四大到 2002 年。1992 年 10 月中国共产党第十四次全国代表大会召开，我国经过 14 年的改革探索，终于确定了经济体制改革的目标模式，即建立中国特色社会主义市场经济体制。随即我国加快了各项改革进程，1993 年十四届三中全会明确了国有企业改革的方向是建立适应市场经济要求的现代企业制度，国有企业开始了由经济社会复合组织主体向真正的经济组织主体转变的历程。1997 年，中国共产党第十五次全国代表大会将非公有制经济纳入社会主义初级阶段的基本经济制度框架内，明确非公有制经济是社会主义市场经济的重要组成部分。2001 年我国正式成为世界贸易组织成员，经济体制改革迅速推进。与此同时，市场机制也被引入社会领域，1992 年之后开始启动了医疗产业化、教育产业化改革，1994 年启动城镇住房市场化改革，到 1998 年基本完成了住房市场化的进程。

随着市场经济体制的逐步确立和不断完善，社会也步入快速转型

时期。市场经济体制改革的不断深化使得社会结构产生激烈、深刻和持续的分化，以广大农民、进城农民工、城镇下岗失业人员为主体的社会弱势群体阶层形成并不断扩大，社会异质性和不平等程度提升，社会矛盾与社会冲突剧增。在这种情况下，如何通过有效的社会管理，在良好的社会秩序和生机勃勃的社会力量之间实现动态平衡，就成为政府转变职能方面的一个战略性课题。但这一阶段的政府管理理念尚未转变，政府职能转变严重滞后于社会发展需要。面对集中迸发的社会矛盾和社会冲突，各级政府仍习惯于通过公权力梳理社会事务、化解社会冲突。政府往往在社会问题产生后，习惯于在短期内最大限度地动员权力资源，对某些“久治不愈”的管理顽疾集中清理整顿，出台相应的对策性政策措施，以及运用强制性的行政权力调控社会行为，维护社会秩序，填补管理漏洞。

另一方面，农村村民自治逐步发展，城镇街居制由于职能超载、角色尴尬而陷于困境，社区制开始浮出水面。2000 年国务院办公厅转发了《关于在全国推进城市社区建设的意见》，标志着社区制建设正式启动。与此同时，社会组织发展加快，1998 年修订与颁布的《社会团体登记管理条例》和《民办非企业单位登记管理暂行条例》（以下简称“两个《条例》”），从抑制、清理和禁止的政策取向转为监督、审查和指导方向，这对我国民间组织的发展产生了一定的积极作用。两个《条例》颁布后，民间组织（特别是民办非企业单位）数量显著增多，但在这一阶段其作用的发挥却并没有相应的提升。

这一阶段的社会管理依然是以政府为主体，基层自治组织和社会组织仍然处于附属地位，还没有从被管理对象转变为协同管理主体，主要在扶贫济困、慈善福利、社会救助、研究和反映民生诉求等方面发挥一些拾遗补缺作用。总体上看，这一阶段我国社会管理体制基本摆脱了计划经济的影响，高度一元化的社会管控模式解体，初步建立起了一种过渡性的社会管理体制，但这些与市场经济体制的要求以及人民群众的公共需求还相差甚远。

四、多元主体社会管理体制的自觉构建阶段

这一阶段从2002年党的十六大至今。2002年党的十六大胜利召开，提出了全面建设小康社会的阶段性奋斗目标，标志着我国经济社会发展进入了新的历史时期。2003年十六届三中全会提出了坚持以人为本，树立全面协调可持续的发展观，并在此统领下作出了完善社会主义市场经济体制的各项部署。2003年政府工作报告中明确提出"在社会主义市场经济条件下，政府职能主要是经济调节、市场监管、社会管理和公共服务"，由此我国加快了行政管理体制改革、建设服务型政府的步伐。与此相适应，政企分开、政事分开、政社分开、政府与市场中介组织分开也在加快推进，非政府组织获得较大的发展空间。

在政策层面上，党的十六届四中全会明确提出"加强社会建设和管理，推进社会管理创新。深入研究社会管理规律，完善社会管理体系和政策法规，整合社会管理资源，建立健全党委领导、政府负责、社会协同、公众参与的社会管理格局"。由此，我国经济社会发展由"三位一体"的战略布局调整为"经济建设、政治建设、文化建设、社会建设"四位一体的战略布局。党的十六届六中全会专门就社会主义和谐社会建设作出了战略部署，其中对完善社会管理作出了专门安排，包括：建设服务型政府，强化社会管理和公共服务职能；推进社区建设，实现政府行政管理和社区自我管理有效衔接、政府依法行政和居民依法自治良性互动；健全社会组织，增强服务社会功能；形成科学有效的利益协调机制、诉求表达机制、矛盾调处机制、权益保障机制，统筹协调各方面利益关系，妥善处理社会矛盾；完善应急管理体制机制，有效应对各种风险；建设宏大的社会工作人才队伍等。这标志着我国的多元主体社会管理体制建设进入了一个自觉构建的阶段。

第二节 完善社会管理体制的必要性和紧迫性

随着改革的向前推进，社会管理的重要性日益突出，这是因为社会管理涉及的领域更加广泛，触及的问题更加具有根本性，与人们的切身利益相关，户籍制度改革、社会保障体系、社会矛盾化解体系建设、公共安全体系建设等，是人民群众最关心的问题，其难度不亚于经济体制改革。如果把社会看成一个大系统，它是由政治、经济、文化和社会生活四个子系统有机构成的，这四个子系统之间相互联系、相互影响，经济的发展、政治的稳定都离不开社会管理体制创新。社会领域的管理体制类似于经济领域的生产关系，生产关系的调整将会极大地解放社会生产力；同样，社会管理体制的改革将会极大地调动人们的积极性和创造性。所以，没有社会管理体制的改革，不仅人民群众的切身利益与社会的和谐稳定受到影响，而且经济发展也会受到严重的影响。在新的历史条件下，完善社会管理体制势在必行。

一、社会转型的加快需要建立相应的社会管理体制

改革开放以后，我国开始了由社会主义计划经济向社会主义市场经济的转型，由农业社会向工业社会的转型，由封闭的社会向开放的社会转型。现阶段，我国社会进入了快速转型的关键时期。在计划体制向市场体制转化过程中，城市的“单位人”变成了“社会人”，以单位为基础的社会保障机制随着计划体制的消退而逐渐解体；随着所有制形式的变化，出现了新的经济主体，社会阶层分化速度加快，形成了多元化的利益个体和群体；随着城市化速度的加快，农村劳动力大规模地向城市流动，在城市中形成一个个带有同乡色彩的群体等等。在社会分化和社会流动速度加快过程中，如果不进行有效的组织和管理，社会运行很容易出现失序状态。长期以来传统社会管理模式集中体现

为政府对社会采取集中化的社会管理体制。这种政府与社会高度合一的管理模式,使社会缺乏自我管理和自我发展能力,最终影响到社会的协调、健康发展。目前,政府正在进行从全能政府向有限政府的转变,但是,职能定位和提供的公共服务与社会需求还有不小的差距。面对大量的人口流动,面对新型的城镇社区和农村,面对利益群体的分化与组合,面对公众不断增长的权利意识,传统的社会管理模式已然不相适应,新的社会管理和服务机制的建设处于滞后状态,在一些领域出现了缺位和真空,这正是当前社会矛盾凸显的重要原因。这就要求我们根据我国现阶段的特点,加快构建社会管理体制。

二、现有的社会管理体制不能满足社会需求

当前我国既处于发展的重要战略机遇期,又处于社会矛盾凸显期,从现有的社会管理格局看,存在的问题还不少,最主要的问题有三个方面。

1. 政府的职能转变不到位。当前,政府在履行社会管理职能中,存在四个方面的问题。首先,有"缺位"现象存在。"缺位"是指政府该管的没有去管或者没有管好。例如,政府公共服务还不到位,公共产品相对短缺。主要体现在就业、公共医疗、义务教育、社会保障、住房保障五大方面。2010 年,我国教育、医疗和社会保障三项公共服务支出占政府总支出的比重不到三成。这是引发当前上学难、看病难、住房难等问题的主要原因。这说明政府职能转变还不到位,社会管理和公共服务比较薄弱。其次,政府存在着职能的"越位"现象。政府不该管的却非要管,例如行政主导的投资过热,一些地方政府以经营城市为手段来推动经济增长,他们运用手中的权力,调动财政、银行甚至企业的资金,投资到一些效益低下的"形象工程"、"政绩工程"的项目上。第三,政府社会管理手段和方式单一。多年来,我国的社会管理主要采用行政性手段和强制性手段解决社会矛盾问题,柔性的手段运用较少;社会管理习惯于搞运动,制度化常态化的方式采用不多。这种单一的方法手段已经越来越不适应社会主义市场经济的快速发展和社会结构

的深刻变革了。近些年，由于城市化速度加快，一些地方政府部门动辄组织上百人的执法人员，进行大规模的拆迁活动，遭到部分群众的抵抗，激发了与被拆迁群众的矛盾。还有一些地方面对新出现的社会矛盾和问题，感到束手无策，无所适从，面临着“行政手段不能用，经济手段不好用，法律手段不会用，思想教育不顶用”的尴尬和无奈。第四，政府的一些部门和工作人员在实际工作中利用手中的职权与民争利，成为直接的利益相关者，导致干群关系恶化、社会矛盾凸显。

2. 社会组织发育不成熟。从社会协同这个角度看，我国社会组织发展还不成熟。社会组织以其非营利性、民间性、公益性、自愿性与组织性为特性，在社会管理和社会服务方面与政府相比有其独特优势。在利益主体和社会结构多元化的现实情况下，不同的社会组织能够比较客观地反映不同群体的利益要求；可以在社会矛盾尚未转化为政治矛盾的前提下，通过利益的表达和协调来化解社会矛盾；面对全面增长和深刻变化的公共需求，社会组织可以提供相关的公共服务，满足一些特殊群体的服务需求。但是，当前社会组织建设方面还存在不少问题：第一，我们对社会组织功能（服务、诉求、规范、监督）的认识不足，还没有把社会组织真正纳入经济社会发展总体布局。第二，我国社会组织发展缓慢，数量少，规模小，质量低，难以满足社会发展的需要。从世界范围来看，每万人拥有社会组织的数量，法国是 110 个，日本是 97 个，美国是 52 个，阿根廷是 25 个，新加坡是 14.5 个，巴西是 13 个，而我国只有 3.37 个。第三，社会组织法规体系不健全，立法层次较低，政策环境不完备。目前只有三个管理条例，即《社会团体登记管理条例》、《基金会管理条例》和《民办非企业单位登记管理暂行条例》，没有相应的《社团法》或《社会组织法》。第四，体制机制与社会组织发展不相适应，部分社会组织行政色彩严重，没有很好地在社会管理中发挥出应有的作用。因此，迫切需要我们加快完善社会管理体制的步伐，研究如何培育社会组织，发挥它们在社会管理和公共服务方面的特殊功能，与政府一道，共同完成建设社会主义和谐社会的历史使命。

3. 社区建设亟待完善。在党、政府和社会各界的关注和努力下,我国社区建设呈现出良好的发展态势。目前,我国城市社区建设各具特色,有的凸显社区文化特色,有的突出社区残疾人等弱势群体服务,有的强化社区治安防范体系建设。我国社区组织的功能不断加强,社区服务业进一步发展壮大,社区卫生服务业蓬勃发展,社区文体活动日趋活跃,社区治安防范体系逐渐严密以及社区自治能力逐步增强。同时也应当认识到,我国社区建设还存在不少问题和薄弱环节,社区发展的规模、水平和质量,都与构建和谐社会的要求还有很大差距。一是社区管理体系尚不够科学、健全,社区功能需要进一步发挥。目前的突出问题是,社区居委会行政化、机关化现象严重,社区自治能力有限。二是社区职能定位不够准确,管理范围需要进一步扩大。在政府职能尚未完全转变的情况下,行政职能部门仍然把社区组织当作基层行政部门,社区自治职能得不到有效的发挥。三是社区体制改革不够理想,政策措施需要进一步落实。由于适应社会主义市场经济的社区建设体制尚未完全建立起来,衍生出社区组织行政化、社区自治职能萎缩以及社区自治资源不堪重负等问题。四是社区基础设施不够完善。五是农村的社区化步伐缓慢。只有逐步解决这些问题,才能使社区在社会管理中真正发挥应有的作用。

第三节 社会管理体制的内涵

社会主义市场经济体制的不断完善和社会主义经济、政治、文化的发展,使我国社会的阶层、结构、运转方式乃至观念都发生了深刻变化,许多深层次的社会问题和矛盾开始暴露和加剧。为建立起与社会主义经济、政治、文化秩序相协调的社会秩序,构建社会主义和谐社会,在实施社会管理创新工程中,必须建立健全党委领导、政府负责、社会协同、公众参与、法治保障的社会管理体制，明确社会管理体制中党委的领导核心地位、政府社会管理的职能定位、社会组织的协同功能、公众参与的积极作用、法治的保障作用，以整合社会管理资源，构建社会管理的多元主体治理结构，从而强化社会管理职能、提高依法管理能力，使社会和谐、稳定地向前发展。

一、党委领导

"领导"一词的本义是率领、引导的意思。党的领导主要是政治、思想和组织领导。政治领导就是制定正确的大政方针，提出立法建议，并通过法定程序使党的意志上升为国家意志。思想领导就是开展宣传教育工作。组织领导就是推荐干部，发挥党组织、党员的作用。坚持党的领导，有利于把党的主张与人民的意志统一起来，有利于把党的决策和决策的贯彻执行统一起来，有利于国家政权及其领导人员把对党负责和对人民负责统一起来，保证中国共产党始终站在时代前列，带领人民前进。因此，加强和创新社会管理，必须在党的领导下有序进行，无论任何时候，党的领导只能加强，不能削弱。

社会管理体制中的"党委领导"，是指党委在社会管理中发挥领导核心作用，总揽全局，全面筹划，兼顾各方，协调发展，有效地整合社会力量来推动社会管理的加强和创新。

党委在社会管理创新工程中发挥领导核心作用，就是要把加强和创新社会管理纳入经济社会发展总体布局，科学制定社会管理大政方针，支持政府履行社会管理职能，发挥党组织和广大党员服务群众、凝聚人心作用，把党的政治、组织优势转化为管理、服务优势，切实提高引领社会、组织社会、管理社会、服务社会能力。加强教育培训，进一步提高党员干部加强社会管理的能力。把社会管理纳入各级党政领导班子和领导干部推动科学发展考核评价体系，强化督促检查，对因日常工作履职不到位、重大事件处置不当造成严重后果的，追究相关领导和直接责任人责任。

在社会管理体制中，党的领导作用主要是通过政府来实现的，党的整合力在很大程度上体现在政府身上。党要加强对政府工作的领导，及时研究政府工作中的重大问题，把党的意志和主张体现在国家的法律法规中，支持政府依法行政，履行好社会管理的职能。统筹协调好党政之间的关系，使双方都能各司其职，各尽其责，相互配合，形成合力。同时，党的领导要通过党的基层组织和共产党员来实现。党的基层组织是党的全部工作和战斗力的基础，是构建和谐社会的组织者、宣传者、推动者、实践者；党员是党的肌体细胞，是组成党的最基本要素，也是党的活动主体。要充分发挥基层党组织和共产党员服务群众、凝聚人心的作用。基层党组织要在各种社会组织中发挥领导核心的作用，同时要支持和保证各种社会组织依照法律和章程充分行使职能。只有坚持以党组织为核心，才能协调各方，保证基层社会管理工作的健康发展。只有既发挥基层党组织的领导核心作用、战斗堡垒作用，又积极支持、保障城乡居民自治组织和各种社会组织依法开展活动，才能更好地推进城乡基层的社会管理。广大共产党员要时刻保持共产党员的先进性，充分发挥党员的先锋模范作用，主动深入到社会建设和管理的第一线去，宣传党的方针政策，积极地组织各项社会活动，真正发挥联系群众、服务大众、关怀社会、协调利益的作用，把广大群众团结凝聚起来，有效地实现社会整合，确保社会管理各项任务顺利完成。

［**案例**］

海安县推行群众事务党员代理制

近年来，针对社会转型时期基层社会出现的新情况、新问题，海安县委、县政府牢记群众观点，把做好群众工作作为加强和创新社会管理的根本性基础性经常性工作，及时发现和认真总结基层首创的干部下访制、信访代理制等典型做法，规范形成群众事务党员干部代理制并在全县推广。一是明确代理内容。突出以孤寡、残疾家庭、贫困家庭和缺资金、劳力、技术的“三缺”家庭为重点对象，面向广大群众开展“三代”服务：民意代言，党员干部定期收集责任区内的群众意见、建议和要求，做群众的代言人，畅通民意表达渠道；事务代办，帮助责任区内群众代办各类证照申请、审批等手续，做群众的代办人，主动为民办实事；诉求代理，对群众的合理诉求，在力所能及的范围内，主动征求当事人意见，在获得授权或委托的前提下，帮助其联系、咨询有关部门，争取其合法利益最大化。二是健全代理网络。各镇依托便民服务中心，建立代理中心，设立导办室，实行一站式服务，直接办理镇级权限事项，全程代办县级及以上权限事项；各村（社区）设立代理站，受理群众需要到镇以上机关、部门办理的事务，直接提供便民服务；村（居）民小组建立代理点，党员干部直接受理群众事务。三级代理网络覆盖基层，城乡全面建成 15 分钟管理服务圈。三是规范代理运作。坚持群众自愿、流程公开、依法办事、无偿服务的原则，充分尊重群众的自主选择，代理项目、办事手续、成本收费、服务程序全部公开，严格依法代办有关事项，所有代理、代办事项一律免费服务。建立代理登记、首问负责、办结回复制度，一般事务随时受理、48 小时内办结；群众急需或急办事项不受代理时间限制，必须及时受理、限期办结，转委托事项必须全程跟踪，办结后第一时间反馈当事人。县镇两级设立代理代办事务举报电话，便于群众及时反映办理工作中的问题，使群众事务代理工作在严格的制度约束下和广泛的监督之下规范运行。代理制实施以来，全县 5800 多名党员干部深入村组社区，共为群众代办各类事项 4.2 万件，代理各类难题 552 件，解决久拖不决的历史遗留问题 253 件，进一步融洽了干群关系，从源头上预防和减少了大量矛盾纠纷，促进了社会和谐稳定。

二、政府负责

“政府负责”是指政府充分发挥在社会管理和公共事务中的职能作用，负责具体的组织管理。

2003 年政府工作报告中明确提出“在社会主义市场经济条件下，政府职能主要是经济调节、市场监管、社会管理和公共服务”。这是对我国市场经济条件下的政府职能的科学总结和高度概括，要求政府界定并扮演好自身的角色，在社会管理格局中发挥主导作用，按照转变职能、理顺关系、优化结构、提高效能的要求，加快建设人民满意的服务型政府，在服务中加强管理，在管理中体现服务，实现管理和服务的有机统一，努力为人民群众提供更多更好的公共服务。大力推进政企分开、政资分开、政事分开、政府与市场中介组织分开，对应该由政府负责的社会管理和公共服务，切实做到人员到位、投入到位、工作到位、责任到位。科学界定政府各职能部门在社会管理中的职责任务，切实解决某些领域多头管理、分散管理的问题，努力使政府及各职能部门的管理更加协调有效。

1. 完善社会管理的政策法规，使社会管理制度化、规范化。政府是社会政策的制定和实施者，是社会的管理者。社会政策是政府社会管理的核心，是政府干预社会的主要手段和基本措施。政府的职责在于通过建立、完善社会管理的政策法规，创造和维护一个公平有序的良好的社会环境。政府应当重视政策的制订、法规的完善，并使之形成相互联系和相互衔接的体系，使社会管理有法可依，逐步走上制度化、规范化的轨道。

2. 提供社会公共服务，逐步实现基本公共服务均等化。转变政府职能不仅要“让位”，而且要“补位”，要把政府职能延伸到计划经济体制下没有进入的那些领域，如社会公共产品的生产和制造等。对这些领域，必须进一步强化政府职能，把政府该管的事切实管理好。党中央提出要以基本公共服务均等化来促进社会公平与公正。基本公共服务，指建立在一定社会共识基础上，由政府主导提供的，与经济社会发展水平和阶段相适应，旨在保障全体公民生存和发展基本需求的公共服务。基本公共服务的范围，一般包括保障基本民生需求的教育、就业、社会保障、医疗卫生、计划生育、住房保障、文化体育等领域的公共服务，广义上还包括与人民生活环境紧密关联的交通、通信、公用设施、环境等领域的公共服务，以及保障安全需要的公共安全、消费安全和国防安全等领域的公共服务。基本公共服务均等化是指全体公民都能公平可及地获得大致均等的基本公共服务，其核心是机会均等，而不是简单的平均化和无差异化。

3. 化解社会矛盾，协调社会利益，促进社会公正。当前，我国正处于巨大的社会变革时期，社会结构发生重大变化，出现了许多新的社会阶层，在市场经济条件下，阶层之间、城乡之间、地区之间、不同行业劳动者之间的收入差距越拉越大，利益分化和重组不可避免，由此产生的矛盾也同样不可避免。只有依靠政府来进行社会资源和财富的再分配，正确处理效率与公平的关系，一次分配注重效率，再次分配注重公平，建立起市场经济条件下的利益均衡机制，才能防止过度的两极分化，协调社会利益，化解社会矛盾，维护社会公正，增进社会的凝聚力，促进社会稳定。

4. 培育和发展各类社会组织，使社会管理主体多元化。过去，我们的政府“无所不包”，“无所不管”。在推进社会管理创新工程中，应当根据政府职能转变的要求，把原来由政府承担的部分管理职能转移给社团、行业组织、社会中介组织等各类社会组织。对各类社会组织，政府要坚持培育发展和监督管理并重。积极鼓励各类社会组织参与社会管理的积极性和主动性，培育和健全各类社会组织，使其成为承担政府管理社会事务的具体组织者和运行者，成为政府职能转移的载体；实行政社分开，政府主动退出某些领域，让位给社会组织，为社会组织的发展和开展活动创造条件；加强对社会组织的管理和监督，按照依法行政的要求，主要依靠法律法规对社会组织进行管理，加强社会组织自律机制的建设，使之形成自我发展、自我管理、自我教育、自我约束的运行机制，规范运作、健康发展。

5. 健全社会突发事件应急管理机制，强化政府危机管理职能。政府应当建立统一指挥、功能齐全、反应灵敏、运转高效的应急机制，及时有效地化解社会危机，恢复社会秩序，稳定社会局面，树立政府的良好形象，增强政府对人民群众和社会组织的凝聚力。增强危机意识和防范意识，强化预警、防范、应变和处置能力，并建立常设性的危机管理机构，结合工作实际，制定完善危机管理的相关政策法规，推动制定紧急状态法，用法律法规来规范人的行为，划分政府和各类社会组织的责任，使政府应对危机的各种措施纳入法制化轨道。

［**案例**］

张家港市建立便民服务中心

2009年3月5日，张家港市便民服务中心暨12345热线正式挂牌运行，这是全省县级市首家正科级独立建制的便民服务中心。中心成立以来，积极整合政府公共信息服务资源，努力把热线建成党委、政府关注民生汇集民意的“连心桥”，先后合并了“12319”热线、“12356”热线、孕情通报专线、公积金咨询热线、市民卡客服热线以及一些部门热线电话，及时在线解答市民相关政策咨询，受理市民提出的意见、建议和投诉，督促政府部门在两个工作日内答复或解决市民诉求，做到事事有回音，件件有落实。由于12345热线好记，受众面广，信息发布快，因此也有效缓解了当前一些社会矛盾，成为社会管理“稳定线”。特别是发生一些突发事件后，在安抚百姓情绪、引导社会舆论、维护社会稳定方面起到了积极作用。热线紧紧贴近市民需求，积极拓展服务范围，逐渐成为服务民生、纾解民困的“民生线”。先后开发了老年人应急呼叫、出租车电话叫车，为市民提供特色化服务；依托社会化服务资源，为市民日常生活遇到的水电、管道维修、修门开锁等问题提供便捷化服务，成为市民生活中的好帮手，成为政府和百姓的和谐纽带。

三、社会协同

“协同”有协作、合作、协调、整合或集成、耦合、互动之意。“社会协同”是指充分发挥各类社会组织等社会各方面力量在社会管理中的作用，并加强政府与社会组织之间的分工、协作以及不同社会组织之间的配合。

在社会管理体制中，城乡基层自治组织和社团、行业组织、社会中介组织等各类社会组织具有协同政府进行社会管理的功能，这是推动“多元主体”社会治理、整合社会管理资源的必由之路。要发挥城乡基层自治组织（城镇社区居民委员会、村民委员会）、社会团体等在加强社会协调、化解社会矛盾、满足多方需求方面的作用，形成社会管理的整体合力。

1. 充分发挥城乡基层自治组织协调利益、化解矛盾、排忧解难的作用。

城市社区和农村村民自治组织是完善社会管理的最基础环节，党和政府进行社会管理、维护社会稳定的各项政策措施都要落实到这一环节上。因此，要充分发挥城乡基层自治组织协调利益、化解矛盾、排忧解难的作用，协同党和政府做好城乡社会管理工作。

随着改革的深化，传统的“单位”的社会管理和服务功能不断弱化，城市社区得到迅速发展。社区聚集了各种社会组织、各种群体，成为各种利益关系的交汇点，社区公共事务急剧增多。如何协调各种利益关系，解决各类矛盾，为社区居民提供良好服务，这是健全和完善社区管理、构建和谐社区的关节点，也是增强社区居民认同感和凝聚力的立足点。社区要不断拓展服务的内容，充分挖掘和有效整合社区资源，建立以服务群众为重点的网格化的社会管理机制，把为民服务的工作渗透到社区各个领域，为老年人、残疾人和困难群体提供社会救助和社会福利服务，为下岗失业人员提供再就业服务和社会保障服务，为社区单位提供良好的社会化服务，更好地发挥城市社区服务群众、排忧解难的作用，满足多层次、多样化的需求，使社区成为党和政府同人民群众保持血肉联系的纽带，成为确保一方平安和社会稳定的第一道防线。

在广大的农村，实行村民自治，坚持村级民主选举、民主决策、民主管理和民主监督，使亿万农民直接行使管理自治事务的权利，极大地调动了广大农民当家作主的积极性、主动性和创造性。但由于历史和现实的原因，农村中各种利益纷争不断出现，已成为影响农村安定的重要因素。因此，在组织村民自治的过程中，村民委员会还要通过民主议事、民主恳谈等形式，做好村民之间协调利益、化解矛盾等工作，保证农民权益不受损失，推动农村社会的发展和稳定，从而切实发挥村民自治组织的作用，使之成为保障群众安居乐业的重要载体，真正把群众的力量凝聚起来，把群众的积极性调动起来，把政府不该管、管不了也管不好的事管起来，使群众从村民自治中得到更多的实惠。

2. 充分发挥社团、行业组织、社会中介组织等各类社会组织提供服务、反映诉求、规范行为的作用。

改革开放前，政府作为社会事务的唯一管理主体，基本包揽了社会事务方方面面的管制权，单向地、自上而下地对社会进行统治和管理。改革开放后，社会阶层结构发生深刻变化，“两个阶级、一个阶层”的社会结构已被新的复杂结构所取代，各阶层之间利益分化重组，出现多元化的利益格局，各自需要不同的利益代言人。历史为各类社会组织的发展创造了良好的发展环境。从政府角度而言，政府再也无法独自承担对社会的管理职能，因此主动地向社会放权，要求社会多方力量参与到社会事务管理中来，承担以往由政府包揽的部分职责，协助政府进行社会管理。这就为各类社会组织提供了巨大的发展空间和发挥作用的广阔舞台，使社团等社会组织进入快速发展时期。从数量上看，截至 2011 年年底，我国共有各种社会组织 45.75 万个，其中江苏省共有社会组织 3.47 万个，在社会管理中发挥着越来越重要的作用。

社会组织是联系政府和人民的桥梁和纽带，是政府职能转变的载体，是人们寻求和释放社会帮助的最直接的形式，其作用主要表现在：

一是可以同时弥补市场失灵和政府失灵。任何一个社会，政府的力量都不可能包揽一切，不可能对民众实行全面管理，也不可能对他们负起全部的福利责任，社会要协调发展，需要市场力量、政府力量、社会力量的有效整合。当市场为追求效率而导致牺牲社会利益影响社会公正的时候，当政府作为公共利益的代表通过强制手段实现社会公平却以牺牲社会资源合理配置效率的时候，在市场和政府的权力、责任顾及不到的地方，作为存在于政府与市场之间的各类社会组织，就会迅速填补进来，占据政府无力顾及的空间，担负起一部分市场和政府想不到也顾不上的社会责任，从而在一定程度上解决了政府失灵和市场失灵问题。它们虽然做的是一些“拾遗补缺”的工作，但这种工作对整个社会的力量整合和信息沟通往往可以起到“四两拨千斤”的作用，弥补了政府和市场覆盖面的不足。

二是可以促进政府职能转变。在传统的政府管理模式中，政府直接面对社会、直接从事大量具体而微观的社会管理活动，同时，由于历史形成的传统习惯和心理依赖，民众无论出了什么问题都是找政府，使政府在处理各种问题时处于第一线，既疲于应付，又容易使部分群众产生与政府对立的情绪。因此，政府要淡出原本不该涉足的领域，将自己不该管、管不了也管不好的社会职能归还社会。而各类社会组织的成熟发展也使之有能力承担政府归还的这部分社会管理职能。这部分职能都是具体的、繁杂的。由社会组织承载这些职能，就能使政府从繁杂的微观管理中解放出来，按照《中共中央关于完善社会主义市场经济体制若干问题的决定》的要求，集中精力做好经济和社会发展中长期规划的研究和制定，加强宏观管理，提高决策质量，由“划桨者”变为“掌舵人”，从而提高政府社会管理效率。

三是可以发挥政府与民众之间的桥梁、纽带作用。各类社会组织介于政府与民众之间，可以起到很好的桥梁和纽带作用，协调各层次、不同群体间的利益冲突，促进社会稳定。通过它们可以更广泛地联系群众、了解民意、集中民情民智，把众多不同群体、个体表达出来的意见和利益诉求，以集中的制度化的合法、理性、和平的方式向政府反馈，为政府决策提供咨询，使政府的决策和管理更加符合民意。同时，有利于社会不同群体的成员充分了解政府决策的理由和依据，形成和扩大社会共识，使更多的社会成员认同、接受新的社会管理政策法规，帮助政府扩大有效的制度供给，从而减少矛盾的产生，增进社会稳定，推进社会发展。

要充分发挥社会组织在社会管理中的“协同”作用，须从以下几个方面着手：一是坚持鼓励发展和监管引导并重的方针，完善培育扶持的政策措施，推动包括社会团体、行业组织、中介机构、志愿者团体在内的各种社会组织发展壮大，提高它们在社会管理中的协同能力；二是适当降低门槛，让公民有更多的机会利用社会组织这类载体实现自我管理和参与社会管理；三是推动各类社会组织深化自身改革，完善内部治理结构，规范社会行为，增强活力；四是完善法制监督、政府监督、社会监督、自我监督相结合的制度体系，促进社会组织健康发展；五是支持工会、共青团、妇联等人民团体依照法律和各自章程开展工作，参与社会管理和公共服务，维护群众合法权益。

3. 强化各类企事业单位社会管理的责任，发挥企事业单位在社会服务中的作用。

企业单位一般是自负盈亏的生产性单位。所谓“自负盈亏”，即自己承担亏损与盈利的后果，有一定的自主权。目前我国企业单位分为公有制企业和非公有制企业。事业单位一般是国家设置的带有一定的公益性质的机构，但不属于政府机构。一般情况下国家会对这些事业单位予以财政补助。这种状况，也会随着事业单位的改革而不断改变。目前，事业单位分为全额拨款事业单位，如公办学校等，差额拨款事业单位，如公立医院等，还有一种自主事业单位，是国家不拨款、自负盈亏的事业单位。各类企事业单位事关千家万户，与人民群众的生产生活息息相关，与经济社会发展紧密相连，人民群众大量日常生活中的具体问题，都要靠企事业单位来解决。在计划经济时代，城市里社会成员中的绝大多数人都依附于单位，由单位进行管理。到市场经济时代，企事业单位虽然不再像过去那样承担对职工所有方面的管理，但其在一定程度上仍承担着社会管理的责任。

要充分发挥企事业单位在社会管理中的“社会协同”作用，需要从以下两个方面着手：从企业方面来讲，要鼓励和支持各类所有制企业承担社会责任，合理处理企业内部的劳资关系，加强人文关怀，改善用工环境，保持职工队伍稳定。企业的经营系统遵循的是商业的逻辑，经济交往原则是等价交换的原则，利益最大化是经济行为的主要驱动力，生产的最终产品是具有竞争性和排他性的私人产品和服务。但是，企业必须具有社会责任，在创造利润、对股东负责的同时，还应承担起对劳动者、消费者、环境、社区等利益相关方的责任。我国当前特别强调要积极发挥好各种所有制企业单位在社区建设、环境保护、安全生产、劳资关系、慈善事业等方面的作用。值得注意的是，企业实现主要功能和承担社会责任之间是需要平衡的，比如北欧国家征收“企业社会责任税”，促使企业通过缴纳该税种以履行社会责任。这也是一种值得借鉴的思路，可以促使各种社会主体充分体现其角色价值，最大化地发挥自身优势。企业实现利润最大化，通过纳税，完善了一个企业参与社会管理的长效机制，也避免了政企混杂搅和。从事业单位方面来讲，要建立一个与社会主义市场经济体制相适应、满足公共服务需要、科学合理且精简高效的现代事业组织体系。在这方面，应研究社会领域不同于市场领域的发展规律，在政府机制与市场机制之间探索多样性、分类指导的管理方式：对纯粹公益的单位，在保证财政供给的同时也要有严格的核算制度和预算约束；对政府购买服务的单位，要保证具有良好的社会服务效果；对准市场化的单位，要有完善的规则来规范其经营行为和发展方向。

四、公众参与

“公众参与”是指动员、激励公众关心社会事务、参与社会管理。公众参与社会管理主要包括两方面：一方面是动员公众参与社会公共政策制定，让社会政策更加符合民意和公众利益；另一方面是培养公众的社会责任感，使公民具备参与社会管理的愿望和能力。作为现代社会公民表达意愿、实现自身利益的重要方式，公众参与社会管理不仅是一种事实状态，而且对促进社会的公平正义、安定有序与和谐宽容具有重要的意义。

随着社会主义市场经济体制的建立，政府开始意识到政府社会管理的目的在于解决公众共同关注的社会问题，其管理效果如何，取决于公众的评判。因此，政府开始吸纳公众参与对社会事务的管理，关注公众的反馈，调动公众对社会事务管理的积极性。而公众的公民意识、自主意识也有较大觉醒，对政府的依附性有所减弱，对社会事务的管理已有一定的影响力，成为社会管理积极主动的参与者。当前，加强和创新社会管理，要从以下几个方面进一步加强并拓展公众参与的广度和深度。

1. 开展公民教育，培养公众参与意识。随着政治体制改革的逐步深入，政治过程不断向民主化和法制化方向发展，公众的民主观念和法律意识也逐渐增强，民主参与意识逐渐提高，他们不再愿意像过去那样只是被动地认可和接受政府的安排，而是越来越强烈地要求介入社会管理过程，使社会管理的各项政策措施能更充分地体现自己的利益。但这种民主参与意识的水平和层次还比较低，无法满足现代社会管理的需要。因此要在广大民众中开展公民教育，提高公民素质，培养公民的权利意识、法治意识、义务意识和责任意识，使之认识到参与社会管理不仅是公民的权利，更是公民的义务、公民的责任。培养公民的参与意识、提高公民的参与能力是整合社会管理资源、提高社会管理能力的迫切需要。

2. 建立健全民主参与制度，为公众参与提供良好的制度保障。改革开放以来，我国已经初步建立了公众参与国家社会事务管理的制度体系，除人民代表大会制度、中国共产党领导的多党合作和政治协商制度、民族区域自治制度外，各级政府还逐步建立了选举制度、信息公开制度、公民参与立法制度、社区自治制度、公民批评和建议制度等。开始推行重大事项和政府官员任免的社会公示制度、重大事项的听证制度、专家和社会参与政府决策的咨询论证制度、政府工作居民公开评议制度等。这些制度的建立为公众参与社会事务的管理提供了有效的制度保证，广大公众可以按照制度规定有效地参与民主选举、民主决策、民主管理、民主监督。我们虽然有了一系列有利于公众参与的制度，但还很不完善，公众参与程序比较缺乏，参与度还比较低，对话沟通和协商的渠道还不够畅通。因此，要进一步建立健全公众参与制度，完善公众参与程序，疏通和扩大参与渠道，满足和鼓励公众参与的积极性，使公众能够在健全的制度保障下，直接或间接地参与国家的政治决策、参与社会管理，更好地发挥公众的参与作用。

3. 拓宽群众参与社会管理的渠道。公众参与社会管理，必须有适用方便的平台。在利用群团组织、社会组织吸引公众参与社会管理，大力开展亲民爱民活动，组织领导干部接访下访的同时，有关部门要为公众参与社会管理搭建更多更好更方便的平台。要开通民情热线，成立便民网站，通过公布民情热线电话，实行 24 小时接收接听。受理的范围可包括群众求助、咨询、投诉、意见、建议等社会管理各个方面。便民网站要设有政务公开、市情推介、民生服务、网上办事等栏目。当然，也要加强对网络的动态监控，做好网上热点敏感问题的舆论引导工作，以牢牢掌握舆论引导的话语权和主动权，在重大问题、敏感问题、热点问题上把好关、把好度、把好导向。

4. 实行政务公开，创造公众参与的良好环境。政府应当大力倡导政务公开，实行电子政务。各级政府部门应当尽可能地公布各种政务信息，包括法律政策公开、办事程序规则公开、决策公开、过程公开、结果公开等，并通过互联网向社会发布政务信息，增强政府法规、规章和制度的透明度，让公众有充分的知情权，为公众参与创造良好的环境。一要做到信息公开。政府信息公开是政府和公民之间的一种沟通与互动，政府在社会管理过程中，应贯彻信息公开的原则和精神，将政府在社会管理过程中形成的政府信息资源予以公开，向广大公众无偿提供有关信息，这是加强政府透明度和扩大公众参与的重要途径。目前我国政府信息公开的实践与法律制度有了一定的发展，各级政府部门通过各种方式公开的信息也越来越多，《政府信息公开条例》已经出台并于 2008 年 5 月 1 日起施行，一些地方政府也出台了政府信息的公开规定，有利于广大公民行使当家作主的权利，参政议政、建言献策，使政府有效地聚集民智，搞好决策，同时能够有效地监督公共权力，防止权力腐败。当然，在信息公开实践过程中，也仍然存在一些问题，如信息虽然公开了，但有局限性，公开程度较低，公民获得政府信息的程序方面缺乏保障等。2012 年 5 月 14 日在北京召开的中国政府信息公开年度会议上，披露了一个重要信息:《政府信息公开条例》实施 4 年来，完成率不足两成。而且到目前为止，我国还没有国家性的信息公开法，信息公开的条例或规定约束力较弱。因此，要建立透明、高效的阳光政府，扩大公众的有效参与，必须推动政府信息公开的法制化进程，拓展政府信息公开的途径，完善政府信息公开的程序，建立政府信息公开的监督机制等，使公众更加通畅地与政府平等交流和共享政府信息，有效地参与到政府社会管理的各个环节。二是政策制定过程公开，让公众有效参与政策过程。政府出台一项政策，目的在于及时有效地解决某一社会问题，而问题是基于公众的利益诉求和愿望而产生的，体现了一种社会需求。因此在制定解决社会需求的政策时，公众对政策制定过程的参与就显得十分必要。公众参与可以集中民众的意见和建议，为决策者提供及时有效的信息，从而提高政策效率，并引导政策的价值取向，确保政策的正确性。同时，公众参与还可以使公众对政策制定有实质性的认识，使制定的政策容易得到公众的理解和支持，减少政策解释方面的问题，在实施政策过程中，很容易协调与其他机关和政策受惠者的关系，有助于保证政策实施的效果。为切实保证公众参与政策制定的全过程，将公众参与权落到实处，应设计好公众参与途径，进行公开听证，开展民意调查，展开政策咨询等。

五、法治保障

“法治”即法的统治，强调法律作为一种社会治理工具在社会生活中的至上地位。法治包含两层意思，即形式意义的法治和实质意义的法治，是两者的统一体。形式意义的法治，强调“以法治国”、“依法办事”的治国方式、制度及其运行机制。实质意义的法治，强调“法律至上”、“法律主治”、“制约权力”、“保障权利”的价值、原则和精神。形式意义的法治应当体现法治的价值、原则和精神，实质意义的法治也必须通过法律的形式化制度和运行机制予以实现，两者均不可或缺。社会管理体制中的“法治保障”，是指在不断加强社会主义法治体系建设的前提下，社会管理的各类主体以法治理念为引领，依法对社会事务进行有效管理，并不断提高社会管理法治化水平。

要充分发挥法治在社会管理中的保障作用，必须从以下几个方面着手：

1. 必须坚持依法治国基本方略。通过实施依法治国基本方略来加强和创新社会管理，要把握以下两点：第一，人民以及由人民构成的各种社会主体，既是依法治国的主体，也是管理社会事务的主体。第二，宪法、法律、行政法规和其他具有法律效力的规范性文件，是人民管理社会事务的根本依据。尽管我国提倡依法治国与以德治国相统一，鼓励法律规范与社会习俗相结合，倡导各种行为规范共同调整社会关系、规范社会行为，但在社会主义初级阶段的社会管理过程中，在严格执法、自觉守法和依法办事尚未成为人们的工作习惯和生活方式的时候，宪法和法律等法律规范作为人们社会行为的低度标准，仍然居于优先实施的地位，是社会管理的根本依据和重要方式。在法治视野下，社会管理应当依法进行，能不能管、谁来管、怎样管、管什么，等等，都应当有法律规范的依据，都应当按照法律程序的要求进行。在全面落实依法治国基本方略、中国特色社会主义法律体系已经形成的历史条件下，加强和创新社会管理，坚持以法治为保障，一方面要高举法治的旗帜，坚决反对人治，另一方面也要认识到，法治意义上的“管理”，主要是指治理、(狭义的)管理、服务、协调、处置、奖励、惩罚等，决不能把对社会进行管理的方式方法简单地等同于惩治和处罚。

2. 必须充分发挥法律在调整社会关系、规范社会行为中的重要作用。法律是社会行为的规范，是判断和解决社会矛盾纠纷的根本依据。如果离开法律的标准和依据，脱离法治的程序和制度，放弃司法解决矛盾纠纷的终局性机制，实行少数人或者个别人说了算的人治，坚持

“信权不信法”、“信访不信法”，信奉或者推崇“小闹小解决，大闹大解决，不闹不解决”的做法，就不仅不可能从根本上化解社会矛盾，长治久安地解决社会纠纷，而且还会极大地损害社会主义法律和法治的权威，危害国家的法治基础和政治秩序。当然，强调法律在社会管理中的重要调整和规范作用，并不排斥和否定道德规范、纪律规范、习俗规则、规章制度和思想政治工作等其他规范和方式的作用。因此，一方面，应当把所有社会规范和其他行之有效的方式方法作为一个系统，统一并整合起来，形成一个分工明确、相互补充、彼此衔接的有机整体，共同在社会管理中起积极作用；另一方面，鉴于现阶段的基本国情和社会状况，鉴于法律规范具有的强制性、国家意志性、规范性和明确性等特征，法律乃是调整社会关系、规范社会行为的基本方式，因此要适当突显法律在社会管理中与众不同的作用和功能，依法管理社会事务，建设法治社会。

3. 必须充分发挥法治体系在维护社会秩序中的重要保障作用。从社会法治角度来看，近年来我国社会领域立法成果是很可观的。《物权法》、《就业促进法》、《劳动合同法》《社会保险法》、《道路交通安全法》、《劳动争议调解仲裁法》、《人民调解法》、《国有土地上房屋征收与补偿条例》等法律法规，对调整社会群体利益关系、保障民生和社会权利、促进社会和谐稳定，都具有重大意义和重要作用。但是，如果没有必要的财力物力保障，没有公平及时的执行落实，缺乏有效公正的司法保障，这类法律法规难以付诸实施或者实施不到位，那么，社会领域的法律法规制定得越多、标准设定得越高、权益内容描述得越好，所引发的矛盾纠纷、冲突事件就可能越多，公众对政府的不满也可能越多，进而有可能进一步扩大甚至激化某些社会矛盾。因此，应当把立法、执法和司法等作为社会管理这个系统工程的重要组成部分，统一起来进行“顶层设计”，尽可能做到法治各部门分工不分家，法治各环节前后照应、相互协调、彼此兼顾、统筹运作，尽可能避免相互脱节、彼此矛盾、左右掣肘、前后不一等现象。

党的十八大报告强调，要更加注重发挥法治在国家治理和社会管理中的重要作用，维护国家法制的统一、尊严与权威，保证人民依法享有广泛的权利和自由。习近平同志指出，落实依法治国基本方略，加快建设社会主义法治国家，必须全面推进科学立法、严格执法、公正司法、全民守法进程。世界各国社会管理的实践证明，法治是人类政治文明的积极成果，是实现社会管理和人民幸福的根本保证。加强和创新社会管理，一方面，要警惕和防止法治建设向政策之治、行政手段之治和人治的倒退，避免法治发展和落实依法治国基本方略过程中的左右摇摆、停滞不前；另一方面，要把法治手段、法治方式与经济管理手段、行政管理手段、舆论引导手段以及伦理德治方式、政治思想教育方式、社会自治方式、行业自律方式、心理疏导方式等结合起来，各种方式方法形成合力，相互补充，彼此衔接，共同保障和推动社会管理创新发展。

第三章　社会矛盾化解

当前，随着经济体制的深刻变革，社会结构的深刻变动，利益格局的深刻调整，各种矛盾纠纷凸显，成为影响社会稳定的重要因素。胡锦涛同志在 2001 年 2 月省部级主要领导干部社会管理及其创新专题研讨班上强调："进一步加强和完善党和政府主导的维护群众权益机制，形成科学有效的利益协调机制、诉求表达机制、矛盾调处机制、权益保障机制，统筹协调各方面利益关系，加强社会矛盾源头治理，妥善处理人民内部矛盾，坚决纠正损害群众利益的不正之风，切实维护群众合法权益。"党的十八大报告进一步提出，"正确处理人民内部矛盾，建立健全党和政府主导的维护群众权益机制，完善信访制度，完善人民调解、行政调解、司法调解联动的工作体系，畅通和规范群众诉求表达、利益协调、权益保障渠道。"化解社会矛盾关系着改革发展稳定大局和国家长治久安，是当前加强和创新社会管理的重中之重。

第一节　正确认识社会矛盾

正确认识矛盾是正确处理矛盾的前提。有效化解社会矛盾，首次要从宏观上对矛盾的内涵进行总体上的分析和把握。这样，才能总揽社会矛盾的全貌，把握矛盾发展的趋势和规律。

一、矛盾的内涵

矛盾，在汉语中最早见于《韩非子·难一》：“楚人有鬻盾与矛者，誉之曰：‘吾盾之坚，物莫能陷也。’又誉其矛曰：‘吾矛之利，于物无不陷也。’或曰：‘以子之矛，陷子之盾，何如？’其人弗能应也。”后来人们把“矛盾”连举，比喻言语行为相互抵触。就其含义而言，主要有如下三种：一是一般意义上的矛盾，是指在两个或更多陈述、想法或行动之间的不一致；二是逻辑意义上的矛盾，是指两个概念相互排斥或两个判断不能同时是真也不能同时是假的关系；三是哲学意义上的矛盾，是指事物自身包含的既对立又统一的关系，即统一的条件性和对立的无条件性的关系。哲学上的矛盾不仅指事物之间的对立统一关系，更是指事物内部的对立统一关系。任何事物内部都包含着否定自身的因素，如此事物才自己运动，自我发展。同时，矛盾还是事物的本质，存在于一切事物和过程中。整个人类社会发展就是由内部矛盾推动的自然历史过程。而社会矛盾作为矛盾在社会领域的体现，必然遵循矛盾的一般规律，存在于社会的方方面面，并不断影响着社会发展。

二、我国社会矛盾的特点

1. 多样性

一是社会矛盾纠纷的主体多样化，涉及的人员广泛。矛盾纠纷已由过去的仅限于公民与公民之间的纠纷，发展为公民与公民之间，公民个人或群体与企业、基层组织、政府部门之间，还有企业与企业、基层组织和政府之间的纠纷。参与的人员有农民、企业职工、教师、学生、市场经营户、退役军人等。二是社会矛盾类型多样化、涉及领域广泛。既有传统的婚姻、家庭、邻里等矛盾纠纷，也有民生类、发展类矛盾纠纷，特别是涉及土地征用、企业改制、就业保障、环境污染、非法集资、工程移民、民族宗教、安全事故、权益保护、区划调整等方面的矛盾纠纷增多。三是社会矛盾纠纷诉求的多元化。从人民群众的新要求、新期待看，既要求社会的平等对待，又期待自身的平等发展；既要求经济上的平等交易，还期待市场中的平等竞争；既要求民主政治的平等参与，还期待社会生活的平等选择；既要求社会财富的平等享有，还期待公民财产的平等保护；既要求政府加强公共服务，还期待公务人员态度热情、作风良好，等等。这种需求的多样化、多层化，使得社会利益关系更趋复杂，统筹兼顾各方面利益的难度进一步加大。

2. 利益主导性

我国社会主义市场经济虽然取得了令人瞩目的巨大成就，但还不够成熟，法制还不够健全，市场主体行为不够规范，因利益关系引发的矛盾纠纷占主导性地位。在经济利益格局的变动与调整之中，有的职工因下岗、失业而要求安排工作，因工资、福利待遇被长期拖欠而要求及时兑现；有的农民因土地征用而要求合理补偿，要求安排就业出路；有的群众因合法利益受到侵害而要求予以保护等，都是利益主导性的具体表现。近年来，全国发生的矛盾纠纷，基本上带有利益的主导特征，许多矛盾的最终解决，也是以群众的合法权益得到一定的保护为前提的。

3. 复杂性

各种矛盾不仅数量增加，规模扩大，诱发的因素涉及多个方面、多个领域，而且往往是历史问题与现实问题相互交织，经济利益诉求与谋求权益相互交织，参与者的合理诉求与不合法的手段相互交织。各种矛盾相互影响，关联性不断增强，局部地区、某些行业对个别问题的处理解决方法，往往诱发相邻地区乃至全省全国范围内相同问题、相似问题的连锁反应，产生各大的矛盾。一些矛盾的演化速度加快，波及面拓展，特别是显性矛盾对隐性矛盾的裹挟、带动性在增强。随着人们在利益方面的诉求和期望越来越高，矛盾与冲突的反复性加大。从近几年发生的群体性事件来看，一些群体的诉求得到不同程度的解决后，仍然不断提出新的要求，合理的诉求和不合理的诉求交织，使得冲突的时间延长。当前解决矛盾纠纷的复杂程度增加，处置难度加大，稍有不慎，就可能使个别问题、局部问题转化为全局问题，非对抗性问题转化为对抗性问题。

三、我国社会矛盾的成因分析

社会矛盾产生的原因是错综复杂的，现阶段，我国社会矛盾多样多发的原因主要有以下几个方面：

1. 经济社会发展的不协调、不平衡

在社会转型期，社会整体结构、资源结构、区域结构、组织结构及社会成员身份结构都在转变，社会同质性进一步消解，异质性增加，使追求同一性和超稳定性的传统社会控制机制失去了基础。伴随着阶层、群体和组织的分化，不同社会群体和阶层的利益意识不断强化，利益的分化也日益加强。在各种社会资源有限的前提下，多元化的利益群体间不可避免地产生相互竞争和冲突。特别是由于经济社会发展不平衡、区域发展不平衡、城乡差距拉大、贫富两极分化、失业人口增多、生态环境恶化，引发一系列社会矛盾和问题。

2. 社会政策调整中利益格局的变化

首先，在经济转型过程中，社会政策的变动与调整不仅难以避免，而且极为必要，每一次社会政策的变动与调整不可能使所有社会成员人人受益，在此情形下，无论相关社会政策如何正当和必要，都会使社会成员之间产生矛盾。其次，部分社会成员在社会政策实施中所需要的补偿预期不能得到满足，从而形成部分社会成员同政策制定及实施者之间的矛盾。再次，一些社会政策在制定和实施过程中，对该政策所可能带来的边际影响考虑不周全，缺少全局性视野，仅仅看到政策实施效果的积极面，而忽略了社会政策对部分社会成员的负面影响。

3. 社会转型期思想观念的变化

在社会转型期，经济社会的变动与发展，必然带来思想观念的异常活跃和深刻变化。一方面受市场经济利益驱动机制的消极影响，使个人主义、拜金主义和享乐主义等落后思潮沉渣泛起，加上受西方价值观的影响，一部人个人主义膨胀，社会认同感和向心力有所下降，国家意识和社会责任淡化，在自身利益受损的情况下，极易采取过激行为，参与聚众滋事。另一方面，社会生活多样、多元、多变的特征日益明显，各种思想文化观念相互激荡和交织，落后与先进、守旧与创新、传统与现代等都产生了激烈的碰撞。社会个体的价值追求出现了多元化的态势，形成主流文化与非主流文化之间的差异与冲突，使得社会个体在心理预期与社会现实失衡时，感到价值选择的困难、精神寄托上的无助、行为上的无所适从，进而导致矛盾的产生。

四、科学看待矛盾

当前，我国社会矛盾发生了新变化，出现了新特点，并呈现出日趋复杂的趋势。各种矛盾，多种成因，相互交织，相互影响，形成当前我国社会矛盾错综复杂的局面和发展动向。因此，必须科学看待和把握。

1. 正视社会矛盾的存在

社会矛盾是社会发展过程中必然存在的现象，不可避免。社会矛盾同时也是一个关系到社会稳定的大问题，是一个关系到和谐社会建设的大问题。有效化解社会矛盾是社会管理走向善治，复杂社会实现和谐的关键。所谓和谐并不是一个没有矛盾的社会，而是一个能够容纳矛盾并用制度化的方式化解矛盾，实现利益大均衡的社会。党的十六届六中全会通过的《中共中央关于构建社会主义和谐社会若干重大问题的决定》中强调：构建社会主义和谐社会的进程就是不断化解社会矛盾的过程。它意味着构建社会主义和谐社会是价值目标与现实的社会历史过程的统一，它不是静态的完善，而是动态的协调；它意味着我们党坦诚地承认社会矛盾不和谐因素的存在，并致于为解决矛盾、缩小差距、化解和减少不和谐因素而奋斗。近年来，江苏省各级党委、政府没有回避社会矛盾，而是思想上高度重视，下决心、花大力气，针对新时期社会矛盾纠纷的新情况、新特点，不断创新工作方法，完善工作机制，化解了大量的社会矛盾，从而为江苏实现“两个率先”提供了有力保障。

2. 认清我国社会矛盾的性质

当前，在社会发展中，出现了一系列的社会矛盾，对社会和谐稳定造成了很大影响。但是应该看到，目前所呈现出的一系列矛盾，绝大多数都是人民内部矛盾，是人民根本利益基础上的非对抗性矛盾。然而也必须清醒地看到，由于多种因素的影响，在一定条件下和一定场合，非对抗性矛盾也会产生一定的对抗性，导致社会阶层、社会群体之间的严重对立甚至对抗。对于这些对抗性增强的人民内部矛盾，不能坐视不管，顺其自然，必须及时化解，使其向非对抗性转化，直至矛盾的解决。

3. 认识化解社会矛盾与社会管理创新的关系

矛盾是普遍的、客观的，存在于社会建设和社会管理的方方面面。化解社会矛盾，不是一个纯自然的无为的过程，而是人的积极有为，积极地探索并逐步构建一整套化解社会矛盾的科学的有效机制。可以说，社会管理创新的过程，就是一个持续的、不断化解社会矛盾的过程。因此，只有树立正确矛盾观，善于用矛盾的观点分析和认识问题，学会正视矛盾的焦点、热点和难点在哪里，了解矛盾出现的新情况和新问题的最终原因在何处，才能通过找准化解矛盾的正确途径、有效方法，更好地化解矛盾。要抓住主要矛盾和矛盾的主要方面，讲究控制和化解矛盾的策略，努力解决问题症结。

第二节　源头预防

社会矛盾必须要从源头抓起，从预防抓起。源头预防是治本之举。加强源头预防，就是要推动社会矛盾化解关口前移，注重从源头上解决问题，摆脱总是事后应对的被动局面，更多地把工作重心从治标转向治本、从事后救急转向源头预防，最大限度使社会矛盾不积累、不激化。源头预防社会矛盾，方向是不断健全完善党和政府主导的维护群众权益机制。

一、解决好群众最关心最直接最现实的利益问题

1. 加大民生和社会事业的投入

健全公共财政体制，优化财政支出结构，切实向民生倾斜，将更多

的财政支出用于民生和各项社会事业。加大教育投入力度，确保教育优先发展。加快推进社会保障体系建设，实现新型农村和城镇居民社会养老保险制度全覆盖。深化医药卫生体制改革，提高新型农村合作医疗和城镇居民基本医疗保险的财政补助标准，加快公立医院改革试点，缓解看病贵、看病难等问题。扎实推进保障性安居工程建设，缓解城镇低收入群众、新就业职工、农民工住房困难问题。大力促进文化发展繁荣，保证公共财政对文化建设投入的增长幅度高于财政经常性收入增长幅度，更好地满足人民群众的精神文化需求。加大强农惠农富农政策力度，大力支持农田水利等农村生产生活基础设施建设，推动农业科技创新，促进农业增产、农民增收和农村繁荣。

2. 缩小社会成员间收入差距

把实施居民收入倍增计划作为保障和改善民生的“硬任务”，突出农民、企业职工、中低收入者和困难家庭增收，通过扩大就业、支持创业、鼓励投资、完善社保和加强帮扶，大幅度提高城乡居民基本收入，努力缩小城乡、区域、行业和社会成员之间的收入差距，使广大群众都能享受到收入倍增带来的实惠。加大脱贫攻坚力度，完善困难群众救助机制，有效保障困难群众的生产生活。

3. 提高基本公共服务均等化水平

牢牢把握基本公共服务的公益性质，明确政府的主体责任，完善公共财政体系，科学划分各级政府基本公共服务事权与支出责任，健全地方政府为主、统一与分级相结合的公共服务管理体制。加强立法、规划、投入、监管和政策支持，有效促进公平公正。打破行业分割和地区分割，加快城乡基本公共服务制度一体化建设，大力推进区域间制度统筹衔接，加大公共资源向农村、贫困地区和社会弱势群体倾斜力度，实现基本公共服务制度覆盖全民。把更多的财力、物力投向基层，把更多的人才、技术引向基层，切实加强基层公共服务机构设施和能力建设，促进资源共建共享，全面提高基本公共服务水平。加快构建与经济社会发展水平和群众需求相适应的终身教育、就业服务、社会保障、医疗保障、住房保障和养老服务体系，减轻群众在上学、就医、住房、养老等方面的负担。

二、深入推进法治建设

当前，随着我国改革开放和社会主义现代化建设进入新的历史时期，随着公民个人素质的不断提高以及各种媒体对法律知识的广泛宣传，人民群众的民主法治意识和政治参与积极性日益提高，维护自身合法权益的要求日益强烈，这些都对各级党政领导班子的依法执政水平提出了更高要求，需要进一步提高依法执政能力。从近年来不断积累的社会矛盾以及频发的社会群体性事件来看，大多与公权力行使不当有关。从某种意义上来说，公权力行使不当或者违法决策、行政不作为或乱作为往往是群体性事件的肇始者和推波助澜者。因此，推进源头治理，必须充分发挥法治在保障民权、维护民利、促进社会公平正义中的基础性作用，提高依法协调社会关系、化解社会矛盾的能力和水平

党政机关及其工作人员必须严格按照法律和政策规定开展工作，严格按照法定权限和程序行使权力，把依法行政贯穿于决策、执行、监督的全过程。推进法治建设，首先是要科学立法。加强社会领域地方立法，完善社会管理相关法规和规章。适应经济社会发展和改革开放的需要，进一步加强和改进地方立法工作，及时规范、调整和解决深化改革、扩大开放、加快发展中产生的各种利益关系和矛盾，以立法促改革、促发展、促稳定。坚持“少而精、不抵触、有特色、可操作”的原则，增强地方立法工作的科学性。坚持开门立法，走群众路线，防止和克服地方立法中的部门利益倾向，使立法更好地集中民智、反映民意、符合民愿。二是要严格执法。规范行政执法行为，健全完善行政执法程序制度。改进行政执法方式，构建职能集中、管理规范、上下协调、运行有效的综合执法体系。切实提高政务公开的水平和质量，确保公民的知情权、参与权、表达权和监督权。深入推行行政执法责任制，真正做到有权必有责、用权受监督、违法要追究、侵权须赔偿。三是要公正司法。坚持法律效果和社会效果相统一，加强执法标准化管理，规范执法办

案自由裁量权，加大法律援助和司法救助力度，强化法律监督和司法机关自身监督，推进公正廉洁执法，促进司法公正，提高司法公信力。四是要宣传守法。深入开展社会主义法治理念教育，加强法治文化建设，提高公民法律素质，特别是加强与人民群众生产生活密切相关的法律法规宣传，引导群众以理性合法方式表达诉求、化解矛盾，使知法守法、依法办事成为每一位公民的行为准则。

三、加强思想道德建设

任何一个社会的经济运行、政治有序和社会稳定，不仅需要法律的强制力，还要仰赖于思想道德等内在的约束力。因此，思想道德建设是加强和创新社会管理的基础性工作。胡锦涛同志强调："必须把提高全民族文明素质作为加强和创新社会管理、促进社会和谐稳定的基础性工程抓好抓实，持之以恒地加强社会主义精神文明建设，使全体人民不断提高思想道德素质，牢固树立法制意识、端正社会心态、自觉抵制各种消极思想侵蚀。"

1. 加强社会主义核心价值体系建设

加强社会主义核心价值体系建设，是我们党适应思想文化领域的新变化提出的一项重大战略任务。社会主义核心价值体系内涵丰富，包括马克思主义指导思想、中国特色社会主义共同理想、民族精神和时代精神、社会主义荣辱观。胡锦涛同志指出，要"切实把社会主义核心价值体系融入国民教育和精神文明建设全过程，转化为人民的自觉追求"。建设社会主义核心价值体系，首先要正视人们所关注的切身利益，尤其要关注民生和民主。必须尊重人的主体地位，关注人的精神诉求，善于发现人民群众中蕴藏的积极向上的思想精神。要关注民生、倾听民意，切实解决群众最关心、最直接、最现实的利益问题。在确保社会成员共享改革发展成果的同时，把社会成员的利益期待引导到正确的价值目标上来，树立正确的价值观和利益观。要按照十八大提出的"倡导富强、民主、文明、和谐，倡导自由、平等、公正、法治，倡导爱国、敬业、诚信、友善，积极培养和践行社会主义核心价值观"的要求，加强党员干部和青少年的社会主义核心价值体系学习教育。充分发挥文化教育人民、引导社会、推动发展的作用，坚持不懈用中国特色社会主义理论体系武装干部群众，广泛开展社会主义核心价值体系教育，进一步巩固全省人民团结奋斗的共同思想基础。要教育广大党员干部衷心认同、自觉践行和积极维护社会主义核心价值体系，以自己的人格力量和模范行为感召和带动广大人民群众自觉认同和遵循核心价值体系。要高度关注青少年的学习教育，把社会主义核心价值体系的内容渗透到学校教育教学中，引导广大青少年自觉遵循核心价值体系，加强和改进青少年的思想道德建设。不断坚守社会主义的主流价值，用主导的思想道德观念教育广大人民群众，尊重广大群众在思想意识、价值观念上的差异性，以马克思主义为指导，用社会主义核心价值体系来引领多元化的社会思潮。既要坚持"一元统领"、"协调有序"，又要坚持"兼容共生"、"和而不同"。

2. 健全完善社会规范体系

社会规范体系是通过制定法律和道德规范等确定共同行为准则来指导和约束人们行为、维护社会秩序的基本手段。社会规范体系不健全，或不遵守共同行为准则，是产生社会矛盾、引发社会冲突、危害正常的社会生活的重要根源。只有在社会各领域中加快建立和完善行为规范体系，把社会成员的行为尽可能地纳入各种规范和准则之中，才能规范人们的行为，防止发生激烈的社会冲突。鉴此，应该进一步严密规范体系，对违反社会规范的行为予以坚决的惩戒。通过自律、互律、他律，把人们的行为尽可能地纳入共同行为准则的轨道，形成既要维护社会公共权益、又要尊重个人合法权益，既有统一意志、又有个人心情舒畅的社会环境。大力倡导以"文明礼貌、助人为乐、爱护公物、保护环境、遵纪守法"为主要内容的社会公德。建设和谐文化，加强社会公德、职业道德、家庭美德、个人品德建设，引导人们自觉履行法定义务、社会责任、家庭责任，努力形成讲秩序、强责任、守诚信、重包容的文明风尚。深入开展群众性精神文明创建活动，完善社会志愿服务体系，形成男女平等、尊老爱幼、互爱互助、见义勇为的社会风尚。健全完善社会公德的养成机制。从制度层面为社会公德的养成提供保障机制，综合运用教育、法律、行政、舆论手段，引导人们知荣辱、讲正气、尽义务，形成扶正祛邪、惩恶扬善的社会风气。要健全遵守社会公德激励引导机制，树立和宣传道德模范，形成良好的舆论导向，示范和带动公众自觉遵守社会公德。充分发挥全国“双百”、江苏“双50”人物和各类先进典型的示范引领作用，教育带动群众。

3. 培育良好社会心态

随着我国改革的深化和社会的全面转型，社会竞争加剧，社会流动加快，社会分化加速，社会矛盾增多，从而打破了过去各种平衡稳定的关系和格局。部分公众面对社会利益格局的变化，收入差距的拉大和社会地位的变动，产生了不少心理失衡问题。如果任其发展下去，极易导致危及社会安定的群体不良行为，甚至引起社会震动。《国民经济和社会发展十二五规划纲要》首次明确把培育社会心态写进五年规划：“弘扬科学精神，加强人文关怀，注重心理疏导，培育奋发进取、理性和平、开放包容的社会心态”。可见，培养良好社会心态的重要性。

良好的社会心态是文明、和谐社会的重要标志。培育积极健康的社会心态，能最大限度地激发社会活力，最大限度地减少整个社会生活中的不和谐因素。因此，选择有效的途径和方法来引导和调适公众心理，是加强和创新社会管理的重要思路。培养良好的社会心态，也是提高社会管理科学化水平的基础性工作。要有针对性地加强思想工作，更好地引导社会思潮、弘扬社会正气、培育文明风尚，为加强和创新社会管理打牢思想基础。培养良好的社会心态是一项系统的工程，需要政府、社会和每个社会成员共同来努力。要充分发挥党和政府在良好社会心态培育方面的主导作用。构建公平正义、安定和谐的社会环境，是培育良好社会心态的基础。积极引导广大人民群众用合法手段来维护权益，培育理性平和的社会心态。创新思想政治和群众工作方法，加强对社会成员的心理疏导。对一些社会问题和消极腐败现象，要引导人们正确看待，看到党和政府所作的努力和取得的成效，始终给人们以信心，让人们看到希望，看到信心，看到明天。充分发挥社会组织、社区等社会力量在促进良好社会心态建设中的作用。建立社会情绪疏导机制，拓展社会心态调节有效途径，建立健全各级各类心理疏导服务机构，培养社会心理工作专业队伍，形成覆盖广泛的社会心理工作网络。加强社会心理服务工作。开展个人心理健康知识的宣传，普及相关知识。教育引导公民特别是青少年，树立正确的世界观、人生观、价值观，不断加强自身修养，提高自我和谐能力。建立健全个人心理医疗服务体系，大力开展个人心理调节疏导工作，建立心理危机干预预警机制。对因生活和工作等受到挫折而缺乏信仰、法治观念淡薄、对生活失去希望的人要给予更多关注，见微知著，针对不同情况开展疏导、帮助、教育，使其重振生活信心，避免走向极端。

四、全面推行社会稳定风险评估

党的十八大报告明确提出，要建立健全社会稳定风险评估机制。社会稳定风险评估是指在指在与人民群众利益密切相关的重大决策、重要政策、重大改革措施、重大工程建设项目、与社会公共秩序相关的重大活动等重大事项在制定出台、组织实施前，对可能影响社会稳定的因素开展调查、预测、分析和评估，作出可以实施、暂缓实施或不予实施的评估结论，并将评估结论作为该事项审核的重要依据。江苏省是全国较早开展这项工作的地区，早在 2007 年就在全省推广淮安、南京等地社会稳定风险评估试点经验，此后不断加大工作力度，社会稳定风险评估工作始终走在全国前列，多次作为经验在全国推广。2011 年，全省共完成社会稳定风险评估项目 5353 件，源头上防范了一大批社会矛盾纠纷的发生。

江苏省社会稳定风险评估实行的是“党委统一领导、政府组织实施、主管部门具体负责、综治维稳部门指导考核”的组织领导体制和运行机制。按照这一组织领导体制和运行机制，由各级党委负责社会稳定风险评估工作的组织领导工作，把工作的出发点放在维护群众切身利益、促进改革发展上，放在解决影响社会和谐稳定的源头性问题上，确保了社会稳定风险评估工作的正确方向；各级政府负责组织实施社会稳定风险评估工作；重大决策、重大项目、重大事项的主管部门是社会稳定风险评估的责任主体，承担评估责任；综治部门将评估工作纳入社会管理综合治理考核，维稳部门通过加强指导推动工作落实。

在工作中，必须把社会稳定风险评估作为重要政策、重大项目可行性研究和决策的必经程序，全面评估社会效益和稳定风险，充分考虑群众的承受能力。凡涉及经济社会发展全局的重要法规、重大决策，都要广泛征求群众意见，了解群众的真实想法和意愿，凡涉及群众切身利益的决策或政策调整，出台前都要举行听证会。完善政府法律顾问制度，健全决策失误纠错和责任追究机制，切实防止因决策不当引发社会矛盾，做到“四个不出台、一个最低限度”，即违反法律法规、违反党和国家方针政策的不出台；侵犯群众利益、与民争利的不出台；存在大量矛盾和问题又不能解决的不出台；群众思想工作没有做好、可能引起局部社会震动的不出台。把因出台实施重大决策、重大项目、重大事项可能引发的社会矛盾减少到最低限度。

[**案例**]

南京市健全社会稳定风险评估机制

南京市积极探索开展社会稳定风险评估工作，明确各级维稳办承担本级稳评工作的组织协调、督促指导、验收反查等职责；制定政策、作出决策、实施项目的单位是稳评的责任主体，具体实施风险评估。并明确一般事项由实施单位开展稳评；重大事项由主管部门牵头组织实施，单位开展稳评。明确市国资委、住建委、国土资源、交通运输等13个重点部门，不仅承担本部门重大事项的稳评，而且将稳评作为本条线行政许可审批工作的必备条件，在改制、重点工程、征地拆迁等重点领域制定出台了稳评指导性意见。在工作中，每个稳评事项都必须按照“项目公示、收集民意、预测化解风险、专家论证、作出结论、全程稳控”六个规范动作开展。严格落实“项目报备、专家库、检查通报、全员培训、考核倒查、档案管理”六项工作制度。2011 年,全市完成稳评项目 480 个,有 8 个项目因条件不具备、矛盾一时无法化解,被暂缓实施或不予实施。已进行评估的项目没有一个发生重大矛盾纠纷。

五、完善社会矛盾纠纷排查预警机制

《礼记·中庸》里有这样一句话:“凡事预则立,不立则废。”在社会发展过程中,必然会产生一些社会矛盾,化解矛盾固然重要,但是做好排查预警工作,在矛盾纠纷的萌芽状态就发现并采取相关举措,可以把大事化小小事化了,从而有效减少矛盾纠纷的化解难度,降低化解成本。因此,建立完善矛盾纠纷排查预警制度对于化解社会矛盾非常必要。江苏省综治委在 2009 年和 2010 年在全省先后部署开展了“三项排查”活动和“社会矛盾纠纷大排查”活动,在维护社会稳定、保障促进经济社会又好又快发展方面发挥了重要作用。目前,“大排查”已由阶段性活动完善成为长效工作机制。

1. 排查的工作体制

社会矛盾纠纷排查工作由党委、政府统一领导,综治各部门组织实施,各部门、各单位接受综治办的统一组织和指挥调度。目前,江苏省各级党委、政府普遍成立了大排查工作机构,有的地方依托大调解组织网络体系,以县调处中心为龙头,以乡镇(街道)调处中心为重点,以村(社区)调处站为基础,以各专业调处机构为补充,形成上下贯通、左右衔接、配合联动的基层矛盾纠纷大排查工作网络体系。有的地方还专门成立了以党委、政府分管领导为组长、相关职能部门负责人和县(市、区)综治委主任为成员的大排查活动领导小组,办公室设在综治办。各级法院、检察、公安、司法行政、信访、工会等矛盾纠纷集中的部门和人力资源社会保障、国土、住房城乡建设、农业、卫生、环保、工商等矛盾纠纷多发领域的主管部门,也成立专门的工作班子,负责本系统、本行业矛盾纠纷排查工作的组织实施,条块结合共同防范和化解各类社会矛盾纠纷。

各级党政主要领导同志、分管领导同志是本地区社会矛盾纠纷排查化解工作第一责任人和直接责任人。各级综治委把大排查活动的开展情况纳入综治和平安建设工作总体考核之中，对矛盾纠纷排查及时、调处得力的予以表彰奖励；对领导不重视、排查不深入、调处不力或对排查发现的重大矛盾纠纷隐瞒不报，导致发生严重危害社会稳定问题的地方、单位予以通报批评、警示直至一票否决。

2. 排查的主体

按照“条块结合、以块为主”的原则，县、乡、村三级大调解组织，在综治办的统一组织下，承担大排查的具体实施工作。乡镇（街道）综治办组织政法综治中心组成部门，村（社区）、企事业单位综治组织，基层调解组织以及辖区内各方面的力量和资源，进农村村组、进城市社区、进居民小区、进机关企事业单位、进家庭，开展拉网式排查。同时，注重发动群防群治队伍进行排查。以乡镇（街道）为单位，积极动员组织专职调解员、信息员、协管员、治安中心户长等参与排查，进一步拓宽信息渠道。通过排查，摸清社会矛盾问题底数，找出突出的热点、难点问题。

3. 排查的方式方法

采取普遍排查和重点排查相结合，定期排查和专项排查相结合，形成全覆盖、无盲区的网格化排查工作格局。一是普遍排查。县（市、区）矛盾纠纷调处中心每月组织一次排查、乡镇（街道）矛盾纠纷调处中心每半月组织一次排查，村（社区）调委会每周组织一次排查，特殊时期组织不定期的集中排查，全面深入村组、社区、厂矿、企业全方位排查摸底，了解纠纷信息，掌握纠纷苗头。二是重点排查。到困难人群多、矛盾纠纷多、工作难度大的村组、社区、厂矿、企事业单位，开展有针对性的排查，重点排查涉及民生的医疗纠纷、交通事故、拖欠农民工工资、劳动争议、山林土地、征地拆迁、互联网等矛盾纠纷，排查治安隐患、群体性事件等苗头线索，做到底数清、情况明。在矛盾纠纷的类型上，重点排查因征地拆迁引发的矛盾纠纷、涉企矛盾纠纷以及容易积累激化升级的单位内部、家庭成员、邻里之间的个体性矛盾纠纷。在排查区域上，重点排查“城中村”，老小区，新建小区，经济适用房小区，拆迁安置小区，特大型小区，城郊结合部及企业、学校周边等地区的矛盾纠纷。在排查对象上，既包括对刑释解教人员、社区矫正对象、闲散青少年、易肇事肇祸精神病人等重点群体的排查，也包括那些有严重性格缺陷和心理障碍、可能报复社会的人员。三是专项排查。根据党委、政府的统一部署，在重要节点、敏感时段，针对特定区域、特定行业和领域开展专项排查。

第三节 化解社会矛盾多元化机制

在人类发展的最初阶段，实行“以牙还牙，以眼还眼”的私力救济方式。国家产生后，而代之以国家强制力的司法程序。人类通过和平、合法的诉讼方式解决矛盾纠纷，不断走向文明。但就纠纷的解决机制而言，诉讼并不是万能的，那种试图将社会的各个方面或者一切领域都纳入法律轨道，认为任何纠纷都可以通过司法途径解决的看法，实际上是缺乏对法律和司法的理性思考。同时，诉讼本身也存在着许多缺陷，其高成本和延迟已经成为世界性难题，“非黑即白”的解决结果常常与当事人的期望相距甚远，其对抗性也使当事人间的关系难以修复等等。因此，一个和谐安定的社会，仅有一套依法建立的诉讼制度是不够的，还应当有一套科学、合理、适应不同需求的多元化纠纷解决机制。这种多元化机制通常包括诉讼、调解、和解、信访、行政裁决、行政复议、仲裁、督促程序、国家赔偿和补偿制度等法院内、法院外、国家体制内、国家体制外、有第三者介入、没有第三者介入等多种模式，但是大致可以分为两类，即诉讼和非诉讼方式。

一、诉讼

诉讼手段是文明社会中矛盾处理的最重要手段。市场经济是竞争经济，也是契约经济。它以自愿、合法为基础规定当事人双方的责任、权利和义务，从而达到某种社会联系和社会交往的共识。契约所规定的利益关系如果任意违反或解除，肯定会引起矛盾。我国春秋战国时期的一些思想家就认识到法律的“定分止争”、“定分止乱”的作用，即通过规定人们的权利和义务来协调人们之间的矛盾，可以维持一定的社会秩序。在现代社会，法律的作用更加渗透到社会生活的方方面面。近年来，诉讼成为解决矛盾纠纷的普遍选择，从而导致法院案件激增，总收案数全面、持续上涨。有的地方近几年的民事案件增幅都在10%以上。诉讼案件激增使法院不堪重负，也容易滋生久审不决、久拖不执、积案居高不下以及审判质量下降等问题。

二、非诉讼纠纷解决方式

在现代法治社会，相当多的纠纷并不简单归结为权利义务关系，而更多的是利益之间的平衡问题。在纠纷当事人充分行使意思自治权利时，有可能通过协调达到双方利益的“双赢”，而不一定要通过判决得出非胜即负的结局。纠纷当事人在利益、价值观、偏好和各种实际需要等方面的多元化，本质上需要多元化的纠纷解决，需要有更多的选择权，目前世界各国ADR①(Alternative Dispute Resolution)制度的盛行便是这种需求的体现。例如在曾经激励推行以诉讼程序作为纠纷解决最佳方式的美国，面对“诉讼爆炸”的现实危机，于1990年出台了《民事司法改革法》，推广非诉讼纠纷解决机制，目前通过ADR制度解决的纠纷占到了纠纷数量的90%。在挪威、丹麦等欧洲国家，诉讼外调解制度经历近三百年的历史长盛不衰，近年来更是不断涌现出新的调解方式，如民间调解组织、律师调解结案的数量越来越多。英国、日本等国家也在积极推行非诉讼纠纷解机制。尽管各国采取的方式不

---

① ADR概念源于美国，原来是本世纪逐步发展起来的各种诉讼外纠纷解决方式的总称，现在已引申为对世界各国普遍存在着的、民事诉讼制度以外的非诉讼纠纷解决方式或机制的称谓。

同，建立起来的制度、模式也不同，但都反映出一种时代理念和精神的转变，即从对抗对决走向对话协商，从决斗胜负走向争取双赢，从单一价值走向多元化。

在我国，以非诉讼方式解决纠纷并非是一个新生事物。中国传统文化深受儒家学影响，孔子的著名政治理想“听讼，吾犹人也，必也使无讼乎”①，被古代统治者所推崇，视为施政和社会秩序所能达到的最高境界。而以诉讼手段解决纠纷特别是民事纠纷，也不是民众的首选，只有万不得已时才“对簿公堂”。直至今日，厌讼、息讼仍然是普通群众的心理。我国古代的非诉讼纠纷解决方式主要表现为调解，有官府调解和民间调解，而民间调解又有乡保、族长、亲友、相邻、缙绅调解等等。在抗战时期有“马锡五审判方式”，被称为“东方经验”。

当前，按照依法治国和构建社会主义和谐社会的要求，通过弘扬“和为贵”、“善治”等文化传统中的社会和谐思想，必须建立一套以诉讼为核心、各种非诉讼方式为补充的相互配合、相互衔接的多元化纠纷解决机制，以调动社会上的一切主体、一切因素、一切形式来参与，充分发挥道德、习惯、社会规范的积极作用，并综合采用政治、经济、法律、行政、教育等多种手段，协调处理各种矛盾纠纷，确保社会的稳定和发展。目前，江苏省在这方面已经进行了一些有益的探索，创新发展了“大调解”机制，并取得了良好的效果。

第四节 “大调解”机制

进入新世纪以来，江苏省针对社会矛盾纠纷的新情况、新特点，探索建立了“大调解”机制，有效地化解了大量矛盾纠纷。推进社会管理

① 参见《论语》颜渊篇第十二。

创新工程，应当坚持并不断发展“大调解”机制，使其在化解社会矛盾中发挥更大的作用。

一、调解

调解，在我国古代又称“劝释”、“和解”、“休和”，意思是用教化的方法，使双方当事人互相让步，达到消除争端、息讼和好的目的。据史料记载，周代的地方官吏中就有“调人”之设，其职能是“司万民之难而谐合之。”明代宋濂的《顾江南等处行中书省左司郎中王公墓志铭》记载：“诸暨戍将谢再兴与部帅王甲有违言，几致乱，商令公调解之。”清代的黄均宰的《金壶浪墨·石城桥夷人》则有：“夷人遽前殴生，众方调解。”等等。一般来说，调解是指第三者（调解人）依据纠纷事实和社会规范，在纠纷主体之间沟通信息，摆事实明道理，促成纠纷主体相互谅解、相互妥协，达成解决纠纷的合意。这里，可以把调解概括为：调解在第三方的主持下，以国家法律、法规、规章和政策以及社会公德为依据，对纠纷双方进行斡旋、劝说，促使他们相互谅解，进行协商，自愿达成协议，消除纠纷，从而解决争议的一种方法和活动。

我国现行的调解制度主要包括司法调解、人民调解和行政调解。司法调解亦称诉讼调解，是我国民事诉讼法规定的一项重要的诉讼制度，是指当事人双方在人民法院法官的主持下，通过处分自己的权益来解决纠纷的一种重要方式。司法调解以当事人之间私权冲突为基础，以当事人一方的诉讼请求为依据，以司法审判权的介入和审查为特征，以当事人处分自己的权益为内容。人民调解又称诉讼外调解，是指在人民调解委员会主持下，以国家法律、法规、规章和社会公德规范为依据，对民间纠纷双方当事人进行调解、劝说，促使他们互相谅解、平等协商，自愿达成协议，消除纷争的活动。行政调解是指国家行政机关根据法律规定，对属于国家行政机关职权管辖范围内的行政纠纷，通过耐心的说服教育，使纠纷的双方当事人互相谅解，在平等协商的基础上达成一致协议，从而合理地、彻底地解决纠纷矛盾。

与法律诉讼手段相比，调解在协调经济社会关系、化解社会矛盾纠纷上手段更为灵活、方式更为多样、程序更为高效，有利于降低诉讼的对抗性，修复被损害的经济社会关系和人际关系，更有利于实现社会和谐。近年来，江苏省的基层干部群众在注重发挥调解的工作优势，整合工作资源，探索出“大调解”工作机制。作为化解新时期人民内部矛盾的创新举措。目前，“大调解”机制已成为化解社会矛盾最为重要的路径选择。

调解的基本功能在于不断增强对潜在矛盾纠纷的防范能力、各类矛盾纠纷的化解能力和重大矛盾纠纷的处置能力，提高维护社会和谐稳定的水平。其作用和意义主要体现在以下几个方面：

1. 有助于促进社会和谐

中国自古就有“不争讼、和为贵、让为贤”的传统，调解这种柔和的方式，较之“对簿公堂”的诉讼，无论是从情感上，还是从效率上，更容易为人民群众所接受，更有利于问题的解决。与其他纠纷解决方式相比，调解具有基础性、群众性、社会性、长效性、治本性等特点，其突出的优势在于“合情、合理、合法”地调和矛盾主体间的关系，不打破原有的人际关系和社会结构。这一优势特点恰恰符合构建社会主义和谐社会的理念，有利于在社会生活的各个领域都能更好地发挥定分止争、修复人际关系的功效，有利于促进社会和谐。

2. 有助于减轻纠纷当事人的“讼累”

调解在我国是不收取任何费用的，这就为纠纷当事人提供了低成本的解纷程序，使当事人可以规避正式的、严格的程序，而通过非正式的、灵活的程序寻求更符合情理的个别正义。而相对来说，诉讼活动程序严格、费用较高，当事人一旦涉讼则不得不在精神上、物质上付出更大的代价。调解积极引导当事人更多地采用调解方式来解决争议，可以有效减轻当事人“讼累”，同时又可保护当事人的正当权益。

3. 有助于分流人民法院的诉讼压力

人民法院拥有解决社会矛盾纠纷最终的、最权威的审判权。但是，作为解决社会矛盾的资源，它又是有限的。在日趋成熟的法治社会，欲避免或缓解“诉讼爆炸”的局面，将一部分民商事纠纷分流至调解则成为很好的选择。这已经被江苏省的探索实践所证明。如：江苏全省法院2000年以来每年受理的民商事案件都有很大幅度的上升，到2010年则停止上升，与2009年基本持平，因为2010年江苏省加大了社会矛盾纠纷调解的力度，全省各类人民调解组织和县、乡两级调处中心共调解矛盾纠纷452215件，比2009年增加了55.14%。

二、“大调解”的发展历程

“大调解”是指由党委、政府统一领导、政法综治牵头协调、司法行政指导管理、调处中心具体运作、有关部门各负其责、社会各界广泛参与，集人民调解、行政调解、司法调解等多种调解于一体，整合资源、整体联动，及时发现、控制、调处婚姻、家庭、邻里等民间纠纷，经济社会活动中各类主体之间的经济纠纷以及涉及征地拆迁、企业改制、安置补偿等改革发展中的矛盾纠纷的工作机制。

“大调解”并不是一种区别于人民调解、行政调解和司法调解的单独的调解方式，而是一种资源配置形式、力量整合平台，是对各种调解方式有效整合运用的工作机制。其核心是整合资源、整体联动，即在党委、政府的统一领导下，将司法、信访、公安、城建、农经、土管、计生、交通等部门原本分散的调解资源重新配置、重新组合，整合上下级之间、部门之间及社会上的调解力量，形成全社会共同参与、整体联动的工作局面，最大限度地发挥调解这种纠纷解决方式的效能。

江苏“大调解”的产生、发展经历了三个阶段：

1. 萌芽阶段(2003年至2004年3月)：2003年开始，江苏省南通市在崇川区、启东市等地探索建立了县、乡两级社会矛盾纠纷调处服务中心，形成了“大调解”的基础和雏形。

2. 全面推广阶段(2004年4月至2007年8月)：2004年4月，中共江苏省委、江苏省人民政府召开全省社会矛盾纠纷调解工作会议，6月，省委办公厅、省政府办公厅转发了省委政法委《关于进一步加强社会矛盾纠纷调解工作的意见》，对全省开展“大调解”工作进行全面部署。此后，全省各地在所有县（市、区）、乡镇（街道）设立了社会矛盾纠纷调处服务中心，建立了“大调解”机制。在这一阶段，全省各地基本建立了“大调解”机制。

3. 深化发展阶段（2007年9月至今）：2007年9月，江苏省委办公厅、省政府办公厅制定了《关于在新一轮平安江苏建设中深入推进“三大建设”①的意见》，对理顺“大调解”领导管理关系、加强“大调解”组织网络建设、拓宽“大调解”对接渠道、规范“大调解”运行机制等进行了部署，特别是要求各地建立县（市、区）人民调解委员会，人民调解委员会与社会矛盾纠纷调处服务中心合署办公，县级调处中心统一由司法行政部门具体负责管理，乡镇（街道）调处中心依托司法所设立。此后，全省各地通过理顺管理体制、做实调处中心、深化衔接机制、加强矛盾纠纷分析研判、推广专业化调解、发展专职调解员队伍、加强检查考核等一系列措施，进一步整合了调解资源，增强了调解能力，提升了工作成效。2009年9月初，省委、省政府召开全省深入推进社会矛盾“大调解”工作会议。会后，省委办公厅、省政府办公厅转发了省综治委《关于深入推进社会矛盾纠纷“大调解”工作的意见》，明确了深入推进社会矛盾纠纷“大调解”工作的指导思想、目标任务和主要措施，提出在全领域引入调解理念、全方位建立调解机制、构筑全封闭的维护社会稳定第一道防线的要求。2010年省综治委在全省范围内组织开展了“大调解机制建设提升年”活动，着力提升“大调解”机制建设水平。2011年省综治办等十八个部门联合下发《关于深化矛盾纠纷大调解工作的实施意见》，进一步推进全省“大调解”机制建设。

三、“大调解”的组织结构

江苏省“大调解”以县、乡两级社会矛盾纠纷调处服务中心为核心，以人民调解组织为基础，以专业性调解组织为补充，以专职调解员为

---

① “三大建设”是指社会矛盾纠纷“大调解”机制建设、社会治安“大防控”体系建设和综治基层基础建设。

主体，形成了比较严密的组织结构和网络。

1. "大调解"领导机构。省、市、县三级综治委设立社会矛盾化解工作领导小组，乡镇(街道)党委、政府设立社会矛盾化解工作领导小组，综治、法院、检察、公安、司法行政以及矛盾纠纷多发行业和领域的相关主管部门为领导小组成员单位。领导小组的主要职责是组织对本地区社会矛盾化解工作进行调查研究，提出指导意见，加强综合协调、检查督促、总结和推广典型经验等。

2. 县、乡两级社会矛盾纠纷调处服务中心。县、乡两级社会矛盾化解工作领导小组下设社会矛盾纠纷调处服务中心，作为领导小组的办事机构。县级调处中心统一由综治部门牵头，司法行政部门具体负责管理，按照能力强、素质高、有威望的要求选配调处中心主任、副主任，配备专职人员。社会矛盾化解工作领导小组成员单位派人常驻调处中心工作，派驻人员实行轮岗制，但时间一般不少于一年。县(市、区)调处中心的主要职责是：协助领导小组履行职能，承担矛盾纠纷的接待受理、分流指派、调处调度和督办指导，直接调处或与有关部门联合调处重大疑难矛盾纠纷；对影响社会稳定的矛盾纠纷及重大问题进行分析研判，及时预警，提出工作建议；加强对"大调解"工作的检查督促和具体指导，对调处工作不力、致使矛盾纠纷多发的地区、部门和单位，向有关部门提出责任追究的建议。乡镇(街道)调处中心依托司法所设立。其主要职责是：调解婚姻、家庭、邻里等民间矛盾纠纷；参与调处因土地承包、征地拆迁、企业改制等引发的社会矛盾纠纷；具体指导村组、社区人民调解工作；负责社会矛盾纠纷的排查预警、收集报送和初期化解工作，做好矛盾纠纷的调处、钝化和控制工作。

3. 基层人民调解组织。在县(市、区)、乡镇(街道)、村(社区)设立人民调解委员会，在区划交界地带建立区域性人民调解组织，在一定规模的企事业单位建立人民调解组织，在各类市场建立行业性人民调解组织[1]。全省县、乡、村和企事业单位共有人民调解组织35000多个。

4. 专业调解组织。在矛盾纠纷多发的领域，根据行业纠纷的不同情况和相关部门的实际，通过在社会矛盾纠纷调处服务中心设立专门调解小组、在行政主管部门设立调解工作室、组建专业性的人民调解委员会等多种方式，建立医患关系、劳资关系、征地拆迁、环境污染、交通事故、消费、物业纠纷等专业调解组织，负责调解相应领域的矛盾纠纷。

5. 调解员队伍。县(市、区)社会矛盾纠纷调处服务中心的工作人员，大多从司法行政、公安、法院、信访、工商、土管等部门抽调协调能力强、熟悉法律政策、会做说服劝导工作的业务骨干担任专职调解员，集中在调处中心办公。也有向社会招聘的工作人员，实行公开竞聘、组织考察、择优选用。截至2011年底，全省县、乡两级调处中心共配备工作人员27000多人，其中专职11000多人。全省各类调解组织共有专兼职调解员65万余人。

四、"大调解"的运作程序

1. 调处中心受理调处矛盾纠纷的规则。一是统一受理。调处中心设立一个窗口对外，统一受理群众和有关单位、企业请求调解的各类矛盾纠纷。二是集中梳理。根据矛盾纠纷的不同性质、地域范围及复杂程度，按照"属地管理"和"谁主管、谁负责"的原则，进行集中梳理，落实具体的调解责任部门、单位和调解组织。三是归口办理。有关职

---

① 按照1989年5月5日国务院第40次常务会议通过的《人民调解委员会组织条例》，人民调解委员会只在村民委员会、居民委员会和企业、事业单位设立。上世纪90年代以来，全国各地陆续在乡镇(街道)设立人民调解委员会。江苏省从2005年开始，陆续在县(市、区)设立人民调解委员会。2011年1月1日起实施的《中华人民共和国调解法》规定：村民委员会、居民委员会设立人民调解委员会。企业事业单位根据需要设立人民调解委员会。乡镇、街道以及社会团体或其他组织根据需要可以参照本法有关规定设立人民调解委员会。对县(市、区)是否可以设立人民调解委员会，则没有规定。

能部门或调解组织对调处中心交办的矛盾纠纷，必须在规定时限内调解终结，并反馈结果。调解确实困难或调解无效的，按规定程序回流至调处中心，由调处中心调处会办。四是依法调处。调处中心坚持自愿、平等和尊重当事人诉权的原则，参照民事司法程序（不似民事司法程序那般严格）设立调解庭，制定调解规则，依据法律政策和规范程序合情合理合法调处。对法律有明文规定，经多次调解仍存在较大分歧的矛盾纠纷，及时引导当事人通过司法途径解决纷争。五是限期办结。对一般民事纠纷，调解组织在10日内办结；对重大复杂或跨地区的矛盾纠纷，在20日内办结，特殊情况在两个月内办结，从而确保矛盾纠纷能够及时调处。

2. 党政负责人接待督办制度。县、乡两级党委、政府和职能部门负责人轮流到调处中心接待前来要求调解矛盾的群众，对影响社会稳定的重大矛盾纠纷实行首问负责，直接协调处理，一办到底。

3. 协调会办、听证认证、公示公告和督察回访等制度。对涉及多个部门的重大疑难复杂矛盾纠纷，由调处中心组织有关部门协调会办；矛盾纠纷争议事项涉及较多群众利益的，通过听证认证、公示公告等方式征求意见、公开情况；对调结的重大复杂矛盾纠纷定期组织回访，督促调解协议的履行，尽量不留后遗症。

4. 考核奖惩制度。2008年7月，江苏省委、省政府制定《关于建立科学发展评价考核体系的意见》，将“社会矛盾纠纷调处成功率”指标列入“社会进步”类的“平安社会指数”中，把调处社会矛盾纠纷确定为衡量“江苏科学发展”需要解决的28项关键问题之一。江苏省司法厅等部门制定了《江苏省社会矛盾纠纷调处成功率评价考核实施意见》等文件，明确了社会矛盾纠纷调处成功率评价考核工作的具体目标、措施和要求，规范社会矛盾纠纷调处工作情况统计和评价考核工作。各地也普遍建立了比较完整的“大调解”考核制度，对调处化解社会矛盾纠纷工作成绩突出的地方、部门、单位和个人，进行表彰奖励；对调处化解工作不力致使社会矛盾纠纷高发的地方、部门和单位，追究相关人员的责任。

五、“大调解”的对接机制

按照“整合资源、整体联动”的思路，建立人民调解、行政调解、司法调解衔接配合的机制，以及调解与法院诉讼、公安接处警等其他纠纷处理方式的对接机制，形成信息联通、工作联动、矛盾联调、优势互补的化解矛盾纠纷合力。

1. “三调”衔接配合机制。以调处中心为平台，以人民调解为基础，人民调解、行政调解、司法调解既独立发挥作用，又相互衔接配合。县、乡两级调处中心与人民法院、法庭建立定员、定点、定期联系制度和信息互通制度。调处中心对受理的矛盾纠纷，根据其性质、特点，引导当事人选择适当的方式进行调处。对于当事人不接受调解，或调解未达成协议的，引导其通过司法程序解决。人民法院在受理涉及民事纠纷的案件时，符合条件的，邀请有关调解组织和部门协助做好诉讼调解工作。规范调解文书的制作，分流到人民调解委员会调解的民间纠纷，在调处成功达成协议后，以人民调解委员会的名义出具人民调解协议书；分流到行政部门调处的矛盾纠纷，在调处成功达成协议后，以主管部门的名义出具行政调解协议书；由调处中心直接调处的纠纷，调处中心与有关人民调解组织或职能部门共同调处，需要出具书面协议的，根据纠纷性质，以人民调解委员会的名义出具人民调解协议书或以主管部门的名义出具行政调解协议书。

2. “诉调对接”机制。法院实行简单民事案件先行调解和委托调解制度。由县级社会矛盾纠纷调处服务中心向基层法院及派出法庭派驻调解工作室，或人民法院通过“托出去、引进来”的方式，委托或邀请社会矛盾纠纷调处服务中心、人民调解组织、行政机关、人民团体等参与调解工作。

3. “检调对接”机制。对于轻微刑事案件，对主观恶性不深、有认罪悔罪表现、被害人有谅解意愿，案情简单、事实清楚、证据确实充分的案件，按照自愿、合法原则，借助“大调解”平台，促使加害人与被害方达成和解协议，然后由检察机关酌情作出不批准逮捕、不起诉的决定或向人民法院提出从轻处罚的量刑建议。开展“民事申诉执行和解”，对受理的民事申诉案件，坚持能调则调，先调后抗，最大限度地促使双方达成和解。

4. “公调对接”机制。全省实行县（市、区）公安（分）局、县交巡警大队与县（市、区）社会矛盾纠纷调处服务中心对接机制，基层公安派出所、交巡警中队与乡镇（街道）社会矛盾纠纷调处服务中心对接机制，社区（村）警务室与村（社区）人民调解委员会对接机制，重点解决公安机关接报的民间纠纷，因民间纠纷引起的治安案件、刑事案件以及交通事故中民事赔偿纠纷等方面的矛盾。

5. “访调对接”机制。信访部门的来访接待中心对初次接访且可以调处的矛盾纠纷，当事人又愿意调处的，移交调处中心先行调处。调处中心对收接到的不适合进行调解的信访纠纷，移交来访接待中心处理。

6. “纪调对接”机制。调处中心对收接到的涉及党员领导干部违纪方面的信访反映，及时转纪检监察机关处理。纪检监察机关对收接到的属于“大调解”受理范围的矛盾纠纷，转由调处中心处理。

此外，各地还根据实际情况，积极拓展“大调解”与工会、妇联等组织的工作对接，充分发挥工会在调处劳资纠纷、妇联在调处家庭纠纷等方面的优势。

六、专业化调解

随着经济社会的快速发展，一些区域行业发生的矛盾纠纷由于专业性强，必然要求调解人员具备一定的专业知识，才能更好地在化解矛盾中发挥作用。江苏近年来，依托职能部门，在矛盾多发的一些领域行业开展专业化调解。

1. 劳动仲裁调解。江苏省建立劳动争议调解组织调解、人民调解、行政调解、仲裁调解、司法调解“五位一体”劳动争议调解机制，在县（市、区）、乡镇（街道）社会矛盾纠纷调处服务中心设立劳资纠纷调解组织，在劳动争议纠纷化解任务繁重的劳动争议仲裁委员会设立人民调解工作室，将大量的劳动争议纠纷化解在仲裁前和诉讼前。“五位一体”调解机制可以调解的劳动争议包括：因确认劳动关系发生的争议，因订立、履行、变更、解除和终止劳动合同发生的争议，因除名、辞退和辞职、离职发生的争议，因工作时间、休息休假、社会保险、福利、培训以及劳动保护发生的争议，因劳动报酬、工伤医疗费、经济补偿或者赔偿金等发生的争议，因履行集体合同发生的争议等。

2. 医患纠纷调解。针对因医疗事故、医疗差错引起的人身、财产损害赔偿纠纷和因医疗服务合同引起的纠纷，在医患纠纷发生较为频繁的医院，司法部门协同卫生行政部门建立起人民调解工作室。调解人员由医学、法律和人民调解等方面的专家组成，同时建立专家库，以适应人员回避和案情复杂的医患纠纷调解需要。南京、南通等市成立了专门医患纠纷调处中心，通过搭建平台，开辟场所，把医患纠纷主要在医院内调解转到医院外调解为主。同时畅通诉求，公正评判，把医患纠纷主要由卫生部门主持调解转到中立第三方协调为主，增强调解的公信力。

3. 交通事故损害赔偿调解。县（市、区）调处中心在公安机关交巡警大队、有条件的乡（镇、街道）调处中心在交巡警中队设立交通事故人民调解工作室，专门从事交通事故损害赔偿调解工作。在道路交通事故认定书生效或出具道路交通事故证明后，当事人自愿申请人民调解，或征得当事人同意转交交巡警队人民调解工作室的，调解工作室在受理后及时指派调解员开展调解工作。根据实际情况，可邀请保险公司参与调解工作。保险公司在调解协议生效后，事故当事人申请保险赔付的，予以依法办理。

此外，征地拆迁、环保、消费、食品药品安全等其他矛盾纠纷多发的区域行业也正逐渐建立起专业调处机制，不断丰富“大调解”体系。

七、深化“大调解”的对策

进一步加强县、乡两级调处中心建设。县（市、区）、乡镇（街道）两级社会矛盾纠纷调处服务中心是大调解机制的运作平台，是人民调解、行政调解、司法调解相互衔接配合的中枢，作为大调解职能的具体承担者，其作用必须得到进一步强化。调处中心应当承担起矛盾纠纷接待受理、分流指派、协调调度、督办指导以及重大矛盾纠纷直接调处的职能，成为融社情民意分析研判、矛盾纠纷排查调处、大调解工作协调管理于一体的一线实战单位。配强调处中心的整体力量，按照能力强、素质高、有威望的要求选配调处中心主任、副主任，配齐配强专职人员。进一步加强调处中心的内部管理，推进调处中心的业务建设和制度建设，提高工作的规范化水平。县（市、区）、乡镇（街道）调处中心要在矛盾纠纷多发或集中的部门、单位和场所设立调解工作室。

进一步加强人民调解、行政调解、司法调解的衔接配合。按照“整合资源、整体联动”的要求，不断完善人民调解、行政调解、司法调解衔接配合和相互融合的机制，积极推动信息联通、工作联动、矛盾联调、优势互补，形成化解矛盾纠纷的整体合力。司法行政机关要切实加强对人民调解工作的指导和管理，深入推进人民调解委员会规范化建设，进一步拓展人民调解工作范围，充分发挥人民调解在大调解工作中的基础性作用。人民法院要选派业务骨干担任人民调解组织指导员，加强对人民调解工作的业务指导。各级行政机关要以预防和化解与人民群众生活密切相关的行政争议为重点，规范和加强行政调解，充分发挥行政调解在化解矛盾纠纷方面的独特优势。人民法院要认真贯彻“调解优先、调判结合”的原则，坚持能动司法，强化“诉调对接”，积极探索在诉前、立案、审理、执行等环节全面开展调解的途径、方法和程序，切实把调解贯穿于司法审判的全过程和各个方面，努力用和谐的司法方式化解矛盾纠纷。

进一步加强基层调解工作。化解矛盾纠纷是基层党组织和综治组织的重要职责。把矛盾纠纷防范在源头、化解在基层，是基层调解工作的主要任务。要按照“机构体制上一体化运行、力量调配上一体化管理、目标任务上一体化安排”的要求，将基层调解工作与综治整体工作统一部署、协调推进。按照“哪里有矛盾纠纷，哪里就有调解工作”的原则，依据矛盾纠纷发生、发展的情况，合理规划设置辖区内的调解组织，多层面搭建调解组织网络平台。村（社区）都要建立健全人民调解委员会，企事业单位、集贸市场、流动人口聚居区、行政接边地区也要设立调解组织。村（社区）、企事业单位调解组织，要以自然村、居民小区（楼院）、车间（班组）为单位，设立调解小组，聘任调解员或信息员，形成严密的调解工作网络，使调解组织更加深入基层、更加贴近群众、更加适应需要。规范基层调解组织的工作程序、内部管理，提高基层调解组织化解矛盾纠纷的能力。在村、社区、学校和其他企事业单位，广泛开展“无矛盾激化、无民转刑案件、无群体性上访”的“三无”创建活动，促进基层单位把矛盾纠纷解决在萌芽状态和初始阶段。

进一步加强专业调解工作。在矛盾纠纷多发的领域，根据行业纠纷的不同情况和相关部门的实际，通过在调处中心设立专门调解小组、在行政主管部门设立调解工作室、组建专业性的人民调解委员会等多种方式，建立健全医患、劳资、征地拆迁、环境污染、交通事故、消费、物业管理等专业调解机制，扩大专业调解的覆盖面。加强对调解人员的专业培训，用专业的知识分析矛盾纠纷，用专业的方法化解矛盾纠纷。通过建立咨询委员会等方式邀请相关领域的专家参与调解，提高专业调解的权威性和公信力。进一步发挥仲裁机构、人民团体、行业协会的优势，充分利用社会力量化解特定领域的矛盾纠纷。

进一步加强调解队伍建设。坚持一手抓义务调解员队伍的壮大，一手抓专职调解员队伍的建设。积极探索调解队伍职业化、专业化的新途径，优化调解队伍的知识结构、年龄结构，建立一支与化解社会矛盾纠纷要求相适应的专职调解员队伍。县、乡两级调处中心都要配备专职调解员，村（社区）也要逐步配备专职调解员。进一步加大在专业人员中选聘调解员的力度，大力推行首席人民调解员制度，支持有专长、有特长、有威信的人民调解员设立“个人调解工作室”，积极探索调解员持证上岗、等级评定、职称评聘等制度，培养一批调解专家、调解能手，进一步激发调解员的职业荣誉感和自豪感。进一步推进调解队伍社会化建设，尽可能将具有调解工作经验、热心调解工作、人民群众信任的人员吸纳为调解志愿者，广泛动员社会力量化解矛盾纠纷。把加强调解队伍的教育培训作为大调解工作的一项重要任务来抓，通过集中培训与日常培训相结合、知识培训与技能培训相结合、理论学习与实践锻炼相结合等多种方式，使广大调解员精通调解业务，掌握调解技能，成为调解工作的行家里手。

第五节 重大矛盾纠纷应急处置

社会矛盾在发展的过程中，如果具有共同心理或共同利益诉求的特定或不特定的群体，通过正常途径诉求无法得到满足，在达到临界爆发状态的时候，使用各种干扰和破坏正常社会秩序的极端手段，以满足其利益、心理得到社会、政府的关注，从而对社会秩序和公共安全造成负面影响。这就是所谓的群体性事件。

一、工作机制

群体性事件是社会矛盾一步步积累而发生的质的突变，是事物自然渐进过程的中断。这样由稳定向不稳定的转变，势必会改变原有正常的社会进程和秩序，带来社会危害。其危害性不仅在于带来堵塞交通、争夺资源、造成巨大经济损失等显性危害，也干扰了民众的正常社会生活秩序，践踏了民主和法治，大大破坏了政治的安定和社会的发展，并威胁到了人民的财产和安全，更会导致干群关系的紧张，甚至影响到群众对政府的信任和对各种政策接受的程度等，成为和谐社会极大的绊脚石和隐患，必须切实引起高度重视。科学应对群体性事件，关键是要建立健全行之有效的预防处置机制。

1. 完备的应急预案机制

矛盾的发生具有随机性、突发性，是由很多偶然性的难以预见的因素引起的，这就使得矛盾处理工作不能不带有一定的应急性质。当矛盾出现时，必须能够马上作出正确的反应，采取及时的措施，不能错过矛盾处理的瞬间机会。群体性事件的爆发往往具有突发性，要想在第一时间控制局面，把握工作的主动权，就必须在事前拟定一个详细、有针对性的预案。应急预案根据国家划定层级的不同而有不同的实施细则和相应的程序，根据群体性事件的不同严重程度而启用合适的应急预案。准确而快捷的信息无疑为制定应急预案的前提条件，也只有这些准备工作做得好，才能采取前瞻性的措施，从而把群体性事件的危害降到最低。无论哪一级预案，都应确实做到严密、细致、全面、准确以提高应急预案的科学性和可行性。在不同类型的群体性事件中，要严格按照不同事件的性质、发生、发展和解决的动态过程，尽可能多地考虑到可能出现的情况，分门别类地拟定具体的预案，明确行动过程中各行为主体的职责，分工落实到人，避免出现指挥不当，配合失误的混乱局面。

2. 严密的指挥机制

在处置群体性事件之前，为了协调各方面的关系，便于指挥协同，必须建立严密的指挥系统。这一机制应包含三个层次。第一层次是总指挥部，由群体性事件发生地的政府领导，负责集中统一指挥，调动所属公安民警、武警部队和党政、军、群力量，制定实施对策，具体部署各参与单位的任务。第二层次是指挥中心。这是处置群体性事件的指挥机构，是上下联系的枢纽。主要任务是负责指挥部进行高度统一的指挥调度。第三层次是现场指挥部。现场指挥部应以公安机关的主要领导为主，各警种负责人参加，负责对整个事件现场的全权指挥。在紧急情况下，当来不及请示或与上级中断联系时，现场指挥部可采取相应的紧急处置措施。

3. 高效的现场应急处置机制

现场应急处置机制总的要求是，坚持“依法处置”的原则，立足于疏导、劝解、平息，讲究策略方法，不使规模扩大，不使事态升级，不酿成大的事端。要坚持以人为本，根据不同情况，采取不同的方法，依靠有关部门和单位出面采取说服教育的方法，尽最大的可能满足群众的合理要求，一时不能解决的要说明情况讲清道理，加强教育疏导，稳定群众情绪。对于群众要求基本合理，但采取的方法过激，甚至违法的群体性事件，掌握可缓不可急、可冷不可热、分化瓦解的处置化解技巧，对当事的群众尽量要动之以情，晓之以理，明之以法，使广大群众明辨是非，提高觉悟。对已经形成群体之势，有可能流向社会的矛盾，要组织人员设置劝阻线，对有关路线和目标提前布防，尽力不让其流入社会、扩大影响。当矛盾群体流向社会，形成公开之势后，要力争控制局势，平息事态。要组织人员切断事件现场与外界的联系，将事件主体与尚未卷入矛盾群体的人群隔离开，组织相关人员进行合围，形成包围圈。对处于滞留围观的群众，通过宣传让其离开现场；对于支持、附和的群众要劝其退出现场；对左右事件发展的核心人员，明令其立即停止违法活动，必要时可采取强制措施，使事件主体由“聚”向“散”转化，如出现打、砸、抢、烧等违法犯罪活动时，现场指挥者应当机立断，采取强硬措施，坚决果断予以制止。同时要采取公开和秘密手段，获取重要证据材料，为后期打击违法犯罪打下基础。

4. 科学的评估机制及责任追究机制

科学的评估机制是指群体性事件处置后，很有必要对处置工作效能进行科学评估，找出工作中存在的得与失，为以后处置工作提供方法和依据。[①] 具体来说，处置工作结束后，要对预警机制、组织指挥机制、保障机制和现场处置机制进行评估、研究。总结处置工作中的成功经验，找出工作中存在的问题，并研究处置对策，进一步完善机制建设，为以后处置工作提供借鉴。在科学评估机制的基础上，有必要逐步建

---

① 参观易军、蔡坤、任顺国《群体性事件处置机制建设》，载《湖南公安高等专科学校学报》2000 年第 4 期，16～17 页。

立群体性事件的责任追究制度。对滥用权力，应当履行职责而不履行从而导致群体事件发生的；对在群体性事件发生后因不及时处置或处置不当而导致事态进一步发展蔓延的，应当追究其责任。

二、领导干部处置群体性事件的能力

重大矛盾纠纷引发的群体性事件波及面广、影响大、处置难度大，要正确应对和处置，各级领导干部必须注重提高“五个能力”。

1. 见微知著的能力

群体性事件不是无源之水、无本之末，都必然有一个酝酿、发生、发展的过程，必然会表现出些许不易被人察觉发现的迹象。作为领导干部，要解民情，察民意，知民忧，要善于捕捉收集那些初露端倪的个体的表面现象，掌握真实的信息，认真加以研判。属于个性问题的采取措施及时解决，带有一定共性的问题，要在解决现有矛盾问题的同时，积极做好相关群体的工作，并做好应对处置群体性事件的思想准备和工作准备。

2. 快速反应的能力

群体性事件来势猛、规模大、发展快，来不得半点迟缓和拖延。只有快速反应，以快制快，才能掌握工作的主动权，才能积极有效地化解矛盾，控制事态。这就要求领导干部必须具备快速反应、雷厉风行的作风，迎难而上、不惧艰险的勇气，处变不惊、临阵不乱的气魄和审时度势、随机应变的胆识，确保一旦发生群体性事件，能迅即行动，快速决策，在较短时间内迅速查明事件的起因、参与人员的范围、造成的现实损失、事态发展的趋势等，根据事件的起因、性质及其发展变化情况，迅速研究应对之策，对症下药、果断处置。

3. 驾驭全局的能力

群体性事件参与人员多、波及面广，加之引发原因及其造成的危害都是多方面的，处置不当，往往引发更大的事端，诱发更多的不稳定因素，甚至影响社会政治稳定。可以说，对群体性事件的处置直接牵涉社会治安大局的平稳和社会政治稳定。这就要求，领导干部必须有大局观念，必须有应对复杂局面、驾驭全局的水平和能力。不仅要看到事件本身造成的现实社会影响和经济损失，而且还要考虑到事件的后续影响及其对社会其他群体、对周边地区乃至对全社会的影响；不仅要看到事件造成的社会影响和经济损失，而且还要考虑到政治影响和政治危害；不仅要严格执行国家的法律法规和政策，而且还要充分考虑不同地区当地群众的风俗习惯；不仅要考虑处置措施的力度，又要考虑到处置的实际效果和社会的承受程度。总之，必须把群体性突发事件的处置工作放在改革发展稳定的大局中去通盘考虑、周密谋划，努力实现处置工作的经济效果、法律效果、社会效果和政治效果的统一。

4. 组织协调的能力

应对处置群体性突发事件要求领导干部必须具备较高的组织协调能力。面对复杂的局面，领导干部一定要胸有成竹、指挥若定，从人员组织、车辆调遣到后勤保障，从力量布局、现场稳控到调查取证，从面上宣传、重点人员教育到强制措施的使用，都要井然有序、有条不紊地进行，使参与处置工作的人力、物力、财力资源得以充分发挥，使各项工作措施都能环环相扣、高效有序的进行。

5. 舆论引导的能力

在传播技术高度发达的今天，我们已经生活在一个高度媒介化的透明社会。在这种形势下，以前那种一旦发生重大矛盾乃至引发群体性事件就封锁消息的做法或者敷衍塞责的侥幸心理已经变得十分危险。一味消极地应对舆论，只会陷入更大的被动。近年来，这方面的教训十分深刻。尤其是随着网络传播的迅速发展，舆论的地域界限甚至国家界限已经变得十分模糊，发生在任何一个地方的重大矛盾都有可能引起全国甚至世界的关注。这就要求领导干部在应对重大矛盾的时候，不能仅站在部门或者地方角度，要把一时一地的矛盾、群体性事件放在国家甚至世界大局下来衡量可能产生的影响，从而制定出处置策略和舆论引导的方向、方法和手段，作出正确反应，取得正面效果。要高度重视网络舆论。网络已经成为影响舆论的主要力量之一。很多热点问题都有网络媒体参与。很多矛盾的集中爆发，最早仅源于一篇网上贴文或者一条手机短信。领导干部不但要关注传统媒体，而且要关注网络媒体，如果对网络媒体漠视、忽视，反应迟钝，缺乏回应网民信息的经验，就胜任不了引导舆论的工作。

一是增强与媒体打交道的能力。随着我国政府的公开透明度越来越高，党员干部与媒体打交道的机会也越来越多。提高与媒体打交道的能力，已成为党员干部的一门必修课。首先，要有媒体意识。所谓媒体意识，就是要充分认识媒体的重要作用，充分认识舆论对实际工作的影响。其次，要增强媒体服务意识。学会善待媒体和记者，为其正常采访提供工作和生活便利，在情感上争取记者的理解和认同。特别要主动及时地提供信息，在信息服务中实现引导。第三，要提高应对媒体采访的能力。不躲避、不抗拒媒体记者的采访，坦诚、实事求是地发布信息，同时既要注意口径一致，包括不同时间的采访、多位被采访对象对同一事件的表态都要口径一致，也要注意接受采访、发言留有余地，不能把话说得太绝对。

二是善于运用媒体推动矛盾化解工作。在实际工作中，不能把媒体放在对立面看待，要注重发挥新闻媒体的作用。要加强与媒体的沟通联系，与媒体建立良好的、经常性的关系，善于运用媒体的正面宣传为矛盾化解工作营造良好的舆论环境。在解决实际问题时，要学会“舆论先行”，工作推动起来就会事半功倍。

三是善于运用网络科技等新手段。在信息化深入发展的条件下，不少矛盾本身就是借助于网络扩散的，尤其是“博客”、“微博”这样的新兴网络传播平台，已经日渐成长为公共事件舆论场。根据 2012 年 1 月中国互联网络信息中心(CNNIC)公布的《第 29 次中国互联网络发展状况统计报告》，我国近半数的网民使用“微博”，比例已经达到48.7%。因此，需要学会运用网络来了解相关情况，积极运用网络媒介，及时发布相关信息，积极回应社会关切，在传播主流价值追求的同时，使其成为拓展联系群众、服务群众的渠道和手段。要通过网络信息的传播来做好解释工作，使处理矛盾的措施在短时间内发挥最大作用。

第四章　人口服务管理

“社会管理，说到底是对人的管理。”对人的服务与管理一直是社会管理的一项源头性、基础性、全局性、长远性的工作，是社会管理的重中之重。各类人群能否得到有效服务管理，直接反映了社会管理是不是到位，直接关系经济和社会的发展。当前是我国人口发展的关键期，人口问题特别是流动人口和特殊人群问题的聚集与凸显，成为当前影响社会稳定的重要因素，必须切实引起高度重视。

第一节　国外的人口管理及启示

一、国外的人口管理

美国实行的是“出生死亡登记大纲”，只进行公民出生、死亡登记，平时公民可以自由迁移、移民。但公民迁移和移居某地，其生活状态必须符合该城市卫生及相关法律规定，如有一定的住房面积、有稳定的收入方可。否则，有关部门将出面予以法律制裁。社会保障号（SSN）是美国政府进行人口管理的法宝和基石。美国没有严格意义上的身份证，护照、驾照、信用卡等证件常常扮演身份证的角色，但它们的取得都必须以拥有一个社会保障号为前提。此外，社会保障号与联邦和各州的许多社会机构相衔接，是公民享受医疗保险、失业救助、住房补贴、看病就医的凭证。

日本实行的是“户口随人走”的制度。“户口随人走”制度以家庭为单位标明每个人的身份、夫妻关系、父子关系等。孩子在20岁的法定成人之前，无权独立设立自己的户籍，一旦成人，完全自由。日本最常用的户籍文本称为“住民票”，它以每个人的居住地为基础设立，标有此人的姓名、出生年月日、性别、与户主的关系等。日本的住民票是完全随着住址移动的。同时，日本也是一个人口流动完全自由的国家，《宪法》就规定了公民迁移的自由。如东京都人口1200多万，占日本总人口的1/10。每天都有大量的人进出东京，人口流动完全是自由的。日本人可以自由选择学校，只要成绩合格、交得起学费；可以自由谋求职业，只要应聘成功；可以自由选择住宅，只要买得起住房或签订租房合同，就可以择地择房而居。

法国的人口管理工作既有其严格的一面，也具有相当的随意性。严格的是法国人的户籍管理内容十分详尽，不仅有公民出生年月、性别、单双胞胎等内容，而且还有其父母的职业、经济收入、国籍、宗教信仰等相关内容。同时，法国人的户籍信息与他们的就医、存款等日常生活紧密相关，一旦变动，意味着整个生活将发生较大变化，可谓牵一发而动全身。但对于跨区域的人口流动，法国则没有任何强制性的行政措施，只要本人愿意，可以在全国任何地方扎根。搬家前只需通知以前的社会保险机构，将其个人资料转到新住址所在地的相应机构即可。

印度也有民事登记制度，内容包括公民出生年月、性别、死亡、婚姻登记，此外还有其父母职业、经济收入、宗教信仰登记等，但却没有类似中国的身份证和户口簿。根据规定，无论是贫民窟居民还是外来白领工作人员，只要18岁以上、在当地居住满5年以上，都可申请一张新的选民证，从而在政治上融入当地社会。从印度全国范围看，户籍管理制度可谓十分松散。在日常生活中，选民证、工作证、驾照、学生证、护照就是证明身份的重要证件。对于全国数亿生活在贫困线以下的公民而言，政府颁发的贫困证也等同于身份证明。

二、我国人口管理的基本制度和不足之处

我国历史上管理人口的基本方式大致相同。周朝以来，统治阶级采用不同形式的户籍制度来管理人口。根据《文献通考·卷十·户口考一》，周宣王时就有官吏负责“少多、死生、出入、往来者”。周礼中则记载内史、司会、冢宰都存有户籍副本。但是类似现代的限制人口迁移和户籍注册的制度则首见于保甲制度。管仲提出“禁迁徙、止流民、圉分异”的政策，限制人口的流动，以及自行分家。而商鞅的《商君书·垦令》中则提出“使民无得擅徙”。到了西汉，萧何的《九章律》中包含了“户律”，将户籍制度用法律规范下来。

新中国建国后，我国仍是采用户籍管理制度来管理人口。户籍管理制度的变化大致可划分为三个阶段：第一阶段，1958 年以前，属自由迁徙期；第二阶段，1958 年至 1978 年，为严格控制期；第三阶段，1978 年以后，为逐步开放期。我国现行的户籍制度和人口管理办法是在短缺经济和计划经济的历史背景下建立和完善起来的，与国外一些国家相比，还存在许多需要改进的地方，主要表现在以下三个方面：

1. 管理体制和方法方面。尽管发达国家的人口管理体制并不一致，但体制设计一般都对人口管理部门之间的分工安排作出了明确界定，发达的信息化水平则为管理体制的运行效率提供了保证。相比之下，我国的人口管理在各地区、部门之间存在不同程度的条块分割和重叠现象，以行政审批为特征的户籍管理在新形势下不断显露出它的滞后性和狭隘性。管理方法方面，发达国家主要依据市场原则，凭借社会保障码等信息手段进行人口动态管理，并通过实施各种法规对人口管理作出详细规定。而我国的人口管理主要依靠各种行政命令执行，静态的户口管理模式也因为户不能随人流动而产生了大量的人户分离人口，造成了管理上的漏洞。

2. 人口信息登记方面。发达国家采取户籍与口籍相结合的人口

登记方式，并在报税、个人识别码、社会保障码等相关制度的支持下建立了完备的人口信息网络系统，人口登记内容详实，实现了民事登记与人口动态统计及其他行政管理制度的对接，能满足政府管理的需要。而我国的人口登记则主要是户籍登记，登记信息也有相当长的滞后性，与实际居住人口的信息存在相当大的差距，不适于作为区域人口管理和建设规划的依据。

3. 人口迁移与流动人口服务管理方面。人口迁移方面，国外一般实行事后迁移登记制度，迁移者可在迁移行为完成后，再向当地管理部门申报登记，对符合居住条件的迁移者，管理部门一般不作人为限制。与之相比，我国实行事前迁移登记政策，公民必须凭借迁入地有关部门核发的准迁证才能进行迁移。在流动人口方面，多数国家规定，凡在现在地居住满六个月即可作为常住人口登记，从而在经济、政治上逐渐融入当地社会。而我国城市，尤其是大城市对流动人口落户的限制条件依然很苛刻，流动人口在就业、社会保障等方面无法享受市民待遇，随着居留长期化倾向的发展，流动人口事实融入与制度上被游离之间形成了内在的逻辑悖论。

三、国外人口管理带来的启示

由于社会制度的差异以及城市化阶段的不同，我国人口管理所面临的问题与许多发达国家有很大不同，但这不妨碍我们借鉴其先进经验，探索一套适合我国国情、适应城市化进程和经济发展形势的人口管理办法。

1. 范围上要全覆盖。我国传统的人口管理模式只是管理“户籍人口”。为了将社会管理的触角进一步延伸，应该将尽可能多的人群囊括到服务管理的范畴里来，推行“实有人口”服务管理。不仅要服务管理“户籍人口”，还包括流动人口在内的其他人群，不仅要服务管理普遍人群，更要加大对流动人口、特殊人群的服务管理力度。

2. 理念上要突出“服务”。现在部分地方政府的一些管理工作之所以得不到群众的理解支持，甚至引发矛盾冲突，主要原因就是管理者在思想观念、管理方式、工作方式等方面没有充分适应新的形势。片面强调管理，忽视服务，容易造成双方关系的紧张和对立，加大了管理难度，往往是事倍功半。因此，在人口管理工作中，必须坚持以人为本、服务为先，寓管理于服务之中，在服务中实施管理，在服务中体现管理，实现管理与服务的有机统一。

3. 方法上要从转变为“动态管理”。长期以来，适应城乡分割和身份凝固的计划经济体制的需要，原来的人口管理方式主要是对户籍人口或者常住居民的登记性管理。各级政府习惯于对固定单位和具体社区进行属地化管理，习惯于从上到下的管制型管理。在社会不断高速发展的今天，这种静态管理模式已经完全不能适应流动性不断增强的人口发展现实的需要。因此，将过去那种单一的、静态的和以户为主的人口管理转变为综合的、动态的和以人为主的管理模式，是经济社会发展的必然要求。实行实有人口动态管理，决定了在管理中要由过去的以防范和控制为主的治安管理向统筹规划、综合服务和管理转变，由流入地政府管理为主向流入地、流出地政府密切协作配合转变，由政府职能部门为主向政府依法行政、社区依法自治、基层组织广泛参与的社会化服务和管理转变。

第二节 流动人口服务管理

流动人口是指公民离开常住户口所在地，跨越一定的辖区范围，前往异地滞留暂住的人口，或居住地处于不断变动过程的人口。人口大流动是我国经济社会发展过程中出现的必然现象。随着工业化、城镇化的不断推进，我国的流动人口数量不断增多。据国家统计局公布的统计公报，2010 年全国跨乡镇外出流动 6 个月以上的流动人口为 1.5 亿人，可以说，以外出务工经商为目的的农民工是目前我国流动人口的主体。据预测,到2030年我国城市人口将会突破10亿,新增人口主要都是从流动人口转变而来;到2050年我国的流动人口规模将会达到3.5亿人左右。①

长期以来,流动人口,特别是进城务工经商的农民工,为城市建设和社会经济发展做出了巨大贡献,已经成为推动我国经济发展和社会结构变革的巨大力量。同时也要看到,人口流动对传统人口管理方式提出了挑战,大量的人口离开原籍前往城市,脱离了原有的组织管束,造成了人户分离的状况,进入城市后,没有纳入城市管理范围,产生了新的人口问题、权益保障问题。只有了解流动人口的基本情况、规律特点、存在问题,才能服务好、管理好流动人口,发挥好流动人口的积极作用,推进社会主义和谐社会建设。

一、江苏省流动人口特点及发展趋势

1. 江苏省人口流动的特点

江苏是经济发展大省,也是流动人口大省,截至2011年底,全省共登记暂住人口1788万人,总量居全国第三,仅次于广东省和浙江省。流动人口对江苏的经济发展作出了重要贡献。江苏省人口流动发展有以下五个方面的特点:一是从规模上看,从高速增长向平稳增长转变。2000年,江苏省暂住人口为418万,到2007年增长至1589万,共增加1470多万,年均增长21%。这一时期暂住人口快速增长与全省经济社会快速发展,富民强省战略的实施紧密相关。从2008年到2011年,全省流动人口处于平稳增长状态。2008年登记的暂住人口为1470万,2011年登记的暂住人口为1788万,这4年间增加318万。这一时期流动人口的平稳增长,主要是江苏调整产业结构、引导人口合理流动的结果。二是从结构上看,从单一层次向多元并存转变。江苏省1788万流动人口中,省外流入的占65%,流入地从省内流动为主转向省外流入为主。流动人口原先主要集中在苏南地区,现在苏中、苏北

---

① 参见《加强和创新社会管理干部学习读本》,73页,中共中央党校出版社,2011。

地区流动人口数量逐年增加，2011 年底苏中、苏北地区登记暂住人口 480 万，占全省总数的 27%。流动人口由原先的以体力型务工为主，转向以知识型、服务型务工为主，流动人口文化程度在提高，接受技能培训人数在增加。2005 年以来，全省共有 167 万农民享受政府职业技能培训补助。三是从管理上看，从无序流动向有序控制转变。全省出租房屋和承租人信息采集率达到 90%，旅馆业信息系统覆盖率达 99%以上，旅馆住宿人员实名验证、实数登记和实时传输率达 90%以上，建立了流动人口信息社会化采集机制，设立流动人口信息社会化采集点 2.2 万个，配备移动采集设备 1.1 万台。全省外来人员犯罪率虽在高位运行，但抓获刑事作案成员中外来人员所占比例得到控制。近年来，始终控制在 50%左右。四是从理念上看，从管理为主向服务为先转变。上世纪八九十年代，对流动人口主要是实行登记式、排挤式管理，流动人口很难融入当地。近年来，全省牢固树立"以人为本、服务为先"的理念，坚持以开放、包容的态度对待流动人口，尊重和维护流动人口合法权益，为流动人口提供全方位、多层次的公共服务，帮助流动人口尽快融入居住地。2002 年省政府部署深入户籍管理制度改革以来，全省累计办理进城落户人员达 400 万，流动人口"集中住宿、集中服务、集中管理"率超过 40%，有 70 万流动人口子女在流入地接受义务教育，参加社会保险人数和比例居全国前列。五是从发展上看，从让部分人先富起来向包括流动人口在内的所有人共同富裕转变。江苏省第十二次党代会提出，到 2020 年，全省总体上达到世界中等发达国家水平，在全国率先基本实现现代化。2011 年，江苏省人均 GDP 达 9500 美元，苏南部分地区已经开始向基本实现现代化迈进。更高水平的小康社会和基本现代化应该让流动人口也享受发展成果，这就要求必须缩小省内流动人口在公共服务上、生活水平上、社会保障上与本地人存在的差距，必须在发展经济的同时充分顾及到流动人口的发展。

2. 江苏省人口流动的发展趋势

进入新世纪后，江苏省流动人口规模迅速扩大，且在多种力量推动下，将在较长一段时间内持续增长并维持在高位水平。有三个方面的趋势值得关注：

一是城市化仍是影响流动人口增长的决定性因素。1978 年—2011 年我国城镇化率由 17.9%稳步提升至 51.3%，年均提高近 1%。据有关方面研究分析，未来 10 年我国城市化率年增加值仍能保持在 1 个百分点左右，我国城市流动人口规模将达到 3 亿左右。目前，江苏省城市化率已超过 60%，随着江苏省"两个率先"战略的深入推进，特别是推动集约发展，以及南京、苏锡常、徐州三个都市圈和淮安苏北重要中心城市建设，人口向大城市、区域中心城市聚集的趋势将更加明显。

二是人口流动的大方向不会变但不确定性增加。随着世界经济的逐步复苏和江苏省"十二五"规划的全面实施，可以预见，今后一个时期，全省人口仍将呈现大规模大范围流动的态势。一方面，随着国际资本和产业重组向长三角加快转移，长江沿岸特别是苏南地区流入人口将在高基数的基础上，持续平稳增长。另一方面，由于影响人口流动的因素增多，流动人口未来的流向及分布具有不确定性。特别是随着产业转型、苏北振兴、沿海开发战略的深入实施，苏北地区工业化、城市化进程加快，苏北地区人口流入、流出的状况将双向并存，返流现象更趋明显。同时随着和谐社会建设的推进、城乡统筹发展、惠农支农措施的贯彻落实、农村教育和生活条件的改善等，外省外出务工农民回乡发展的情况也会日益增多。

三是新生代流动人口融入城市的愿望更加强烈。随着经济社会的发展，城市流动人口逐渐由生存型需求向发展型需求转变。第一代农民工外出的目的主要是打工挣钱、养家糊口、脱贫致富；新生代农民工(指 1980 年后出生的农民工)则向往城市生活，渴望成为市民，融入城市发展。他们的权利意识更加突出，强烈要求在教育、医疗、社会保障、保障性住房等方面享受与市民一样的基本公共服务，政府服务管理的压力增大。这个问题处理不好，极可能引发影响稳定的群体性事件。2005 年 10 月巴黎发生的严重骚乱，就与部分外来移民难以融入法国主流社会、生活得不到保障有十分密切的关系。

二、人口流动对经济社会的影响

1. 积极方面

一是为经济持续快速发展奠定了劳动力基础。市场经济是以市场为基础进行资源配置的经济模式，市场在资源配置的过程中也对劳动力配置起到了主导作用。当前，我国城市劳动力出现了紧缺的现象，这一方面是由于我国经济发展的不断加快，市场经济的不断完善，行业分工的不断扩大，经济发展对劳动力的需求不断加大；另一方面是由于我国自改革开放以来所实行的计划生育政策的影响，城市特别是大城市中的适龄劳动力数量不断减少，导致了目前我国的大中城市在经济高速发展的同时，劳动力资源却出现了较大的缺口，劳动力资源难以满足经济发展需要的现状严重阻碍了经济的发展，而流动人口不断涌入则为城市的经济发展提供了大量的劳动力资源，为经济持续快速发展奠定了人力资源基础。

二是促进了城镇化进程。城镇化进程的重要目的之一就是农村人口的城市化。人口的流动有其自身的规律，需要在经济的调节下，自发地产生流动，这样的人口流动既能使人口得到合理的分布，又能使人口从农村流出后在城市中获得可以支撑起生存的基础条件，为农民转型为市民提供了保证。同时，这种人口流动，也为农民向市民的转型提供了渠道，使农民可以合理有序地通过这一渠道成功转为市民，进而推动城镇化进程的不断加快。

三是促进了农村经济的发展。长期以来，我国在农业生产中一直存在着人多地少、农村人力资源得不到合理利用，大量农民隐性失业等一系列结构性问题。解决这些问题的一个有效方法就是让农民进行合理的流动。农民的合理流动使农民在城市中可以获得适合自己的工作，为增加农民收入，改善生活条件提供了基础，也使农村人力资源过剩的问题得到了解决。农民在流动过程中，随着收入的不断增加，许多农民集聚了一定量的财富，拥有一定财富的农民有的将继续寄回家里，提高了老家农民的生活水平；有些利用在城市中学到的知识、经验和技能回乡进行创业，这些回乡创业的农民通过建立企业，解决了当地剩余劳动力的就业问题，增加了当地的财政收入，带动了当地经济的发展。可以说，农民的合理流动为近些年农村经济的发展注入了极大的活力。

2. 消极方面

一是社会治安问题增多。人口流动进入城市后，城市高昂的生活成本和额外的费用支出以及社会保障和救助制度的缺失让流动人口在城市中奔波劳碌，不堪重负；流动人口的生存状态比较贫困艰难，流动人口的法律观念淡薄，城乡贫富差距不断拉大与相对剥夺感的强化导致流动人口心理失衡，社会控制力相对减弱，社会排斥和体制性歧视流动人口，流动人口的合法权益易受侵害且救济途径的缺失，等等，这些都导致了流动人口犯罪，给社会稳定带来冲击。从统计数据看，江苏省 2011 年抓获刑事作案成员中，外来人员占被抓获刑事作案成员总数的 53.7％；苏南 5 市占比达 73.9％，其中苏州、常州、无锡 3 市分别为 87.5％、81.6％、73.0％，有些县（市）甚至超过 90％。

二是农村经济和社会生活受到影响。人口流动、劳务输出为农村大量剩余劳动力提供了就业机会，成为农民增收的一个重要渠道，但农村地区社会治安总体平稳的形势下，存在一些值得重视的问题。第一，“村庄空壳化”、“家庭空巢化”造成农村防范能力差。在一些劳务输出集中的乡村，村民们说“现在两个壮汉就能抢一个村”。一些犯罪分子通过冒充民政部门人员慰问贫困户、办理医保、提高补助，冒充供电部门人员检查电气线路，冒充电信部门人员检查电话线路等手段，伺机实施盗窃、诈骗或使用假币犯罪。近年来，宿迁市农村乡镇已连续发生此类案件 60 多起。第二，外来犯罪、跨区域犯罪增多。随着人财物流动加剧，交通改善，加之本地犯罪年龄段人口的外流，农村地区社会治安受外来犯罪的影响增大。一些交通便利，特别是省、市、县交界地区，发案率明显高于交通闭塞、地处偏僻地区。第三，对青少年的管教令人担忧。由于大量青壮年外出，一大批未成年的孩子被留在家里，成为农村留守儿童，主要由祖辈承担教育监护责任，由于缺少父母的教育监护，使得留守儿童身心发展尤其是心理健康令人担忧。据典型调查，全省农村地区约有留守儿童275万人，其中父母一方在家的约134万人，父母双方均不在家的约141万人。而调查表明，家庭的管教对青少年至关重要。2005年，苏北某县共打掉43个带有恶势力性质的犯罪团伙，169名涉案成员中，25岁以下的青少年114人。这些青少年中，属于父母离异或去世的单亲家庭的17人；家中姐妹众多、属于“独苗”、从小娇生惯养，或管教不力、方法简单粗暴的19人；父母一方或双方外出务工、常年不在家的31人。其中农村地区76名涉案青少年中，父母一方或双方外出务工、常年不在家的28人，占36.8%。

三是城市病显现。流动人口大量涌入城市，对城市的承载能力以及公共服务的供给能力提出了更高的要求。当流动人口的总量超过一定限度的时候，城市的承载能力以及公共服务供给能力就会出现不足，城市病随之出现。大量的流动人口在城市居住需要有居住的场所和空间，而目前我国的城市土地利用已非常充分，大中城市的房价持续在高位，这就使得流动人口在城市中很难寻找到条件较好的居住地，他们只能租住在条件较差的城乡结合部，以及城市中居住条件较差的地方。大量流动人口的集聚，使得城乡结合部等原先条件就不好的地区生活环境更加恶化。同时使得城市中的贫富分化从地理分布的角度显示出来，区域的贫富差距使得社会的分层更加明显，对城市的健康发展极为不利。此外，流动人口的大量涌入，还造成了城市的资源短缺问题更为突出，产生大量的垃圾，以及城市交通系统面临巨大压力等等一系列问题。

三、流动人口服务管理目前存在的问题

1. 流动人口在城市中基本权益得不到保障

首先，在流动人口的就业政策方面。农民工进入城市，主要目的是增加收入，而增加收入的主要途径是寻求在城市就业。一些城市为了

解决本地居民的就业问题,缓解本地户籍人口就业压力,降低本地城镇人口失业率,对外来人口实施总量控制,在外来人口就业方面设置了一系列障碍,阻碍流动人口的就业选择,造成明显的就业歧视。尽管2003年国务院办公厅发文提出要取消对农民进城务工的就业限制和歧视,但是要落实这样的政策缺乏操作程序和制度保障,所以现在不少城市仍然在限制农民工的就业范围。典型调查显示,城市农民工认为在城市生活的最大困难是歧视性的政策。因此,取消对外来人口的就业限制,既有利于促进人口流动,更有利于让企业在平等环境下竞争发展。

其次,在流动人口的子女教育方面。随着经济社会的不断发展,流动人口结构也在发生变化,流动人口从以前的家庭主要劳动力外出逐步向举家外出转变,流动人口子女也流入城市。据对优秀农民工调查结果显示,优秀农民工想方设法将户口迁入城市,主要原因是子女教育问题。虽然目前国家规定:“流入地人民政府应为流动儿童少年创造条件,提供接受义务教育的机会。流入地教育行政部门应具体承担流动儿童少年接受义务教育的管理职责”,实际执行中,流入地政府通过兴建外来人口子女学校等途径解决外来人口子女义务教育,但兴建的学校往往位于城市郊区,不方便外来人口子女上学,就近入学需要交纳一定的择校费等等,流动人口子女难以享有同等的教育资源。

第三,在流动人口的社会保障方面。流动人口的社会保障主要包括最低工资支付制度、工伤保险、医疗保险、养老保险以及失业保险、生育保险等。国务院1999年1月发布了《社会保险费征缴暂行条例》,对单位和个人缴纳社会保险作出了明确规定。实际工作中,大多数地区都选择将流动人口纳入现行城镇职工基本社会养老保险制度,主要参加养老、医疗和工伤三项基本保险,但这些已缴纳的保险金不能流动转续,不符合流动人口经常流动的实际状况,流动人口一旦退保,就只能返还个人账户部分的资金,缺乏积累,同时造成了流入地流出地承担流动人口养老成本的不平衡。

第四，在流动人口的就业权益方面。流动人口就业权益包括工资水平、劳动强度、劳动时间、劳动环境以及劳动纠纷等。由于国家在流动人口就业权益方面缺少保障性制度，使得雇用流动人口的单位侵害流动人口就业权益成本很低，并且为侵害流动人口就业权益提供了制度性条件和机会。不签订劳动合同、拖欠克扣工资、加班加点超时工作、劳动保护不力等现象仍然存在。2010 年，江苏省统计局、公安厅联合开展了城镇暂住人口情况快速抽样调查，问卷调查的 10896 名外来人口中，在厂企单位打工的 7203 人，其中与用人单位签订劳动合同的 2558 人，占 35.5%；已在本单位工作多年，预计两年内不会离开，但未与用人单位签订劳动合同的 3264 人，占 45.3%；还有 19.2%的外来人口工作处于不稳定状态。团省委组织开展了新生代农民工调查，共调查 4850 人，其中 23.8%的新生代农民工从事过危险、有毒、有害的工种或岗位，46%的女性农民工在孕期、产期、哺乳期未享有特殊保护，39.7%的单位没有提供必要的劳动保护用品。2011 年春节前开展的全省农民工工资支付专项检查，共检查用人单位 27455 家，其中存在拖欠工资行为的 2322 家，拖欠 7.29 万名农民工工资 1.74 亿元。此外，流动人口基本社会保险转移接续难、提取兑现难等问题也比较突出，容易产生不稳定因素。

2. 现有模式难以在流动人口服务管理中发挥作用

长期以来，我国的流动人口管理模式的主体一直都是以政府为核心。这种以政府为核心的管理模式在加强流动人口管理，提升管理水平方面发挥了重要的作用。这种管理方式的最大特点是行政性强，强大的行政体系以及行政权力可以使流动人口管理工作出现时间短、见效快的特点。但是，行政性过强的管理模式也存在着一些问题。

一是职责不明。以政府为主导的流动人口管理模式的主体是各级行政机关，目前在我国形成了以公安机关管理为主，计划生育、人力资源社会保障、民政等多部门共同组成的流动人口管理格局。这一管理格局很容易出现各部门分工不明确、协调困难、相互推诿等问题，从而影响流动人口管理的质量，降低管理效率和效能，使流动人口服务管理很难达到预期目标。

二是权力滥用。在行政性过强的流动人口管理模式中，许多管理部门长期以来已经形成了“管理就是收费”、“管理就是管制”的思想，服务的理念更是无从谈起。有的部门从自利性出发，为了小集体的利益而滥用行政权力，“以收助管”、“以管促罚”的管理方式已成常态。这种以收费和处罚为目标的管理模式无法从根本上对流动人口进行有效的管理，并且极易引发流动人口和管理机关关系的紧张和对立。

三是效能低下。目前，属地管理仍旧停留在依托行政部门为管理主体的阶段，行政部门在管理过程中，主要是通过各种行政手段来对流动人口进行管理，管理是分层级的，层层负责，逐级上报。而流动人口服务管理是一个系统的整体工程，涉及的地区和范围远远不是靠行政机关属地管理所能解决的。因此，原有的管理模式不能有效地将流动人口的基本情况掌握得十分清楚，这使得相关部门、组织在流动人口服务管理过程中工作的开展十分困难，导致对流动人口的管理、控制、引导和服务的目标很难实现。

四、加强和改进流动人口服务管理的途径

中央对加强流动人口服务管理高度重视，1995、2007 年，中共中央办公厅、国务院办公厅两次转发中央综治委关于加强流动人口服务管理工作的意见。党的十八大报告强调要完善和创新流动人口服务管理工作，当前和今后一个时期，江苏省做好流动人口服务管理工作，关键是要从以下几个方面进行探索创新。

1. 深化户籍管理制度改革。改革户籍制度既要吸引省外优质劳动力落户江苏省城镇，又要优先将江苏省农村居民有序转为城镇居民；既要放宽落户条件，推动城镇化建设，又要根据地区经济社会发展情况，科学制定落户城市条件，促进城镇与城市现代化发展；既防止歧视，又要防止不具备在城市居住生活条件的农村人口大量涌入城市，形成新的贫困人口和社会问题。根据省政府办公厅于 2012 年 2 月下

发的《江苏省人民政府办公厅关于积极稳妥推进户籍管理制度改革的通知》要求，坚持以合法稳定住所和稳定职业为户口准入基本条件，放宽城市特别是中小城市和城镇落户条件，江苏省农村居民在本县（市）范围内有合法稳定住所的，本人及共同居住生活的配偶、子女、父母可在当地落户，积极鼓励农村居民在本县（市）范围内凭稳定职业落户。

2. 推行暂住人口居住证制度。居住证制度是指对外来人口（相对于本地户籍人口）中符合有合法固定住所（包括租赁房屋）和稳定收入来源等条件的，通过一定的程序发放居住证，作为其在本地居住的凭证，实现常住人口（包括户籍人口和经常居住本地的外来人口）公共服务均等化和权利义务平等化，建立以常住人口为基数调整和完善经济社会发展规划、惠及所有常住人口的公共财政和公共服务体制，构筑覆盖全社会的社会保障体系，保障常住人口平等享有民主政治权利。推行居住证制度，从理论上讲，具有一定的积极意义。一是体现了“包容开放”和“柔性流动”的现代理念，有助于实现公民自由迁徙。二是体现了“淡化户籍”、“以人为本”的内在价值，有助于广大群众共建共享改革发展成果，促进社会公正公平和人的全面发展。三是体现了以事实居住时间来确定常住资格、享受相关待遇，更多地从工作、生活条件层面上考虑权益，更加贴近经济生活现实，有助于更科学、最优化地分配社会资源。推行居住证制度是一项全新的复杂的系统工程，涉及到政府部门管理模式的变革，涉及到广大户籍市民和新市民之间的利益调整，需要从关注、保障、发展民生高度，按照科学发展观和正确政绩观的要求，转变管理理念，出台配套措施，由过去主要服务户籍人口，转向服务和管理实际居住人口，以开放和包容的胸襟和执政为民的情怀，视流动人口为新市民，实现新老市民身份平等；由排斥、防范流动人口转向为其提供各种公平、对等的公共服务，以常住人口为基数调整和完善经济社会发展规划，建立起惠及所有常住人口的公共财政和公共服务体制，构筑起覆盖全社会的社会保障体系，实现新老市民经济权益平等；由政策主导，转向法律支撑，以深化户籍管理制度改革为切入点，以实现公民流动附带权利的附着和转移为着力点，实现新老市民政治权利平等。苏州等市先后实施暂住人口居住证制度，用居住证统筹流动人口服务管理工作，取得了明显效果。居住证主要承载三个方面功能：一是流动人口凭居住证，逐步享受本地居民在劳动、就业、入学、医疗、社会保障等方面的相关待遇；二是通过居住证广泛而强大的社会应用，使流动人口体会到“一证在手、处处方便”的实惠，从而主动办证、自觉办证，使对流动人口基本情况、基础信息、活动轨迹的采集管理，在其社会活动中自然实现，真正实现“以证管人”；三是形成阶梯式的落户政策通道，让暂时不具备落户城镇条件的流动人口，在居住一定年限、符合一定条件后，逐步在就业地城镇落户。

3. 加强流动人口服务管理机构建设。流动人口问题不仅仅是流动人口治安管理问题，而是包括就业服务、社会保障、子女教育、治安管理等一系列问题。改进和加强流动人口服务管理，应当成立专门的流动人口服务管理机构，采取政府、市场、社会综合调控，更新流动人口服务管理传统模式。首先，应成立专门的服务管理机构，对包括流动人口在内的实有人口进行综合管理，建立起专门的人口综合管理体制，为实有人口提供治安、教育、就业、住房、社会保障等综合公共服务，进一步探索完善“以证管人”制度，加强居住证件管理，采集源头信息；落实“以房管人”制度，通过规范落脚点来加强人口管理；强化“以业控人”制度，适应产业结构调整，对不同人群采取针对性管理措施。其次，应加强流动人口社会管理，发挥社会组织力量，积极推广租赁服务社、出租房屋协会等经验做法，鼓励行业协会、中介机构等社会组织参与流动人口和“社会人”的服务与管理工作，增强流动人口自我教育、自我管理、自我服务的能力。加强社区流动人口服务与管理平台建设，鼓励流动人口参与社区自治，增强其主人翁意识，努力在社区活动中实现心理回归，切实增强归宿感、责任感和幸福感。再次，充分发挥市场基础性调节作用。打破和取消各种针对流动人口的束缚、限制和不平等政策，取消对企业用工的种种限制，创造平等的用工环境；推进义务教育资源均等化，让外来人口子女平等享有义务教育资源；实现社会保障经费在全国范围内的有序流转，解决流动人口的后顾之忧，通过实施此类政策，让流动人口真正实现自由流动、有序流动。

一是组织领导机制。流动人口服务管理涉及到就业、教育、居住、社会治安和城市资源配置等方方面面，是一项综合性、系统性工作。近年来，北京、广东、浙江等流动人口较多的省市，已对原来以公安机关治安管理为主的体制进行了探索创新。北京市在市、县(区)、乡镇(街道)政府成立了流动人口和出租房屋管理委员会及办公室。广东省在各级政府或维稳综治部门设立了流动人口及出租房屋管理工作领导小组及办公室，珠三角各市、县(区)均在政府办公厅(室)内设了流动人口管理办公室，作为常设机构，配备专职工作人员。浙江省在各级政府建立专门的流动人口服务管理机构，目前宁波、嘉兴、台州、绍兴、舟山5市和24个县区机构建设已到位，成立了“新居民事务局”。北京、广东、浙江等省市做法值得借鉴，在各级政府或维稳综治部门设立实体化的流动人口服务管理工作领导小组和办公室，着力构建党委、政府主导、各方参与、各司其职、齐抓共管的流动人口服务管理组织领导机制。同时，进一步加大经费保障力度，按照社会面300—500∶1，集中居住区700∶1的标准，配齐配强协管员队伍。二是联动协作机制。一方面，进一步整合公安、人力资源社会保障、民政、司法、计生等部门力量和资源，完善信息共享和定期会商制度，健全流动人口需求和就业调查分析机制，加强因势利导，开展跟进服务，形成整体工作合力。另一方面，推广常州、江阴等地经验做法，不断健全流入地与流出地之间的协作网络和工作机制。公安机关进一步推行“外警协管外口”模式，由流出地派驻民警到流入地，协助服务管理本地流入人员。人力资源社会保障部门进一步加强与劳务输出大省的协作，实行订单培训、定向输入，拓宽渠道，引导有序流动。民族事务部门进一步加强与少数民族流动人员流出地的沟通协调，共同做好来苏少数民族人员服务管理工作。三是信息导控机制。实践表明，信息化是加强流动人口服务管理的有效途径和发展方向。要按照中央和省委、省政府有关部署，加快建立综合采集、集中管理、信息共享的流动人口信息综合数据库和共享平台，建立公安、民政、卫生、工商、人力资源社会保障、人口计生等相关部门的信息共享机制。积极推进以公民身份号码为唯一代码、统一共享的人口基础信息库。

4. 完善公共服务保障。流动人口能否在城市稳定下来，关键在于城市是否向其提供基本公共服务保障。流入地政府要进一步转变思想观念和管理方式，认真落实属地管理原则，切实为流动人口提供相关公共服务。在编制城市发展规划、制定公共政策、建设公用设施等方面，要统筹考虑长期在城市就业和居住的流动人口对公共服务的需要，增加公共财政支出，逐步健全覆盖流动人口的城市公共服务体系。当前，重点应突出居住、基本保险、劳动权益保护三个方面：一是在推行"三集中"（集中住宿，集中服务，集中管理）服务管理模式的基础上，努力将流动人口纳入廉租房、经济适用房保障范围，完善农民工提取使用住房公积金政策，推动农民工同等缴纳住房公积金，为流动人口融入城市提供基本保障；二是进一步扩大农民工参加基本社会保险覆盖面，搞好养老保险、医疗保险跨地区接续转移，为流动人口融入城市解除后顾之忧；三是进一步加强和规范劳动用工管理，所有用人单位招用流动就业人员必须依法订立并履行劳动合同，建立权责明确的劳动关系。

在推行居住证过程中，要扩大流动人口的受益范围，完善流动人口权益保障机制。流动人口享受的流入地待遇归纳起来应包括以下几个方面：一是属于国家法律规定、需要地方财政支付的公共服务。如：持证人员携带的适龄子女免借读费，接受九年制义务教育；免费享受国家规定基本项目的计划生育技术服务；免费享受计划免疫等传染病防治服务，以及携带适龄子女接受疾病预防免疫接种服务；免费享受政府部门提供的政策咨询、就业信息、就业指导和职业介绍，以及法律援助和法律咨询服务。二是靠当事人自身努力或由用人单位提供才能享受的本地市民基本待遇。如：按规定参加职业资质考试、申请资格认定、专利、著作权保护等；按规定在当地缴存和使用住房公积金，按市民待遇享受购经济适用房、廉租房等；参加当地劳动模范、三八红旗手等荣誉称号的评选。三是提供工作、生活的便利服务。如：按规定办理工商、税务、金融、车辆、房屋等相关登记管理；购买当地公园年票及公共交通 IC 卡等。四是探索突破的其他待遇。主要表现为流动人口子女高考、流动人口在流入地的民主政治权利、退伍士兵安置等等。

5. 推进流动人口社会化管理。改进和加强流动人口服务管理工作，整合利用社会资源，动员社会力量参与，推进流动人口社会化管理是一个重要渠道。一是发挥市场作用。强化利益导向，引导更多的资源投入流动人口服务管理。比如鼓励民间投资办学，解决农民工子女入学问题。比如推广“三集中”模式，动员基层政府、村民利用闲置空房或社会资金建设集中居住区，以较低的租金提供给流动人口居住。二是发挥社区作用。提高外来流动人口管理的社会化水平，关键是贯彻属地管理原则，社区是一个非常重要的载体。把外来流动人口管理有机地纳入各类社区工作范畴，大力推进外来流动人口管理的社区化进程，重视和加强社区在人口流动管理中的作用。社区管理是一种社区所有成员参与的自我组织、自我服务、自我管理的管理活动，社区管理主体有街道党工委、街道办事处、各职能部门向社区延伸的机构、社区内的各种组织和社区居民。管理对象面广量多，覆盖整个社区，没有空白点存在。流动人口流入的终点是社区，因此社区能够比较及时、全面地了解本社区的流动人口信息，如流动人口数量、变化、类型、流入源、流入目的、暂住时间等。根据这些信息，不仅能对本社区的治安、房屋租赁、公共卫生、环境保护进行自治管理，而且可以把相关信息提供给其他管理部门。在流动人口比较多的社区，开展评选“十佳”、“荣誉市民”等活动，加大对表现突出的外来人员的激励力度，以充分调动他们的积极性和创造性。随着社区设施的完善、地位的加强、职能的扩大，社区对流动人口管理将会发挥更大的作用与功能。三是发挥用工单位、出租户主作用。严格落实协管责任，配合做好流动人口服务管理工作。用工单位、出租户主要及时登记流动人员信息，掌握流动人员活动情况，协助做好证件发放、法制宣传等服务管理工作。比如使用流动人口 50 人以上的企事业单位要确定一定数量的专兼职协管员，配置计算机设备等，实行自主管理。四是发挥流动人口自身作用。流动人口的管理应当考虑流动人口自身的参与，这是让流动人口融入城市的有效办法之一。强调权利平等和社会公正需要引入流动人口共同参与制定规则，并促使现有的规则趋于合理、公平。一方面，吸纳和引导流动人口参与公开管理，提高流动人口对服务管理工作的认同感和对城市的归宿感。比如，在流动人口聚居区，应当创造条件吸纳部分流动人口参与到社区巡逻等社会治安群防群治工作中，使之成为“安全小区”建设中的一支重要力量。在一些对流动人口需求较多的用人单位或流动人口密度较高的地区，可以发挥流动人口中地缘与亲缘关系的作用，尝试建立适当的流动人口自治组织。农民工对自我组织有着强烈的需求，因为只有组织起来才能保护自己的利益，才能表达自己的意见和心声。公安机关应当联合相关的居委会等职能部门，指导其实行自我管理，努力培养流动人口的法制意识、责任意识和正义感。政府引导的外来流动人口自我管理模式是一项重大的制度创新，是对现行的外来流动人口管理制度的一次大改革。五是发挥社会组织的作用。功能健全、结构严密、合法的社会组织，是社会群体之间，个人、社会、政府之间实现有效的信息沟通和力量博弈的基本桥梁。社会越发达、越现代，对社会组织的要求也越来越高、越来越迫切。人是“社会人”，从心理上说有归属、社交和自我实现的需要，所以，只要社会组织足够发达，绝大多数流动人口就会在各种各样的社会组织中找到自己的组织，社会组织也可以通过一定的途径对他们实施有效的管理，和他们实现及时有效的沟通。面对数量庞大的流动人口，长期以来，公安机关实行的主要是一种以防范型为主的专项管理，而现实情况是，流动人口规模迅猛增长，经济、政治、文化诉求日益丰富，公安机关在流动人口管理的诸多方面（如保护合法权益、消除社会隔阂、化解社会矛盾、体现人文关怀等）力不从心，而市场体系中的企业又囿于利益动机不愿或无力提供此类公共物品。在此背景下，政府和市场之外的社会组织就应该充分发挥作用。

6. 加强基层基础建设。党委、政府应从政策导向、力量配置、经费保障、技术装备等方面向基层倾斜，增强基层实力，激发基层活力，提高基层效率，推动流动人口服务和管理工作各项措施的落实。在基础工作方面，各乡镇应建立由综治、派出所、工商、计生、民政、司法等部门组成的流动人口管理服务机构，形成齐抓共管的局面。公安、计生部门要以底数清、情况明、信息灵为目标，大力加强以人口登记为基础的居住证、流动人口婚育证明的办理和查验等项基础工作，全面、准确掌握流动人口底数和有关情况，加强对具有现实和潜在社会危害性的高危人员的管理，积极预防、控制犯罪。在基层工作方面，要重点加强基层党组织和政权组织建设，积极发挥乡、镇和街道等基层政权组织和党组织在流动人口服务和管理工作中的核心作用，有效协调利益关系、化解社会矛盾、为流动人口排忧解难。在流动人口聚居区和用工单位建立各种服务协会，充分发挥这些组织和团体在提供服务、反映诉求、规范行为、化解矛盾、扶危济困方面的积极作用。与此同时，要充分发挥社区在流动人口服务和管理工作中的重要作用，按照“管理有序、服务完善、文明祥和”的要求，努力建设开放型、多功能的城镇社区，紧紧依靠和利用社区资源，使社区成为政府各部门对流动人口提供公共管理和服务的纽带，成为流动人口融入城镇生活的桥梁。鼓励和支持流动人口参与社区工作，激发流动人口投身社区的意识和活力，促进流动人口融入社区生活，与当地居民和睦相处。

［**案例**］

苏州市全面推行居住证制度

2011 年 4 月，苏州市在江苏省率先启动流动人口居住证制度。市政府将其列为 2011 年实事工程，同时将居住证信息系统纳入 2011 年度财政预算。在全市建立居住证信息受理点1240个，累计受理申请239.1万人，发放居住证180.7万张，2012年底前将实现全市范围符合条件的流动人口全部发放居住证。居住证系统主要围绕公安行政功能、政府业务增效功能、综合分析导向功能、流动人口服务功能等四大功能设计开发。相对于暂住证而言，居住证作为实行“一证通”制度的载体，实现了人口管理、劳动社保、人口计生、教育医疗、房屋租赁等多种功能的一证融合。为保证居住证制度顺利实施，市政府出台了《苏州市居住证管理暂行办法》，相关部门印发了《关于实施我市居住证建设项目的通知》、《关于规范苏州市居住证照片质量要求的通知》、《关于我市居住证制证经费保障和结算工作的通知》、《苏州市居住证受理工作规范》等配套文件，有效提升了苏州居住证管理的质效。

第三节　特殊人群服务管理

在社会管理中，特殊人群是指因为某些主观或客观的原因，需要特别加以关注的人群，具体包括刑释解教人员、社区矫正人员、有不良行为的青少年、吸毒人员、容易肇事肇祸的精神病人等等。这部分群体是需要给予特殊管理的对象，对他们的管理成效直接影响着社会的稳定。这部分群体同时也是需要全社会给予特殊关爱的对象。没有特殊关爱，这些特殊人群得不到安定，社会就无法和谐。完善和创新特殊人群的管理和服务，使他们更好地融入社会，不仅有利于特殊人群自身的发展，而且对于社会和谐稳定具有重要意义。

一、刑释解教人员安置帮教

刑释解教人员是刑满释放、解除劳教人员的简称，是我国人群中一类特殊群体。这类人群曾经违法犯罪，给社会带来了不和谐因素。经过教育改造，回归社会后，大多数人成为和谐社会的积极因素，但其中也有一些是属于改造不成功，容易继续引发社会不和谐因素的人，做好对这些人的教育、挽救，防止重新犯罪，对于维护社会和谐稳定具有重要的意义。刑释解教人员经过教育改造，绝大部分都有弃恶从善的良好愿望，但他们刚刚回到社会时，往往思想情绪不大稳定，生活、工作等方面会遇到意想不到的问题和困难。他们首先面临的是如何生存、如何生活的问题，有的甚至要承担全家生活的重担，如果没有一个相对固定的职业，没有一个较为稳定的收入，在社会难以生存后，就会增加对社会的怨恨心理，继而可能报复社会，造成重新犯罪，对社会造成严重危害。刑释解教人员重新犯罪固然由主观因素所决定，但也应客观地看到，社会不能及时安置，他们生活没有出路也是原因之一。在我国，安置帮教是指在各级党委、政府的统一领导下，依靠各有关部门和社会力量对刑释解教人员进行的一种非强制性引导、扶助、教育和管理工作。多年的安置帮教工作实践证明，如果社会能够妥善地帮助刑释解教人员解决家庭及个人生活困难，妥善地予以安置教育，就可以最大限度地减少和避免州释解教人员重新犯罪，促进社会稳定。

国外的出狱人保护与我国的刑释解教人员安置帮教较为类似。出狱人社会保护是近代监狱改革运动的产物，源于教育刑和刑罚经济的思想，体现了“社会连带”思想，是行刑社会化的结果和反映，对出狱人进行社会保护，可以避免出狱人员因为对社会生活的不适应而产生逆反心理，走上重新犯罪道路，同时也是犯罪预防、刑罚目的最终实现的需要，体现了对人权的深层次保护，是社会文明与民主进程的一个标志。世界上最早的出狱人保护组织是英国人 1772 年创立的，1862 年英国率先颁布了出狱人保护法。在美国，费城于 1776 年成立了出狱人保护协会，而后，美国相继在各州建立了官方的保护机构，专门提供经费，以协助出狱人的生活和就业。日本则从 1907 年开始，由国库拨款补助释放者保护团体，并于 1939 年颁布了司法事业保护法，以后被更生紧急保护法替代。挪威按地区成立了类似安置办公室的专门机构，国家统一拨款，释放后，对无家可归、无业可就的人免费提供住所，直到找到工作为止。我国的台湾地区也专门有刑满释放人员基金会并建有产业,放出的人生活无着落,可申请最多生活补助。

1. 当前刑释解教人员安置帮教工作中存在的困难和问题

预防和减少刑释解教人员重新违法犯罪是世界性的难题,当前刑释解教人员安置帮教工作面临着一些困难和问题。目前,江苏省在押罪犯劳教人员近 10 万人,当年刑释解教人员 3 万余人,刑释 5 年内、解教 3 年内的安置帮教工作对象达 14 万余人。随着经济的发展、社会结构的变化、各种利益关系的调整和流动人口的不断增加,全省刑释解教人员安置帮教工作出现了一些新情况、新问题。一是部分刑释解教人员户籍所在地与其实际居住地址不一致,见档不见人,虚报姓名、地址、身份,虚假信息的问题比较突出,难以进行有效的衔接。二是无家可归、无业可就、无亲可投的“三无”刑释解教人员,由于安置帮教基地接纳能力不足,怀揣释放证明或解教证明书流向全国各地打工维持生活,基层安置帮教机构对其行踪无法掌握,不能有效管控,脱管漏帮的现象较为突出。三是刑释解教人员回归社会后,往往思想情绪不太稳定,自控能力相对较差,在重新就业和生活等方面面临较大的困难和压力,而相关帮扶政策落实不够到位,使其重新违法犯罪的可能性增加。据对 2005 年至 2009 年回归社会刑释解教人员的排查摸底数据显示,5 年共排查出脱漏管人员 19120 人,约占 5 年内刑释解教人员总数的 12.7%;“三假”和“三无”人员约占当年刑满释放人员的 18.2%;在重新就业和生活等方面面临较大困难,生活没有着落的约占当年刑满释放人员的 7.9%。四是部分病残罪犯刑释时,家庭、亲属和地方政府因经济负担重等原因不愿意接收,致使他们长期滞留监所。据统计,2010 年全省各监所发生此类事件 19 起,严重影响了监所正常的工作秩序。

分析上述问题产生的原因,主要有:一是衔接工作不到位。首先,与监所的衔接措施不落实。部分监所未能严格按照规定要求加强衔接,有的错寄、漏寄材料,有的寄送档案材料与释解人员不同步,少数监所寄发材料仅有一张通知书,姓名、地址不清楚或者出现错误,使得基层公安机关和安置帮教组织不能及时收到相关信息。其次，刑释解教人员接送制度执行不到位。2010 年 1 月中共中央办公厅、国务院办公厅《关于进一步加强刑满释放解除劳教人员安置帮教工作的意见》中明确要求，监所要在服刑在教人员刑释解教前一个月通知其户籍所在地安帮办，由地方有关部门联系落实其家庭成员及所在村(社区)代表按期到监所将其接回。但从调查情况看，罪犯劳教人员刑释解教时有接送的不到 20%。再者，刑释解教人员不主动报到的比较普遍。从对苏州的抽样调查情况看，到公安派出所办理户口登记手续的，仅占 60%左右，到司法所报到的，比例更低，使得安置帮教机构对刑释解教人员情况不能及时了解和掌握。特别是对流动刑释解教人员，大都存在着本省流出的不知去向、外省流入的不知所处的现象。二是基地安置能力不足。全省现有的刑释解教人员过渡性安置基地，主要依托社会企业建立，不仅规模较小，接纳能力也相对较弱，2008 年以来接纳人数仅占刑释解教人员总数的 4.08%；同时由于相关扶持政策和财政投入不足，企业在增强安置能力上的主动性、积极性不高，基地规范化建设、后续帮教和技能培训等方面仍然存在着很多问题。三是基层基础工作薄弱，安置帮教工作力量明显不足。江苏省刑释解教人员基数大，占全省常住人口的 1.8‰，且总额呈逐年增加的趋势，安置帮教工作任务十分繁重，但全省从事安置帮教工作的人员不足，严重制约安置帮教工作的有效开展，很多工作难以落实。四是信息化建设滞后。目前，全省尚未建立由相关政法部门联网互通的刑释解教人员信息库，存在信息不对称、不一致情况，影响比对、核查和衔接工作的开展。

2. 做好刑释解教人员安置帮教工作的对策

各级党委、政府和各有关部门要从做好新形势下群众工作出发，更加重视安置帮教工作，既要把刑释解教人员作为普通群众的一员，真心帮助、平等对待，又要把他们作为群众中的特殊群体，给予更多的帮教和扶助。同时，要组织和发动群众力量，积极帮助他们解决就业、就学、创业、社会保障等方面遇到的困难和问题，促进他们更好地融入群众、回归社会，成为守法公民和自食其力的劳动者，让他们切实感受到党和政府的温暖，感受到社会主义制度的优越性。

一是进一步扩大社会参与，建立完善专群结合的安置帮教工作格局。安置帮教工作是一项复杂的系统工程，不可能由党委、政府包揽一切。刑释解教人员回归后的工作和生活既需要专门机构、人员的安置帮扶，更需要社会及时给予关心和理解。因此，加强和改进安置帮教工作必须走专业机构人员履职负责、社会各界群众共同参与的专群结合之路。更加突出刑释解教人员安置帮教工作的群众性、社会性，充分动员群众力量共同参与安置帮教工作。重点在教育改造工作中，利用视频网络、亲情电话等有效途径，发挥家庭、亲属、社区、志愿者在稳定婚姻关系、增进其与社会的联系等方面的基础作用；在帮扶教育工作中，深入开展社区帮扶、社会组织帮扶和志愿者帮扶，消除对抗情绪，促进遵纪守法；在帮教安置工作中，可借鉴宜兴市建立过渡性安置基地的经验做法，采取政府以政策扶持为主导、资金由社会企业和政府投入的方式，在部分有条件的市、县建立集食宿、教育、培训、救助为一体的过渡性安置基地，主要安置刑释解教前没有查实身份的“三假人员”、“三无人员”等重点帮教对象。

二是强化衔接管控，建立健全刑释解教人员必送必接机制。首先，建立刑释解教人员重新违法犯罪风险评估与分类帮教制度。综合考虑刑释解教人员在监所改造表现、所犯罪错、家庭情况、身体状态、就业能力等因素，建立刑释解教人员重新违法犯罪风险评估制度，方便基层安置帮教组织科学评估刑释解教人员回归社会后重新违法犯罪的风险，分类落实帮教措施。推行刑释解教人员回归社会（社区服刑人员解矫）的风险评估机制，根据不同人员重新违法犯罪风险概率的高低，及时调整帮教管控措施。其次，加强教育引导。依托基层党政组织和群众自治组织，对辖区内刑释解教人员定期开展思想政治、法制、道德和文化教育。在节假日、政治敏感期、国内外重要活动、重大体育赛事和多种因素可能导致地区不稳定的时期，有针对性地加强法治教育，疏导、化解、消除消极对抗情绪，增强刑释解教人员的社会责任感，激励、引导其遵纪守法。第三，推进帮扶专业化和社会化。加强帮教社会工作者队伍建设，重点用于重新违法犯罪风险较高人员的帮教工作，切实提高帮教质量。整合社会资源参与帮教工作，健全完善帮教志愿者激励机制，提高帮教志愿者的积极性。

三是提升帮扶教育水平，着力消除引发刑释解教人员重新违法犯罪的各种诱因。刑释解教人员在就业、就学等方面不受歧视，享受社会同等待遇。刑释解教人员可以到户籍地公共就业服务机构进行失业登记，享受公共就业服务机构提供的免费职业指导和职业介绍等服务；符合困难人员认定条件的，纳入就业援助范围，享受税费减免、贷款贴息、社会保险补贴、岗位补贴、公益岗位优先安置、重点帮助等就业援助政策。"三无人员"，按就业困难人员给予援助。农村户籍的刑释解教人员原有责任田(林)的，应予以落实。鼓励刑释解教人员自主创业、自谋职业。工商行政管理、人力资源和社会保障部门在办理证照、参加培训、提供创业服务等方面给予政策扶持，金融机构按照国家有关政策给予信贷支持，符合条件的享受国家促进就业税收优惠政策。录用符合用工条件刑释解教人员的企业按规定享受国家普惠政策。积极为刑释解教人员就学提供服务。对于符合就学条件的刑释解教人员，特别是未成年人，教育部门和相关学校要切实做好其就学的有关工作。建立特困刑释解教人员应急救助机制。对生活困难的，民政部门应按规定给予最低生活保障或采取临时救助措施。对现行社会保障政策无法有效救济的刑释解教人员，基层政府、有关部门、家庭和亲属以及有关监所应当给予必要的救助。落实刑释解教人员社会保险政策。符合申领失业保险金条件的刑释解教人员，按规定享受失业保险待遇；已经参加企业职工基本养老保险或新型农村社会养老保险的，按规定继续参保缴费或领取基本养老金。刑释解教人员按当地规定参加城镇职工基本医疗保险、城镇居民基本医疗保险或新型农村合作医疗。

［案例］

宜兴市建立多功能帮教中心

宜兴市投资600余万元建立集监督管理、教育矫正、心理矫正、公益劳动、技能培训、就业指导、临时安置等多功能于一体的管理教育服务中心（宜兴市方圆帮教中心），既实现了教育、监管、服务、疏导等工作的一体化、规范化运作，又通过设立生活安置区、与企业联合设置公益劳动基地，为刑释解教人员和社区矫正人员中的“三无”人员、特困人员提供3至6个月的免费食宿、就业安置等服务，有效破解了两类人员临时安置难问题。

二、社区矫正

社区矫正是指将符合条件的罪犯置于社区内，由专门的国家机关在相关社会团体、民间组织和社会志愿者的协助下，在判决、裁定或决定确定的期限内，矫正其犯罪心理和行为的恶习，促其顺利回归社会的非监禁刑罚执行制度。社区矫正的适用范围主要包括被判处管制、被宣告缓刑、被暂予监外执行、被裁定假释以及被剥夺政治权利并在社会上服刑的五种罪犯。简单的说，就是依法在社区中监管、改造和帮扶犯罪人的非监禁执行制度①。其本身是从英语 community corrections 或者 community-based corrections 翻译过来的外来术语。2003 年 7 月 10 日，最高人民法院、最高人民检察院、公安部和司法部联合发布了《关于开展社区矫正试点工作的通知》，从此社区矫正工作就成为刑事司法工作的重要方面。2012 年 2 月 25 日通过的《刑法修正案（八）》之后，社区矫正成为正式的法律制度。

根据新修改后的《刑法修正案（八）》、《刑事诉讼法》和最高人民法院、最高人民检察院、公安部、司法部《关于印发〈社区矫正实施办法〉的通知》，社区矫正工作由司法行政机关负责指导管理和组织实施。人民

---

① 参见吴宗宪《社区矫正导论》，5 页，中国人民大学出版社，2011。

法院对符合社区矫正适用条件的被告人、罪犯依法作出判决、裁定或者决定。人民检察院对社区矫正各执法环节依法实行法律监督。公安机关对违反治安管理规定和重新犯罪的社区矫正人员及时依法处理。县级司法行政机关社区矫正机构对社区矫正人员进行监督管理和教育帮助，由司法所承担社区矫正日常工作。

江苏省作为全国社区矫正工作首批试点省份，自 2007 年以来，共接收社区服刑人员 17 万人，按期解矫超过 12 万人，社区服刑人员重新犯罪率仅为 0.66‰。可以说，社区矫正为帮助社区服刑人员回归社会，提高教育改造罪犯质量，预防和减少重新犯罪，维护社会稳定方面发挥了重要作用。

1. 社区矫正的特征

首先，社区矫正是刑罚执行措施的一种，是个人在实施犯罪行为以后，由国家相关部门对其采取的一种刑罚执行措施。它是行为人犯罪后必须承担的一种不利的法律后果。比如，社区服刑人员人身自由收到一定程度的限制、某些权利被剥夺、必须履行一定的法律义务、服从社区矫正机关的监督和管理等等。

其次，社区服刑人员并不是在监狱等封闭的刑法机构中执行刑罚，他们的人身自由可能收到一定的限制，但仍然保留着很大的行动自由，非监禁性是社区矫正与监狱矫正最大的区别之一。

再次，社区服刑人员需要在社区中接受监督和帮助，在这一持续过程中改造自身。在社区内执行刑罚有两方面的意义，一方面是社区服刑人员参与所在社区的活动，为社区的稳定和发展做出自己的努力；另一方面是社区人员参与对社区服刑人员的监督管理和帮助，充分利用社区资源。

最后，社区矫正所体现的惩罚性较轻。实行社区矫正的犯罪人一般都是罪行轻微、社会危害性不大，或者虽然原来罪行严重，但经过一段时间的监禁改造，积极悔过，社会危害性大大降低，以及因生理上、生活上有特殊情况的犯罪人。他们在很大程度上享有人身自由，与监禁的犯罪人相比，免受了与社会、家庭隔离，失去自主权等痛苦，因而可以说对他们的惩罚较为轻缓。

2. 社区矫正的优势

一是有利于提高对罪犯的改造质量。首先，有利于服刑人员保持与社会的联系。与在封闭的监狱中执行监禁刑的罪犯相比，社区服刑人员就在所居住生活的社区中执行刑罚，不但可以继续保持着与社会的联系，甚至可以继续从事自己的工作和学业。犯罪学的研究表明，来自犯罪人家庭以及社会的支持、鼓励和信任，是支持犯罪人改过自新的巨大力量，是任何其他措施都不能替代的改造动力。其次，有利于避免监狱的负面影响。监狱学的研究表明，监狱对于在监狱中服刑的罪犯的负面影响或者有害影响主要包括以下方面：① 犯罪传染。著名犯罪学家龙勃罗梭（Cesare Lomboroso，1835—1909）指出，“监狱是犯罪的学校，特别是结伙犯罪的学校，而这类犯罪是所有犯罪中最危险的犯罪。”[①]在监狱中，尽管监狱工作者限制罪犯之间进行犯罪情况的交流，但是他们日常生活在一起，难免会传习犯罪伎俩，对负面言行耳濡目染。② 标签效应。在监狱服刑的经历，会在罪犯身上打上深刻的“罪犯”的烙印。这种标签效应对于罪犯出狱后的社会适应和人生发展，有很大的消极影响。③ 身心损害。长期在监狱服刑，会使罪犯在身心的很多方面都发生有害的变化，这些变化必然会制约他们出狱之后的正常生活和事业进步。

二是有利于合理配置社会资源。首先，社区矫正工作，可以降低行刑成本，减少在刑事司法领域中的经费开支，将宝贵的经济资源应用于更加重要、更有价值的方面。其次，社区矫正工作，可以合理配置行刑资源。通过减少监禁人员，可以大量节省用于监禁方面的行刑资源，从而起到合理配置行刑资源的作用。再次，实行社区矫正可以更好地

---

① [意]切萨雷·龙勃罗梭：《犯罪及其原因及矫正》，吴宗宪等译，342页，中国人民公安大学出版社，2009。

发挥罪犯的建设性作用。第一，实行社区矫正的情况下，可以减少监禁罪犯，从而使罪犯在相应的社会劳动岗位上发挥更大的建设性作用。第二，可以使得罪犯能够较早地从监狱中出来，便于他们早日在社会上找到更好发挥他们才能的工作岗位。第三，很多罪犯都是家庭中的重要劳动力或者经济支柱，在实行社区矫正的情况下，罪犯可以继续承担对家庭的经济和养育等责任，减少罪犯的家庭对社会福利的依赖，也可以避免罪犯家庭状况的恶化和未成年子女的堕落。第四，发展社区矫正还可以更有效地利用社会资源，使有限的社会资源发挥更大的社会效益。例如，增加在社区中的资金投入，可以建设社区基础设施，改善社区服务体系，改进社区邻里关系，发展社区预防犯罪体系，帮助罪犯家庭改善生活和增加罪犯就业等。

3. 社区矫正的工作任务

一是监督管理。根据我国刑法、刑诉法等有关法律、法规和规章的规定，加强对社区服刑人员的管理监督，确保刑罚的顺利实施。根据社区服刑人员的不同犯罪类型和风险等级，实行分类矫正方法，依法执行社区服刑人员报到、会客、请销假、迁居、政治权利行使限制等管控措施，避免发生脱管、漏管，防止重新违法犯罪。

二是教育矫正。加强对社区服刑人员的思想教育、法制教育、社会公德教育，组织有劳动能力的社区服刑人员参加公益劳动，增强其认罪悔罪意识，提高社会责任感。采取多种形式对社区服刑人员进行心理健康教育，提供心理咨询和心理矫正，矫正其不良心理和行为，使他们悔过自新，弃恶从善，成为守法的公民。在教育矫正中，要遵循四个原则：第一，因人施教。掌握社区服刑人员的个人特点，制定个性化的教育矫正计划，激发社区服刑人员的自身优势。第二，因地制宜。社区矫正工作者要从本社区实际出发，因地制宜开展教育矫正活动。在城市和比较发达的小城镇社区，社区矫正工作者可以利用辖区内的各种社会资源对社区服刑人员开展教育活动。例如，利用设施资源中的高等院校、科研机构和教育（培训）设施，人力资源中的大学生志愿者，智力资源中的专家、学者等。在农村社区，社区矫正工作者可以利用关系资源中的血缘关系和邻里关系优势开展教育矫正活动。第三，以理服人。社区矫正工作者通过摆事实与道理相结合、言教和身教相结合、注重感化教育等方法去疏通、诱导和说服社区服刑人员自觉接收矫正，实现双方良性互动。第四，循序渐进。遵循人的认识能力发展的客观规律，有计划、有步骤地对社区服刑人员开展教育活动。根据认识转化规律制定科学的教育计划，既要考虑教育内容的连贯性和系统性，又要注意社区服刑人员的认识水平和接受能力。此外，社区矫正工作者应当认识到犯罪心理具有稳定性和顽固性，人的思想转化具有反复性和复杂性，因此必须坚持不懈、持之以恒，克服急于求成的思想，“跳跃式”的教育方式以及“简单、粗暴”的教育方法。

三是社会适应性帮扶。帮助社区服刑人员解决在就业、生活、法律、心理等方面遇到的困难和问题，促使其顺利回归和融入社会。将符合最低生活保障条件的社区服刑人员纳入最低生活保障范围，为符合条件的农村籍社区服刑人员落实责任田。整合社会资源和力量，为社区服刑人员提供免费技能培训和就业指导，提高其就业谋生能力，帮助其解决基本生活保障等方面的困难和问题。

4. 加强社区矫正的对策

一是争取群众的理解和支持。积极消除居民对于社区服刑人员及矫正工作的思想顾虑，改善社区居民对矫正工作的看法。通过各种方式的法制宣传，使社区居民理解社区矫正工作的重要意义，树立人道、公平与公正、平等和保障人权的矫正理念，从而正确对待社区服刑人员。同时，通过实际的矫正工作成绩，使社区居民信任、肯定社区矫正工作，进而通过制度性的举措，鼓励社区居民出谋划策，积极为平和社区矫正环境作出应有的贡献。

二是创新工作方法和矫正模式。提高个案矫正工作的针对性、有效性社区矫正模式的选择，与提高教育矫正质量有着密切的关系。要使社区矫正工作取得实效，应在创新工作方法和矫正模式上下工夫，积极开展、规范刑事案件被告人审前调查评估工作，研究对不同服刑人员在不同阶段的具体教育内容、教育方法，根据矫正对象的不同类型、不同状况，有针对性地采取矫正措施，对矫正情况进行科学、规范的评议考核，安全隐患早发现、早预防、早处置，重视各项矫正工作的落实。

三是探求公众参与矫正工作的有效途径和方法。利用司法外的社会资源，容易受到一些不可控制的外界因素影响，缺乏稳定性和持续性。因此，在充实社区矫正司法资源的基础上，要积极寻求社会公众参与矫正工作的有效途径和方法，要在队伍建设、工作规范、奖励措施、考核机制及法律责任承担等方面实现有效的制度保障，提升社会公众参与社区矫正工作的责任感、使命感、荣耀感。

三、预防青少年违法犯罪工作

青少年是国家的希望和未来。做好预防青少年违法犯罪工作，为青少年健康成长创造一个良好的社会环境，对于维护社会稳定，培养和造就社会主义事业合格建设者和接班人，十分紧迫和重要。长期以来，党和国家高度重视青少年教育和预防青少年违法犯罪工作。1991年和1999年全国人大常委会先后颁布了《未成年人保护法》和《预防未成年人犯罪法》。2001年1月，中央综治委成立了预防青少年违法犯罪工作领导小组。2005年6月，胡锦涛同志就未成年人犯罪问题作出重要批示，强调“要从国家和民族的未来的高度，重视未成年人犯罪问题。”预防青少年违法犯罪作为加强和创新社会管理一项重要任务，关系到党和国家长治久安、关系到千家万户和谐幸福，必须予以高度重视。

1. 外国预防青少年违法犯罪的经验

面对青少年违法犯罪这一重大社会现实问题，西方国家在广泛开展青少年思想道德教育、法制教育、家庭教育和学校教育等各种教育形式的活动基础上，针对一些社会控制方法现实存在的缺陷与不足，根据社会各阶层青少年的不同特点，国家、政府和学界深入进行了把握其特殊性的调查和研究，探索制定出提高有效性的弥补策略。西方国家在预防青少年违法犯罪工作中着力于攻克青少年违法犯罪的主体性因素和清除青少年不良生长环境。

（1）英国的社区矫治法律化。英国政府预防青少年违法犯罪实行“早预防、早干预”的原则，不仅表现在时间点上的早（及时发现、及时控制），而且在实际工作中将控制范围延伸至青少年及其家人的生活区域——社区。通过颁布实施法律赋予社区一定的权威和职权，社区可以针对本区域内青少年的具有反社会倾向的不良行为制定递进式的惩戒项目，诸如申诉和最后警告、赔偿令、行为计划令、强制滞留令和接受训练令，以实现区别对待青少年不同性质和不同程度违法犯罪行为和彰显公平公正、强化惩戒效果的目的。英国“早预防、早干预”原则还体现在另一个方面，即对按照法律规定应判处监禁的青少年，政府通过建立“拘禁旅馆”的形式，尝试实施替代处罚措施，同时开展一定的劝导、咨询和抚慰等善后工作，及时、集中地完成早期干预。

（2）美国的社会组织参与预防工作。在美国，承担一定社会职能的非营利性、非政府组织积极发挥其优势功能，扩展多种途径和渠道，卓有成效地参与到美国预防青少年违法犯罪工作。社会组织通过招募志愿者等方式集中社会各界的力量，组织实施专业性较强的项目计划，比如“加强转换思维策略”、“生活技能训练”、“美国中西部的预防措施”等，有效地弥补了政府宏观政策制定和落实环节中的疏漏，有利配合了政府部门加强青少年违法犯罪活动的预防及控制工作。社会组织的广泛参与不仅可以缓解政府资金上的压力，还能有效激发社会组织承担一定的公共管理职能，实现社会组织队伍的不断扩大，一定程度上缓解了令人头痛的就业问题，取得了良好的社会效益。

（3）日本的动机预防加条件预防。日本政府认为青少年违法犯罪是多因的，采取抓动机预防和抓条件预防相结合的方式。动机预防，即思想教育，通过从政治、经济、道德规范及社会生活的方方面面等不同角度，不间断地进行思想开导、灌输、转化教育，来磨损和消除青少年违法犯罪的各种主观动机。动机预防是一项长期艰苦的工作,需要在实际工作中持续努力,由于其在短期内很难看到明显效果,所以要加强条件预防,以弥补途径的单一性,体现政策制定的完备。条件预防,主要指控制犯罪发生的条件和时机的预防,比如对犯罪工具如刀具、爆炸物质等进行严格限制管理,钱财贵重物品的妥善保管规定,家庭住宅的各项防范措施,公共场所的安全监督管理等等。条件预防是治标,可以在短期内收到一定的效果,须与起到治本作用的动机预防相结合,以有效遏制青少年违法犯罪活动。

(4) 意大利的青少年司法机构群。意大利政府组建了统一由司法部管辖的现代青少年司法机构群,包括青少年法庭、检察院等青少年专门工作部门、司法社会矫正部门和青少年专门刑罚执行机关。意大利与别的国家一样,青少年法庭由职业法官和陪审员组成,其他司法部门由专职司法工作人员和特定专业技术人员组成。值得一提的是,意大利实行陪审员严格准入制和特定专业技术人员适格制,法庭配置的陪审员和其他司法部门配置的专业技术人员通常由心理学家、犯罪学家、社会学家、精神病学家等青少年问题方面的专家学者组成。

(5) 丹麦的SSP预防犯罪力量。隶属于丹麦犯罪预防委员会下的SSP委员会成立于1975年,其设立目的是推广SSP合作机制,指导和帮助丹麦各地区的行政当局建立由社会服务机构、儿童福利机构、文化事业管理部门、警察、监狱和看守部门、戒毒所、社会团体、教育家、思想教育工作者、心理咨询师、普通学校、职业学校以及专职工作人员的SSP工作机构。SSP,即学校(School)、社会(Social Service)和警察(Police)代表一种多领域合作形式,是一个预防和控制青少年违法犯罪的社会综合治理的协调部门,其担负着包括保护儿童和青少年免于犯罪侵害、尽最大的可能为儿童和青少年提供最适宜他们成长的生活环境、学校及课余活动、推迟青少年喝酒年龄、社会服务及健康服务、为各地方行政当局和警察机构就如何制定计划和开展青少年预防犯罪工作提供思路参考和建议、公共安全等多个方面在内的职责。

（6）新加坡的价值观教育和认同教育。素以“世界上青少年犯罪率最低的国家”著称的新加坡政府注重根本，认为培育民众的认同感、归属感是国家凝聚力和向心力构建的基础。学校教育中通过“群育”的方式，在青少年学生群体间传播合群、合作、和平共处、宽容的精神，增加“新加坡人”一体感，强化归属意识、责任意识、国家利益至上意识和集体精神。公民教育中通过特定的文化资源作为载体，以政治节日、传统节日、历史传说、名胜古迹等象征性符号为媒介，将认同感教育融入到文化传承之中，使得民众个体在进行对文化的内在体验过程中自觉地把认同感自我教育强化，文化渗透在公民的生活之中，认同感教育也贯穿于民众的日常生活，集中体现了新加坡认同教育的生活化特征。

2. 江苏省预防青少年违法犯罪工作现状和存在的问题

近年来，江苏省深入实施“为了明天——预防青少年违法犯罪工程”和“未成年零犯罪社区创建活动”，建立健全机构，落实经费保障，调动“五老”等社会志愿者的力量，积极预防和减少青少年违法犯罪，青少年犯罪总数和占犯罪总人数的比例不断下降。2010 年，全省 25 周岁以下青少年犯罪人数比 2007 年减少 4171 人，占犯罪总人数的比例下降 8.5 个百分点；18 周岁以下未成年人犯罪人数减少 3267 人，占犯罪总人数的比例下降 5.04 个百分点。但我们也要清醒地看到，江苏省青少年违法犯罪总体形势还不容乐观，预防青少年违法犯罪工作中还存在着不少问题和薄弱环节，主要表现在：一是青少年违法犯罪问题依然突出。虽然近年来青少年犯罪总量和占比均呈现下降态势，但是也要看到青少年尤其是未成年人犯罪呈现出低龄化、多元化、复杂化的特点，作案手段残忍、犯罪后果严重的未成年人犯罪案件时有发生。统计数据显示，2008 年至 2010 年批捕涉嫌抢劫、强奸、故意伤害、故意杀人、聚众斗殴等严重暴力犯罪案件的未成年人达 4652 人，占未成年人犯罪人数的 48.86%。外来未成年人犯罪数量一直居高不下，在江苏省苏南地区，外来未成年人犯罪人数占未成年人犯罪人数的比例超过 80%，有的地区达 90%以上。二是针对重点青少年群体的临界预防、干预措施不是很有效。往往是老办法不管用，新办法不会用。例如在实现对闲散青少年特别是外来流动的闲散青少年的长期联系方面，帮教人员（志愿者）与其接触一年平均还不到一次。专门矫治不良行为青少年群体的工读学校，全省也只有南京建宁中学 1 家。三是诱发青少年违法犯罪的社会环境问题尚未根本解决。离异、单亲家庭增多和婚姻家庭矛盾纠纷对未成年子女的影响不容忽视，成为未成年人误入歧途甚至违法犯罪的重要诱因。青少年精神疾病及心理问题也日益突出，防治工作面临着巨大挑战。网吧特别是黑网吧接纳未成年人的现象没有彻底杜绝，互联网色情暴力诱发青少年盗窃、抢劫、强奸等严重犯罪，网络游戏导致青少年网络沉迷问题突出，“网络欺凌”现象逐步凸显，互联网对极端社会现象的迅速放大容易诱导青少年产生不良的社会心理和社会观察等。四是专门工作机构和人员力量不足。江苏省在办理未成年人刑事案件的专门机构建设方面，全省法院系统有独立建制的少年庭 75 家，检察院系统有正式编制的未成年人刑事检察科 8 家，公安、司法系统还没有成立相应的专门机构；省市县三级综治委预防办基本没有专门的人员编制，也没有专门的工作人员，特别是在基层，在全省城乡基层社区基本没有服务青少年群体的专职工作人员，与按比例配备流动人口协管员等专门工作队伍相比有较大差距，基层预防青少年违法犯罪工作者队伍尚未真正建立起来。

3. 加强预防青少年违法犯罪工作的对策

按照“党政主导，以关爱未成年人为本，教育、服务、管理三结合，建设与整治相结合，全社会共同参与”的原则，深入实施“为了明天——预防青少年违法犯罪工程”，深化对青少年违法犯罪的社会管理。

一是突出源头预防，进一步加强和改进对青少年的教育引导。在着力净化青少年健康成长的社会文化环境的同时，注重发挥青少年自身的主观能动性，加强对青少年的教育引导，提高他们的自我约束和自我防范能力。首先是进一步加强青少年思想道德教育，尤其是道德底线的教育，通过普遍性的教育让青少年能够具备基本道德元素和道德底线，正直、善良、诚实、有爱心；其次是创新青少年法制宣传教育，积极探索有效载体加强对闲散青少年、有不良行为青少年等重点青少年群体开展更有针对性的法制教育；再次是深化青少年自我保护教育，从提高自护教育的参与面、趣味性和实际效果入手，组织引导广大青少年学习自护知识，掌握自护技能，增强安全防范意识和自护自救互救能力，帮助青少年更好地认识社会、拒绝诱惑、远离危险、防范侵害。

二是突出临界预防，进一步深化重点青少年群体的服务管理和预防犯罪。按照“条块结合，以块为主”的原则，针对不在学或无职业的闲散青少年、有不良行为或严重不良行为的青少年、服刑在教人员未成年子女、流浪乞讨未成年人等重点青少年群体，在全省推进服务管理和预防犯罪试点工作，重点探索形成经常性的联系模式，找准各类重点青少年群体的工作目标和工作定位，建立能够整合预防各成员单位及各类社会力量的工作体制机制，为全面部署开展重点青少年群体服务管理和预防犯罪工作提供经验。

三是突出基层基础，进一步加强专门工作机构和专门工作队伍建设。加大对各级预防办的机构、人员、经费等自身建设的督查指导力度，确保县级以上预防专项工作有人干事、有章理事、有钱办事；加强专职青少年事务社工队伍建设，推行以政府购买服务的方式按重点青少年群体人口比例配备专职的青少年事务社工，进一步挖掘省内高校社工院系的人才资源，探索校地合作的青少年事务社会工作新模式，适时启动综治平安志愿者专项工作，努力提高全省青少年事务的专业化、职业化水平。

四是突出工作合力，进一步建立健全预防青少年违法犯罪工作机制。提升各级综治委预防办的组织、协调、督导作用，注重用工作项目牵动整合各类社会资源，充分发挥各成员单位职能作用，积极动员“五老”、志愿者等社会力量，逐步形成党政领导、预防办牵头协调、各成员单位齐抓共管、全社会积极参与的预防工作格局。进一步完善办理未成年人刑事案件配套工作体系，加快建立办理未成年人刑事案件的专门机构和专门队伍，推动中国特色少年司法制度建设，在办理未成年人刑事案件的各个阶段积极采取有效措施，进一步加强对涉案未成年人合法权益的保护，有效预防、减少和矫治未成年人违法犯罪。

四、易肇事肇祸精神病人服务管理工作

精神疾病（mental illness），又称精神障碍或心理障碍（mental disorder），是指精神活动出现异常，产生精神症状，达到一定的严重程度，并且达到足够的频度或持续时间，使患者的社会生活、个人生活能力受到损害，造成主观痛苦的一种疾病状态。现行的国际疾病诊断分类（ICD－10）将精神疾病分为10大类72小类近400种。易肇事肇祸精神病人所指的群体一般即为重性精神病风险评估等级3级以上患者。

1. 江苏省肇事肇祸精神病人现状

截至2010年底，江苏省在肇事肇祸精神病人信息管理系统（公安系统）中登记的精神病人共计3.1万人，其中，列管的曾经肇事肇祸的精神病人2769人，可能肇事肇祸的精神病人3589人，另有2万余人虽暂不能列入肇事肇祸精神病人范畴，但从其病情以及现实表现看也应纳入管控视线。其中，入院治疗的不足1万人，60％以上在家居住，由监护人看管，30％的患者并未纳入医保范畴。从人员分布情况看，苏北地区高于苏南、苏中地区，农村地区高于城市地区。除个别人员失踪外，凡纳入公安机关视线且并未入院治疗的，均已落实了相应的管控措施。近年来，精神病人肇事肇祸造成的违法犯罪案件、危害事件不断增多，严重扰乱公共秩序，危害公共安全和他人人身、财产安全。

2. 肇事肇祸精神病人管控工作面临的问题

精神病人肇事肇祸案（事）件呈现上升趋势，造成的恶劣影响也较为突出，给精神病人家属和周边群众的人身财产安全造成了较大危害，其特点主要表现在五个方面：一是发案区域多为公共场所和乡镇地区；二是精神病人肇事肇祸侵害对象无规律可循，没有特定的因果

关系；三是肇事肇祸手段多具隐蔽性、突发性；四是精神病人肇事肇祸暴力指数高；五是无法定罪量刑，兑现赔付难。这些特点，决定了精神病人肇事肇祸案（事）件一旦发生，社会影响广、调查取证难、处置周期长。因此，必须将工作重心放在预防和管控上。长期以来，对于肇事肇祸精神病人的预防和管控，主要有以下三个方面的问题：

第一，信息掌握共享机制仍未形成。虽然一些地区采取了定期向相关部门收集信息的措施，但各部门掌握的信息标准不同，尺度不一，且在全省范围内没有形成一个相对固定的制度。以苏州市为例，2011年底全市在信息系统内登记的精神病人为541人，而该市卫生部门与根据人口患病率预测的精神病人为8.7万人，差距很大。此外，目前城市改造和新城区建设的拆迁较多，且都为货币拆迁，大多精神病人没有户籍意识，造成精神病人人户分离的问题非常突出，导致病人去向难以掌握。加上大量流浪性精神病人的存在，他们往往居无定所，四处游荡，难发现，难控制，难送回，属于管控真空层。这类问题势必导致相关部门不能实现全面、准确和有效管控。

第二，管理手段单一。工作中，对重症精神病人进行管理的主要工作依据是《刑法》、《人民警察法》和《治安管理处罚法》等法律进行，法定职责仅限于对严重肇事肇祸的精神病人进行现场处置，必要时送往指定场所强制治疗。虽然新修订的《刑事诉讼法》规定了对实施暴力行为的精神病人的强制医疗程序，然而对尚未严重肇事肇祸或者有可能肇事肇祸的患者还没有具体规定，特别是在法定监护人不配合的情况下，使得在工作上经常陷于被动。如果出于保障安全的考虑将尚未肇事肇祸的危险精神病人强制送入医院，则可能面临家属的投诉，甚至诉讼。

第三，预防、收治措施不得力。近年来，江苏苏南一些经济发达地区探索实行政府“精防办”牵头，各职能部门和街道乡镇配合的精神病人社会化管理模式，成效较为明显。但是，要在全省范围推广仍有许多困难：一是对精神疾病患者的预防、治疗、康复、就业等合法权益维护及其相关管理活动缺乏法律保障和应有的支持，在经济欠发达地区政府经费保障不到位的情况下较难落实。二是一些地方党委政府重视程度不够，协调性低下，对相关部门的职能优势整合不够，分工不明确。公安、卫生部门往往单兵独打，没有形成工作合力。三是社会及其病患家庭对精神疾病患者的潜意识偏见，不愿管和懒得管的现象仍较普遍，一些企业单位和家属不愿管，将病人推向社会，一旦肇事肇祸，只能由公安机关出面解决，且公安机关并不能履行医疗、救助和保障的职责，导致精神病人管控工作水平难以提升。

3. 加强易肇事肇祸精神病人管控工作的对策

据有关方面测算，随着生活节奏加快，压力增大，当前的精神疾病发生率与20年前相比，上升了400%以上，今后仍可能继续上升，开展管控工作任重道远。2011年，国家卫生、民政、公安、教育、财政、残联等六部委联合下发了《精神病防治康复"十二五"实施方案》，进一步明确了部门职责，提出了推进"社会化、综合性、开放式"精神卫生防治康复工作模式，切实提升医疗救助水平，强化社区家庭康复训练。江苏省在"十二五"残疾人事业发展规划和残疾人康复"百、千、万"工程中也提出了此类要求，加上《中华人民共和国精神卫生法》有望于2012年底出台，都将有力推动易肇事肇祸精神病人管控工作不断取得新成效。

一是横向协作，核查信息。为全面掌握精神疾病患者基本情况，充实全省重性精神病人信息管理系统信息量，有效解决底数不清、情况不明的问题，必须进一步加强精神疾病患者基础信息核查工作。核查工作以卫生、医疗部门建档的精神疾病患者和公安部门登记备案的精神疾病患者两块底数为基础，发动社区民警和相关职能部门工作人员，核查出比较确切的精神病患者基本底数和需要公安部门重点掌握的重症精神疾病患者，为开展管控工作奠定基础。明确统一核查标准：对精神分裂症、躁狂症、重症抑郁症、双相情感障碍和伴有精神症状的癫痫等五类重性患者全部进行登记、备案，并录入系统管理；对曾有肇事肇祸行为或暂无肇事肇祸行为，但无法定监护人，病情经常反复的精神疾病患者进行重点列管。

二是强化监管，落实监护。进一步明确各部门、各单位、监护人的监管责任，扎实落实齐抓共管措施，治理精神病人肇事肇祸问题，预防和减少肇事肇祸案（事）件的发生。对病情严重已强制住院收治的，由精神病医院负责管控；病情稳定可出院的，由公安机关会同单位或居住地管控。其中，家庭有管控能力的，由家属或监护人管控，居（村）委定期或不定期上门巡查；对家庭无管控能力的，由居（村）委、社区落实专人管控；对一般性肇事精神病人，由家属或监护人监护，定期或不定期向居（村）委报告病情变化情况和活动情况；对流落社会且病情稳定的“三无”精神病人，由民政机构救助监护管理；对流浪外籍肇事肇祸精神病人经治疗病情稳定，由民政救助站送返原籍。

三是综合治理，长效管理。精神病人违法犯罪的预防和治理是一项系统工程，涉及社会的各个方面，因此，必须在政府的统一领导下，全社会积极参与，进行综合治理，方能实现长效管理。卫生部门应积极做好精神病的防治工作，从医学层面，降低精神疾病的患病率和复发率；公安机关应加强对精神病人的管理工作，防止和减少精神病人肇事肇祸案件的发生；民政、残联等部门应积极关心精神残疾人员的生活和就医问题，为精神病人的康复和就医尽可能创造条件；家庭和学校应加强对少年儿童的心理卫生教育，积极关心少年儿童的学习和生活，减轻学业负担，避免不良精神刺激，促进孩子健康成长；乡、镇、村、街道等基层组织对于危重精神病人，要确定专人，登记造册，逐人建立监管小组，督促、帮助监护人落实监护责任，对于经济条件较差的病人家属，要向民政部门争取专项经费对病人进行救助。精神病人既是社会危险群体，同时也是社会弱势群体，其犯罪往往是无意识的，各职能部门和社会各界应积极奉献爱心，关爱精神病人，使其早日恢复健康，重新回到正常人的生活当中。

四是加大投入，保障医疗。目前，江苏省一些地区，以精神病专科医院作为精防康复的技术依托，建立了县（市）、乡（街道）、村（社区）三级精神疾病防治监护网络及精神疾病防治康复工作基层组织(街道工疗站)。多年的实践证明,这对于提高精神疾病患者的监护率、治疗率,降低复发率和控制肇事率有显著的效果,这一模式比较符合我国国情,也符合国际上“小医院,大社区”的精神疾病防治康复发展趋势。需要解决的问题有两方面:一方面,加大对精神病专科医院投入,保障精神病专科医院作为社区精防康复和精神卫生服务的技术支撑。精神病专科医院的服务对象又是最弱势的群体,收费低,如果政府仍像综合性医院那样给予差额拨款,精神病专科医院则很难走出困境,更谈不上充分发挥其社会公益性职能。另一方面,加大对社区精神疾病患者的三级防治、三级监护和三级康复网络及其基层组织(工疗站、康复站)的扶持。开展好社区防治、社区监护、社区康复等工作,既能有效地控制精神疾病的发生,又能预防患者发病反复住院,降低治疗成本。同时,要加强社会面精神卫生知识宣传,提高广大群众对精神病人肇事肇祸、违法犯罪行为的危害性和预防性知识的认识,尽量避免对精神病人进行刺激,防止产生社会现实危害。

[**案例**]

大丰市精细化管理易肇事肇祸精神病人

大丰市政府出台《大丰市精神病人收治管理办法》,厘定职责分工,明确工作责任,形成政府、社会、家庭“三位一体”的易肇事肇祸精神病人管控模式。

一是抓责任。确定市民政局为全市精神病人管理的牵头部门。明确各镇人民政府、市民政、卫生、公安、财政等部门为精神病人管理的责任主体,履行报告、预防、救治、救助、保障、管控等职责,并将履职情况纳入综治目标考核范畴。镇、村(居)与易肇事肇祸精神病人家属签订《易肇事肇祸精神病人监护协议书》,将镇、村(居)、家庭的监护责任以契约的方式予以明确。

二是抓衔接。公安、城管、民政及基层村(居)发现易肇事肇祸精神病人后，由公安机关签发《收治易肇事肇祸精神病人入院通知书》，统一送至精神病定点医院。医院经过技术鉴定确诊后，凭市级公安机关签发的通知书办理交接入院手续，制定医疗方案，完善安全设施。精神病院在进行收治的同时，及时通知民政部门从信息平台中核查病人身份，并联系病人家属承担相应的监护责任。对经过医院治疗病情好转可以出院的，由所在地派出所、村（居）派人接回，对家庭有管控能力的，由家属或监护人管控，村（居）定期上门巡查；对家庭无监管能力的，由村（居）落实专人管控。对无主易肇事肇祸病人，由医院治疗后送往救助站帮助寻找亲属，对长期无法查清家庭背景情况的送往敬老院安居生活。近年来，全市共收治易肇事肇祸精神病人158人，康复出院68人。

三是抓投入。市财政每年投入100万元用于易肇事肇祸精神病人的收治管理与医疗补助。将精神病患者的门诊和住院费用纳入城镇职工（居民）基本医疗保险和新型农村合作医疗制度的报销范围，按照规定支付医疗费用，自费部分由地方财政资助50%。对市外易肇事肇祸精神病人、无主易肇事肇祸精神病人和家庭无能力承担收治费用的易肇事肇祸精神病人的收治费用经民政、卫生部门核准后由财政承担。通过救助，全市共有500多户易肇事肇祸病人家庭享受到政府的各项资助，有近200户家庭摆脱了贫困过上了正常家庭生活。

四是抓服务，建立回归管理机制。为全市300多名贫困易肇事肇祸精神病人办理了低保、五保，为400多名无固定收入二级以上的易肇事肇祸精神病人办理了重残补助。卫生、残联定期组织精神病院医生深入患者家中，逐一诊疗并发放药品，指导患者用药。为100多名间歇性易肇事肇祸精神病患者就近找到了力所能及的工作，使他们感受社会温暖，及早融入社会。

五、吸毒人员教育管理工作

毒品总体上可分为两大类：一类是传统毒品，如海洛因、鸦片，它的危害经过多年的宣传教育已经深入人心；一类是合成毒品，如冰毒、摇头丸、氯胺酮(俗称K粉)。目前社会公众对合成毒品的危害性缺乏足够的认识,有的认为它的成瘾性没有传统毒品强,有的认为它的危害性没有传统毒品大,还有的认为吸食合成毒品可以减肥,这些都是错误的。首先,合成毒品毒性强烈,同传统毒品一样危害极大。与海洛因等传统毒品相比,苯丙胺类兴奋剂等新型毒品停止吸食后不会产生明显的戒断症状,但会表现出很强的精神依赖性,非要再次吸食才能满足心理上的需求,消除精神上的不适,因此这类毒品很容易成瘾。其次,合成毒品对人体的危害主要体现在神经方面,通俗地讲就是会使得大脑神经受到不可修复的损害,从而导致精神异常、痴傻癫狂,成为精神病患者。第三,吸食这类毒品还会产生心脏疾病,严重的可导致惊厥、脑出血和猝死。更为严重的是,由于对中枢神经强烈刺激,吸毒人员往往会出现被害妄想、追踪妄想、嫉妒妄想以及幻听等症状,导致行为失控,引发暴力犯罪。

毒品滥用不仅直接危害吸毒人员的身心健康和家庭幸福,给国家和人民群众造成巨大的经济损失,而且败坏社会风气,污染社会环境,诱发违法犯罪,带来一系列社会问题。一些吸毒成瘾人员为筹措毒资,还从事零星贩毒、“两抢一盗”、卖淫等违法犯罪活动。一些毒品问题严重地区的“两抢一盗”案件中,60%至80%是吸毒成瘾人员所为。因此,有效管控吸毒人员,切实减少吸毒人员违法犯罪活动,能够有效化解、消除因吸毒人员所导致的不和谐、不稳定因素,促进社会和谐稳定。

1. 吸毒人员教育管理工作面临的形势

江苏省一直是毒品输入省份,省内发现的毒品基本从省外流入,尽管全省禁毒工作一直抓得很紧,打击力度在全国都属非常强的,毒情也确实得到有效控制,但由于受国际毒潮泛滥和国内涉毒因素增多的大环境影响,合成毒品呈现发展蔓延态势,全省的禁毒斗争正处于从禁吸传统毒品向防范打击新型毒品的转变。主要表现在吸毒人群逐年增多,并呈低龄化趋势,吸贩毒活动由城市向农村渗透,因吸毒引发的肇事肇祸事件时有发生,特别是“毒驾”问题引起社会的广泛关注。

受发现管控难、戒断巩固难、融入社会难等因素的影响，大部分吸毒人员陷入戒毒、复吸、再戒毒、再复吸的恶性循环。目前，全省几乎所有的县（市、区）不同程度的存在毒品滥用问题，其中登记在册吸毒人员在1000名以上的县（市、区）有27个。截至2012年6月底，全省登记在册滥用海洛因等阿片类传统毒品人员已达3.1万名、滥用冰毒等合成毒品人员6.6万名。

2. 吸毒人员教育管理工作存在的主要问题

近年来，全省吸毒人员教育管理工作在各级党委、政府的正确领导下，积累了一些经验、形成了一些亮点、树立了一些品牌，取得了初步成效。但也应清醒地认识到仍存在诸多亟待解决的问题，影响和制约着此项工作的深入开展。突出表现在：

一是专职禁毒社工队伍素质亟待提高。禁毒社工的工作对象是社会面的特殊人群，不仅需要社工具有较好的禁毒业务基础知识，也需要具备良好的语言表达能力。目前，省内许多地区的禁毒社工的文化程度、业务素质参差不齐，有的只有初中文化程度，有的由基层辅警、保安转为禁毒社工，缺少系统的、长期性的专业知识培训，禁毒社工队伍的素质亟待提高。

二是社区戒毒人员保障度亟待加强。帮助戒毒人员戒断毒瘾、融入社会，是做好戒毒工作的出发点和落脚点。有效解决戒毒人员的就业安置、社会救助、待遇保障等方面实际问题，需要协调好民政、司法、卫生、人力资源社会保障等政府职能部门，发动社会各界力量，大力加强对社区戒毒人员的各项保障工作。

三是社区戒毒人员管控度亟待提高。市场经济条件下，社会面人员流动性极大，人户分离已是较为普遍的现象，而相当一部分社区戒毒人员为了掩饰其吸毒行为或是出于各种各样的原因，常常行踪不定，有的常年人户分离，甚至连户籍地的房子也已拆迁或卖掉好几年。同时，一些严重违反戒毒协议的对象因患有艾滋病等严重传染性疾病，无法投送监管场所，仍然流散于社会面。

3. 对吸毒人员戒毒的主要措施

2008年6月1日起施行的《禁毒法》规定“吸毒成瘾人员应当进行戒毒治疗”，并明确了自愿戒毒、社区戒毒、强制隔离戒毒、社区康复等4大类措施教育和挽救吸毒人员。2011年，国务院又颁布实施《戒毒条例》，建立了集生理脱毒、身心康复、回归社会功能于一体的戒毒工作新模式，确定了“以人为本、科学戒毒、综合矫治、关怀救助”的戒毒工作原则，并对4类戒毒措施的适用人群做了阐述。

自愿戒毒是指吸毒人员自行到具有戒毒治疗资质的医疗机构接受戒毒治疗。国家鼓励吸毒成瘾人员自行戒除毒瘾，对自愿接受戒毒治疗的吸毒人员，公安机关对其原来的吸毒行为不再处罚。

社区戒毒主要是对初次发现的吸毒成瘾人员采取的戒毒措施。根据《禁毒法》规定，在执法过程中，由公安机关或者其委托的戒毒医疗机构按照公安部和卫生部发布的《吸毒成瘾认定办法》认定吸毒人员是否成瘾。

强制隔离戒毒是指公安机关对那些吸毒成瘾严重，通过社区戒毒难以戒除毒瘾的吸毒成瘾人员采取的戒毒措施。公安机关也可以对拒绝接受社区戒毒的、严重违反社区戒毒协议的、在社区戒毒期间又吸食、注射毒品的吸毒人员，作出强制隔离戒毒决定。强制隔离戒毒必须在公安机关或司法部门设立的强制隔离戒毒所执行，时间一般是两年。

社区康复是指对解除强制隔离戒毒的人员，根据其强制隔离戒毒诊断评估结果所采取的戒毒措施，在社区执行，时间不超过3年。

这4类戒毒措施形成了一个全面、系统的戒毒工作体系，并将戒毒治疗各个阶段完整而有机地衔接了起来。

4. 加强吸毒人员教育管理的对策

中央领导同志多次指出，禁吸戒毒工作必须按照以人为本的思想，真正把人的生命放在第一位，把对吸毒人员的教育、挽救放在第一位，既要强调收戒率，更要注重戒断巩固率。因此，要以贯彻落实《中华人民共和国禁毒法》和国务院《戒毒条例》为主线，进一步建立健全吸毒人员救治管控机制，完善自愿戒毒、戒毒药物维持治疗、社区戒毒、强制隔离戒毒、社区康复有机衔接的工作体系。

一是推进社区戒毒（康复）工作措施落实。社区戒毒是《禁毒法》规定的一项新的戒毒措施，是充分利用社区资源，紧紧围绕吸毒成瘾人员的戒毒治疗、身心康复、提高适应社会的能力等需求有针对性地开展的一项工作。具体来说，就是通过对社区戒毒人员的戒毒知识辅导，教育、劝诫，职业技能培训，就学、就业、就医援助以及帮助戒毒人员戒除毒瘾的其他措施，最大限度教育挽救那些吸毒时间不长、成瘾程度不深、本人有戒毒意愿且具备家庭监护条件的吸毒人员。社区康复与社区戒毒既有区别，也有相似的地方。《戒毒条例》规定，社区康复由原来作出强制隔离戒毒决定的单位决定，在康复人员户籍所在地或者现居住地乡镇、街道执行，经当事人同意，也可以在戒毒康复场所中执行。吸毒人员所能受到的帮助与社区戒毒人员所能受到的帮助是一样的，包括戒毒治疗、心理辅导、帮扶安置等各个方面。在工作中，要不断完善社区戒毒（康复）组织体系，建立健全各项规章制度，落实社区戒毒（康复）人员管理、帮教、治疗措施。立足本地实际，动员社会力量，采取集中或分散安置、鼓励自主创业或提供公益岗位等多种形式，探索具有江苏特色的戒毒康复人员安置帮扶“阳光工程”建设模式。

二是开展吸毒人员动态管控工作。加快信息化建设步伐，研究开发、推广使用吸毒人员社会化管控系统，密切管控衔接，最大限度地减少漏管失控吸毒人员。加强社会化源头信息采集，适时组织开展吸毒人员大排查行动，切实掌握吸毒人员生活、工作、戒毒和现实表现情况。充分利用公安、司法行政部门主管的强制隔离戒毒资源，按照“应收尽收”的原则，加大强制隔离戒毒力度，最大限度地减少吸毒成瘾人员对社会的危害。

三是推进戒毒药物维持治疗工作。对吸食阿片类人员，自 2006 年开始，公安、医疗卫生、食品药品监管部门，在全省 10 个省辖市设立了

19个美沙酮戒毒药物维持治疗门诊，累计为8595名吸毒人员提供了药物维持治疗服务。药物维持治疗工作取得了初步成效：首先，减轻了毒品危害。减少了吸毒人员对毒品的精神和生理依赖，也大大减少了因筹集毒资而引发的各类违法犯罪活动，阻止了吸毒-戒毒-复吸恶性循环的发生。其次，萎缩了毒品消费。因药物维持治疗工作的有效开展，减少了毒品的滥用，萎缩了毒品消费市场。第三，预防了艾滋病传播。据医疗卫生部门统计，全省新发现艾滋病病毒感染者中，因共用注射器吸毒而传染艾滋病的比例成逐年下降趋势。第四，促进了吸毒人员回归社会。吸毒人员参加美沙酮药物维持治疗后，逐渐恢复了正常情感，健康状况也有明显好转，吸毒人员的社会功能得到了逐步恢复和明显改善，可以像正常人一样工作和生活。因此，必须进一步推进戒毒药物维持治疗工作，科学规划、合理布局，增设一批门诊延伸服药点，力争在全省范围内实现戒毒药物全覆盖。推动将美沙酮维持治疗人员纳入社区管理，为戒毒康复人员提供戒毒治疗服务，稳定和扩大戒治规模，防止戒毒人员失控或复吸毒品。动员吸毒成瘾人员参加戒毒药物维持治疗。建立戒毒药物维持治疗人员信息通报机制，加强对入组治疗人员的帮教和监督，提高在治人员维持率。

第五章　公共安全体系

公共安全，是指不特定多数人的生命、健康和公私财产安全。广义的公共安全包括经济安全、生产和生活场所安全、环境安全、公共卫生安全等。狭义的公共安全则是应对治安事件、群体性事件、违法犯罪等危害社会公共安全秩序的行为。当前，公共安全问题已成为社会关注的热点、媒体报道的焦点和各级党委、政府工作的重点，进一步加强和完善公共安全体系对维护国家长治久安、保障人民群众生命财产安全、巩固党的执政地位有着极其重要的意义。胡锦涛同志在 2011 年 2 月 19 日省部级主要领导干部社会管理及其创新专题研讨班上讲话时强调，要“进一步加强和完善公共安全体系，健全食品药品安全监管机制，建立健全安全生产监管体制，完善社会治安防控体系，完善应急管理体制。”《“十二五”规划纲要》进一步指出未来五年，我国要“适应公共安全形势变化的新特点，推动建立主动防控与应急处置相结合、传统方法与现代手段相结合的公共安全体系”，包括保障食品药品安全、严格安全生产管理、健全突发事件应急体系、完善社会治安防控体系四个方面，成为今后公共安全体系建设的行动纲领。党的十八大报告再次强调，要“强化公共安全体系和企业安全生产基础建设，遏制重特大安全事故。”

第一节 社会治安防控体系

现代意义上的治安，也即社会治安，一般是指由具有社会安定和公共安全内容的国家法律法规所规范，并由国家强制力及与之相应的思想、道德、文化等所维护和建立的稳定安宁的社会秩序。防控，是指对影响和危害社会治安的因素和行为进行主动预防和控制的活动。增强人民群众安全感，是提高人民群众幸福指数的一个重要方面。大力加强社会治安防控是预防和减少违法犯罪的治本之策，是维护社会稳定的坚实基础，是增强人民群众安全感的有效途径。社会治安防控体系建设是社会管理综合治理工作的重要组成部分，是贯彻“打防结合、预防为主、专群结合、依靠群众”综治工作方针的重要内容，是构建社会主义和谐社会，维护社会长期稳定的一项基础性工作。胡锦涛同志在十八大报告中明确指出，要“深化平安建设，完善立体化社会治安防控体系，强化司法基本保障，依法防范和惩治违法犯罪活动，保障人民生命财产安全。”

一、当前社会治安面临的形势

自2003年江苏率先在全国开展平安建设活动以来，全省各地各部门在省委、省政府的正确领导下，坚持发展与稳定并重，富民与安民共进，树率先之志，谋平安之策，坚持“技防是第一防范力”的理念，按照“打得狠、防得住、控得严”的要求，初步建成了具有江苏特色的多层次、全方位、全时空、集打防控于一体的社会治安大防控体系，技防建设取得突破性进展，人防得到全面加强，防控能力显著提升。全省刑事案件稳中有降，八类主要刑事案件①占全部案件比重在全国处于最低水平，

① 指放火、爆炸、劫持、杀人、伤害、强奸、绑架、抢劫八类严重刑事案件。

初步实现了“210”目标，即“两抢”案件万人发案率控制在2以内，杀人案件十万人发案率降至1以下，与世界主要国家和地区相比处于最低水平。打击刑事犯罪绩效明显，全省刑事案件破案率、八类主要刑事案件破案率连续9年位居全国前列，其中现行命案破案率连续8年保持全国第一。2011年江苏技防乡镇(街道)、技防小区、技防村、技防入户率分别达到99.19%、91.10%、64.93%和66.16%，全省所有省辖市、96.3%的县(市、区)、98%的乡镇(街道)、96%的村(社区)、93%的小区、企业、学校、医院等基层单位达到了平安建设标准。

当前，我们正处在经济社会发展的重要战略机遇期，社会大局保持持续稳定，治安形势平稳可控，人民群众安居乐业。同时，也处于面临严峻挑战的风险期，人民内部矛盾凸显、刑事犯罪高发、对敌斗争复杂的基本态势不仅没有改变，境内因素与境外因素相互交织、传统安全因素与非传统安全因素相互交织、虚拟社会与现实社会相互交织、敌我矛盾与人民内部矛盾相互交织的特点日益凸显，而且呈现出许多新情况、新动向，维护社会稳定和治安大局平稳的任务繁重艰巨，迫切需要加强社会治安防控体系建设，为经济社会转型发展提供良好的治安环境。

1. 社会矛盾纠纷多样多发。社会矛盾触点增多、燃点降低、涉及面广、关联性强，有的还比较激烈，尤其是因土地违法征用和房屋拆迁、企业改制遗留问题、集资诈骗等涉众型经济犯罪、退伍军人等特殊利益群体保障、环境污染、劳资纠纷、医患纠纷、城市管理和行政执法不规范等引发的社会矛盾增多，甚至引发群体性事件。2011年，江苏各级各类调解组织共受理社会矛盾纠纷539531件，调解矛盾纠纷538044件，调解成功532156件，调解成功率98.91%，同比分别增加18.4%、19.0%、22.6%和2.91%。

2. 刑事犯罪仍在高位运行。从1978年到2010年，全国刑事案件立案数从50万起上升到597万起。2009年至2011年，江苏省共立各类刑事案件分别为41.14万起、41万起和40.5万起，全省每年发生各类刑事案件数保持相对稳定并呈逐年下降态势，但绝对数仍处在40万起的高位。2011年，江苏共立各类刑事案件405085起，立八类案件10262起。

3. 违法犯罪呈现新情况、新特点。一是犯罪类型上侵财犯罪、经济犯罪增长尤为突出。经济犯罪智能化、职业化、网络化、复合化特征越来越明显，非法集资、传销等涉众型犯罪侵害面广、打击难度大，不仅严重破坏社会主义市场经济秩序，而且容易引发群体性事件。二是有组织犯罪严重。一些邪教和地下宗教组织仍在活动，特别是个别地方黑恶势力犯罪比较突出，黑恶势力组织性、隐蔽性、对抗性增强，对一些地方社会治安、经济社会发展、基层组织建设造成严重影响。三是犯罪敏感性和关联性增强。一些普通犯罪案件可能迅速转变为社会热点问题，甚至诱发其他矛盾和问题，酿成影响社会稳定的重大事件。四是犯罪手段动态化、暴力化特征越来越明显。以报复社会为目的的恶性案件和极端事件时有发生，特别是民族分裂势力、宗教极端势力、暴力恐怖势力煽动制造的暴力事件危害严重，造成极其恶劣的社会影响。五是社会治安重点地区问题突出。一些"城中村"、城乡结合部等社会治安重点地区社会管理服务不到位，存在基层组织软弱涣散、社会治安防控体系不健全、治安安全隐患突出、环境脏乱差等问题。六是流动人口和特殊人群违法犯罪问题比较突出。一些特殊人群成为群体性事件中实施打砸抢烧严重暴力犯罪活动的骨干。肇事肇祸精神病人、流浪乞讨人员、刑释解教人员、吸毒人员、无业人员等特殊人群基数较大，实施动态管理难度越来越大。

4. 虚拟社会管理面临严峻挑战。信息化发展对社会、政治、经济、思想等带来了全方位、宽领域、长时期的冲击。目前我国有4.57亿网民①、8.59亿手机用户，博客用户超过2.94亿，是世界上互联网使用人口最多的国家。互联网等新型媒体具有覆盖面广、信息量大，传播速度

---

① 参见《加强和创新社会管理干部学习读本》，139页，中共中央党校出版社，2011。

快、传播方式不断变化，开放性强、对民意的集散和放大作用增强，正负面效应并存等突出特点。互联网等新型媒体的迅速发展促进了经济社会发展，方便了群众工作和生活，但也给社会管理带来了新情况、新问题。一是网上违法犯罪活动日益突出，特别是利用网络技术、现代仿真技术等高技术手段实施的新型犯罪增多，利用互联网和手机等新型媒体传播淫秽色情信息和进行赌博诈骗等违法犯罪活动猖獗。二是虚拟社会的舆论影响力和组织动员力越来越强，一些影响较大的公共事件都呈现出网上网下遥相呼应、互相放大的趋势。三是网络舆情更加难以掌控，各种社会矛盾和热点敏感问题极易在网上快速扩散放大，造成严重后果。四是网络信息安全问题日益凸显，网上窃密泄密事件频发，危害我国国家安全和利益。

二、构建现代社会治安防控体系

现代社会治安防控体系建设，是新时期、新阶段对社会治安有序管理的基础工程，是驾驭和控制社会治安的重要根基，也是维护最广大人民群众根本利益的具体实践。要从积极应对日益严峻复杂社会治安形势，推动社会治安良性发展，提高党的执政能力的高度，把构建现代社会治安防控体系上升为各级党委、政府的民心工程、实事工程，纳入经济社会发展总体规划，从党委、政府层面来整体部署、强力推动。要以率先构建和谐稳定示范区为总要求，以社会管理创新为统揽，以平安建设为载体，大力推进公众安全感建设，坚持“打防结合、预防为主，专群结合、依靠群众”方针，以打得狠、防得住、控得严为目标，以社会化、网络化、信息化为重点，构建点线面结合、人防物防技防结合、打防管控结合、网上网下结合的现代社会治安防控体系，率先建成现代化的设防省份，努力实现“三个确保”：确保全省不发生造成重大影响的恶性刑事案件，确保全省平安建设水平和人民群众安全感有提高，确保社会治安工作走在全国前列。

1. 技防建设。随着犯罪手段的不断升级，过去一些传统的应对方法已远不能满足防范工作的需要，难以充分发挥效能。与人防、物防等传统防范形式和防范手段相比，技防在时空布局上能够做到全天候、全覆盖，具有直观动态、实时有效的特点，能够实现对安全防范目标的有效控制，能够有效震慑犯罪分子，增强人民群众的安全感。因此，开展技防建设，对提升社会治安防控体系的科技含量和整体效能具有举足轻重的作用。坚持“技防是第一防范力”的理念，强化技防在犯罪预防战略、科技强警战略中的优先发展地位，坚持高端统筹、统一规划、规范建设、科学推进。以技防城市建设、技防入户工程为两大载体、两条主线，推进社会治安监控系统建设，深化基础防范单元技防建设，逐步建立全覆盖、全天候的技防工作网络。根据地区经济社会发展实际，分类制定城市乡村、道路治安卡口、重点单位、公共复杂场所、居民住宅区等技防建设标准，以及技防监控系统布建原则标准，做到技防建设立足实际，服务实战，发挥效能。

2. 人防建设。专业巡防作为防范工作的主渠道，通过保证巡逻警力 24 小时巡逻在社会面，挤压犯罪空间，增加犯罪成本，既可以震慑犯罪意念的产生，又可以减少犯罪机会的出现，从而有效防止犯罪的发生，促进社会治安良性循环。有研究表明，人民群众的安全感和满意度，很大程度上并非源于警察的破案数、破案率，而是来自于身边的巡逻警察。有相当数量的“两抢”犯罪嫌疑人承认，其最害怕、最顾忌的是公安民警在街面。因此，要把巡防力量建设作为防控体系建设的基础来抓，在专业巡防力量建设方面，要做强、做专。从世界警务发展看，各国警察特别是发达国家和地区都有相当规模的巡逻队伍，尽管我国在现有体制和警力条件下，达到国外巡警队伍那样的规模还不现实，但做强巡防队伍的发展方向不能动摇。要根据各地社会治安状况和需求，明确专业巡防力量的规模、机构，由政府统一组建、统一保障，尽快建立“政府出资保障、公安管理考核”的专业巡防运作模式。加强专业巡防力量的实战技能培训，加强人防与技防的有机衔接。在群防力量建设方面，要认真分析和把握新时期群众工作的规律特点，积极传承和发展群众工作经验，创新新形势下发动群众、组织群众工作的新路子，通过市场运作、发动单位出资等途径，大力发展保安队伍，推进公共安全服务社会化、专业化。要大力弘扬正气，实行举报有功、见义勇为表彰奖励等制度，提升人民群众对社会治安工作的支持度、参与度。

3. 信息化建设。信息的大量交换和共享利用是社会治安防控体系打防管控一体化的重要实现形式。只有信息灵、情况明、见事早、反应快，才能牢牢掌握社会治安工作主动权。因此，必须坚持以“信息化”为纽带，建立情报信息网络化收集、仓储式管理、综合性应用的高度共享工作机制，以此推动部门联动、打防管控一体化的深入开展。一是强化源头信息采集，完善信息数据采集标准和共享方式，大力拓展情报信息触角，全面构建覆盖全社会的信息员网络，提高信息的获取能力。二是加快各类基础性业务的信息化建设，特别是加快人、地、物信息资源库建设，重点抓住容易产出成效的比对源和比对目标，研究开发综合性的即时比对碰撞系统，不断提高对人口、资金、物流的动态监控能力。三是最大限度整合现有信息资源，建立一体化研判平台，强化情报信息综合研判工作，经常性研判社会治安动态和违法犯罪规律，对社会治安形势进行全时空把脉和预警。四是全面加强虚拟社会管理，落实互联网服务单位、联网单位安全管理责任制，进一步严格网吧等上网服务场所上网实名登记和拍照留影制度，建立 24 小时网上巡查处置工作机制，切实加强网上阵地的监控管理，逐步建立互联网上防控体系。

4. 社会治安重点地区排查整治。把社会治安重点地区排查整治作为维护社会稳定的重要举措和推进社会管理创新的重要突破口，健全完善整治、管理、建设、服务于一体的长效工作机制，实现重点整治工作制度化、规范化、常态化。坚持“打防并举、标本兼治”的方针和“哪里治安混乱就整治哪里，什么问题突出就解决什么问题”的原则，对案件高发的重点部位、治安复杂场所、路段和“城中村”、城乡结合部进行滚动排查整治。对治安混乱地区，由党委、政府领导，综治办牵头，公安机关担当主力，相关部门联合开展整治，切实改变治安面貌，并落实长效管理措施。对方面性、倾向性突出治安问题，及时组织开展专项治理行动，绝不让其滋生蔓延。加强校园及周边治安综合治理，深入排查整治各类安全隐患、不稳定因素，严厉打击针对师生的违法犯罪活动，统筹解决中小学生和幼儿园儿童安全出行问题，切实维护校园安全稳定。依法加强对小规模旅馆的管理，安装旅馆业信息系统和二代身份证读卡器，实现对小旅馆的有效管理。加强特种行业监督管理，逐步将信息管理系统和监控系统延伸到废旧物品收购（站）点、旧货市场、典当拍卖、机动车修理、房屋中介、物流、汽车租赁等重点特种行业（场所）。

5. 群防群治。坚持“专群结合、依靠群众”的方针，积极创新新时期群防群治发展的思路、载体和方法，以党员和治安志愿者为骨干力量，深入推进“平安先锋工程”、“社会管理创新先锋行动”和“红袖标工程”，大力加强由社区村组干部、治安志愿者、治安积极分子、退休人员等组成的社区村庄义务巡逻队伍，由出租车司机、载客三轮车主、环卫保洁员、送奶工、送报员、水电气抄表员等组成的街头路面流动巡防队伍，由单位内部保卫人员、公园和物业保安、加油站员工、露天停车场和非机动车看护人员、报刊亭和沿街店面业主等组成的场所部位治安守望队伍等三支队伍建设，壮大力量、明确职责、健全制度、强化培训、落实保障，切实发挥其作用，构筑起预防打击犯罪、维护社会治安的铜墙铁壁。

6. 基层系列平安创建。平安建设作为推进社会管理创新工程的重要载体，是构建社会主义和谐社会、促进经济社会协调发展的保障工程，是维护广大人民群众根本利益、为人民群众所期盼的民心工程，是提高党的执政能力、巩固党的执政地位的基础工程。要坚持“以社会管理创新引领平安建设、以平安建设承载社会管理创新”，大力开展平安乡镇（街道）、平安村（社区）等区域平安创建活动，深入推进平安企业、平安校园、平安医院、平安家庭等基层系列平安创建活动，把所有机关、团体、企事业单位以及家庭纳入创建范围，实现基层系列平安创建活动全覆盖，积小安为大安，以基层平安保全省平安。推动各系列平安创建牵头单位进一步创新方法，强化服务，完善机制，实化措施，落实责任，推动创建工作进一步走向基层、融入群众，提升平安建设承载社会管理创新的能力。

[案例]

徐州市构建现代治安防控体系

徐州地处苏鲁豫皖四省交界地区，流动人口多、过境犯罪多，治安情况既有特殊性，又有复杂性。近年来，徐州市从特殊区位出发，高标准谋划，全方位推进，立足于防，着眼于控，着力构建具有本地特色的现代治安防控体系。一是建设“大巡防”机制。坚持点线面防范相结合，科学布警，动态设防。“点”上依托62个省市县际治安卡点和125个治安岗亭，进行实时守控；“线”上以市区和县城镇86条主次干道为重点，组织360辆汽车、140辆电瓶车、420辆摩托车巡逻组加强动态巡控；“面”上将市区细划为24个单元，整合巡防资源，开展综合防范，构建了10分钟区域合围、20分钟市区关门和30分钟苏北关门的“三道防线”。二是打造现代技防城市。坚持统一标准、统一建设、统一维护，推进道路监控“320”、“技防城”、“技防镇(街道)”和“技防入户”建设，开展镇(街道)技防监控系统提档升级工程，全部建立了规范化、标准化的视频监控中心，社会面监控点以县(市、区)为单位全部接入110指挥中心，实现了技防监控全覆盖、技防信息联网共享。三是建设实战型中心警务室。按照“卡室一体、每镇四至六室、每室六至八人”的要求和“七有”标准，在重点路段、复杂区域建设了525个标准统一、规范管理的农村中心警务室。以中心警务室为节点，坚持24小时设卡盘查和主动巡逻防范，并与所辖村面上治安巡逻力量相衔接，切实做到管控无盲点，平安有保障。四是开展群防群治。坚持专群结合、依靠群众，建立群防群治新机制，大力发展社区村庄义务巡逻、街头路面流动协防、场所部位治安守望等义务巡防力量，广泛组织开展护村护院、邻里守望、治安协防、防范宣传等活动，在防控体系建设中发挥了重要作用。五是建设周边协作机制。针对徐州区位特点，主动加强周边协作，牵头建立了苏鲁豫皖四省十市边界警务协作区，形成了“打击联手、整治联动、治安联防、纠纷联调”的协作机制。按照“不争地、不争利、不争气”的原则，稳妥处理微山湖接边地区矛盾纠纷，连续9年保持和谐稳定，成为全国平安边界创建的典范。

第二节 安全生产监管

安全生产是工矿商贸、交通运输、消防等生产经营过程中保护人身安全和避免财产损失的相关活动。安全生产事关最广大人民群众的根本利益，事关改革开放、经济发展和社会稳定大局，事关党和政府形象和声誉，也是构建社会主义和谐社会的切入点和着力点之一。党的十八大强调，要“强化公共安全体系和企业安全生产基础建设，遏制重特大安全事故”，把安全生产列入加强社会建设的重要内容，列入加强和创新社会管理的重要方面，对安全生产工作提出了新的更高要求。为应对严峻的安全生产形势，切实维护人民群众生命财产安全，就必须加强和创新社会管理，加强和完善安全生产监管体系。

一、安全生产

近年来，党和国家采取一系列措施加强安全生产工作，先后颁布实施了《安全生产法》、《危险化学品安全管理条例》等一系列法律法规，国务院作出了《关于进一步加强安全生产工作的决定》，改革调整了国家安全生产监管体制，确立了“政府统一领导、部门依法监管、企业全面负责、群众参与监督及社会广泛支持”的安全生产工作格局，出台了一系列经济政策，加大了安全投入，对人民群众普遍关注、事故多发的行业和重点领域开展了安全生产专项整治，依法严惩安全生产违法违规行为。2011年国务院又出台了《关于坚持科学发展安全发展促进安全生产形势持续稳定好转的意见》。在经历改革开放初期的粗放型发展方式后，全国安全生产状况呈现总体稳定、趋向好转的发展态势。“十一五”时期，全国安全生产实现了事故总量、事故死亡人数、重特大事故、反映安全生产总体水平主要评价指标的“四个显著下降”。

1. 安全生产重大意义。多年来，各地区、各部门、各单位深入贯彻落实科学发展观，按照党中央、国务院的决策部署，大力推进安全发展，全国安全生产工作取得了积极进展和明显成效。“十一五”期间，事故总量和重特大事故大幅度下降，全国各类事故死亡人数年均减少约1万人，反映安全生产状况的各项指标显著改善，安全生产形势持续稳定好转。实践表明，坚持安全生产，是对新时期安全生产客观规律的科学认识和准确把握，是保障人民群众生命财产安全的必然选择。坚持安全生产是解决安全生产问题的根本途径。我国正处于工业化、城镇化快速发展进程中，处于生产安全事故易发多发的高峰期，安全基础仍然比较薄弱，重特大事故尚未得到有效遏制，非法违法生产经营建设行为屡禁不止，安全责任不落实、防范和监督管理不到位等问题在一些地方和企业还比较突出。安全生产工作既要解决长期积累的深层次、结构性和区域性问题，又要应对不断出现的新情况、新问题，根本出路在于坚持安全生产。要把这一重要思想和理念落实到生产经营建设的每一个环节，使之成为衡量各行业领域、各生产经营单位安全生产工作的基本标准，自觉做到不安全不生产，实现安全与发展的有机统一。坚持安全生产是经济发展社会进步的必然要求。随着经济发展和社会进步，全社会对安全生产的期待不断提高，广大从业人员“体面劳动”意识不断增强，对加强安全监管监察、改善作业环境、保障职业安全健康权益等方面的要求越来越高。这就要求必须始终把安全生产摆在经济社会发展重中之重的位置，自觉坚持安全生产，把安全真正作为发展的前提和基础，使经济社会发展切实建立在安全保障能力不断增强、劳动者生命安全和身体健康得到切实保障的基础之上，确保人民群众平安幸福地享有经济发展和社会进步的成果。

2. 安全生产指导思想。牢固树立以人为本、安全发展的理念，始终把保障人民群众生命财产安全放在首位，大力实施安全发展战略，紧紧围绕科学发展主题和加快转变经济发展方式主线，自觉坚持"安全第一、预防为主、综合治理"方针，坚持速度、质量、效益与安全的有机统一，以强化和落实企业主体责任为重点，以事故预防为主攻方向，以规范生产为保障，以科技进步为支撑，认真落实安全生产各项措施，标本兼治、综合治理，有效防范和坚决遏制重特大事故，促进安全生产与经济社会同步协调发展。

3. 安全生产基本原则。一是必须坚持统筹兼顾，协调发展。正确处理安全生产与经济社会发展、与速度质量效益的关系，坚持把安全生产放在首要位置，促进区域、行业领域的科学、安全、可持续发展。二是必须坚持依法治安，综合治理。健全完善安全生产法律法规、制度标准体系，严格安全生产执法，严厉打击非法违法行为，综合运用法律、行政、经济等手段，推动安全生产工作规范、有序、高效开展。三是必须坚持突出预防，落实责任。加大安全投入，严格安全准入，深化隐患排查治理，筑牢安全生产基础，全面落实企业安全生产主体责任、政府及部门监管责任和属地管理责任。四是必须坚持依靠科技，创新管理。加快安全科技研发应用，加强专业技术人才队伍和高素质的职工队伍培养，创新安全管理体制机制和方式方法，不断提升安全保障能力和安全管理水平。

二、安全生产监管体系

建立健全科学、合理、严密、完整的安全生产监管体系是安全生产的重要保障。建立健全法规规章、政策标准、技术服务、应急处置和救援、社会监督、宣传教育培训等体系，落实企业安全生产主体责任和地方政府安全监管责任，严格安全生产目标考核和责任追究，在所有工业企业全面推广事故隐患和职业危害监控法以及事故隐患和职业危害动态管理机制、持续改进机制、系统评价机制等三种机制即"1＋3"安全监控工作体系，建立安全生产"群防、群控、群治"的有效机制，实行重大隐患治理逐级挂牌督办和整改效果评价制度，构建安全生产责任网、监督网、保障网，提升企业防灾抗灾、应急救援和事故处置能力，夯实安全生产基础和监督管理基础。

1. 提高安全生产管理认识，增强监管意识。把对安全监管工作的重要认识提升到党管安全的高度，明确具体职责。采取强有力的措施，着力解决部分部门行业领域安全生产严不起来、落实不下去、管理不到位、部门之间配合不好等突出问题。任何时候都要把安全放到第一，不能掉以轻心，不搞形式、走过场。在后金融危机时代，因受金融危机影响，部分生产经营单位安全生产投入不足、管理松懈，停产后有机会复产就会把安全生产抛到一边。在这样的特殊时期，各级监管部门必须高度警惕，落实“包保”责任，督促检查生产经营企业加大投入安全生产。开展隐患排查治理，加大安全生产经费投入，全力抓好安全生产监督管理，严防各类安全事故。

2. 创新安全监管思路，探索安全监管新模式。创新安全监管理念思路，积极探索安全监管新模式，确保广大人民群众的根本利益，是以人为本的具体体现，也是让广大劳动群众实现体面工作、让人民生活更有尊严的前提和保障。面对安全生产监管工作不断出现的新情况、新问题，我们必须用新的眼光审视工作，用新的理念谋划思路，在实践中不断探索工作的新路子，创新安全监管体制机制和方式方法，不断提升安全保障能力和安全管理水平，从而推动安全监管工作的健康发展。

3. 建立健全安全监管体制机制，强化安全监管能力。进一步强化安监、煤炭、建设、质监、国土、发展改革等行业管理部门的安全监管责任，形成密切配合、齐抓共管的工作格局。一是加强安全生产监管体系建设，对安全监管体制进行调整改革，合理界定，明确安全生产综合监管结构与行业管理部门的职能定位和职能范围，建立统一、高效、权威的安全生产综合监管体系。二是进一步完善安全监管制度，规范责权运行机制，建立结构合理、配置科学、程序严密、制约有效的相互依存、相互制约的责权运行机制，推进制度创新，努力形成用制度管权、按制度办事、靠制度管人的有效机制。三是强化民营企业安全监管，按照《安全生产法》的有关规定，强化安全投入，落实安全责任，加强安全管理机构和队伍建设，实现安全生产。

4. 严格地方政府监管职责，落实部门安全生产主体责任。强化执法力度，严格落实政府及其部门监管职责，理顺安全生产综合监管与专项监管、分级监管与属地监管的关系，依法规范和强化日常监管，按照“谁主管谁负责”的原则，各行业管理部门切实履行监管职责，加强对企业安全生产工作的监管和服务指导。坚持党委领导，形成党政齐抓共管的工作机制；认真落实“包保”责任制；严格考核奖惩和“一票否决”制。全面落实企业安全生产经营主体责任，督促企业加大安全投入，加强对员工的安全培训教育，打牢企业安全生产基础。强化执法监督，加大行政问责力度，强化责任过程监督，注重事前问责，减少事后处理。认真落实相关政策法规，对安全生产指导控制不好、安全隐患排查治理不力、安全监管工作不到位、任务完成较差的地方和部门进行警示谈话，随时警醒安全生产工作，积极探索和健全事故预防体系。严肃事故查处和责任追究，认真贯彻落实《生产安全事故报告和调查处理条例》，规范事故报告和查处工作。及时向社会公布事故查处情况，发挥舆论和社会监督作用，严肃认真对待事故举报，做到件件有答复。

5. 加强安全知识普及和技能培训。充分利用电视、互联网、报纸、广播等多种形式和手段普及安全常识，增强全社会科学发展、安全发展的思想意识。在中小学广泛普及安全基础教育，加强防灾避险演练。全面开展安全生产、应急避险和职业健康知识进企业、进学校、进乡村、进社区、进家庭活动，努力提升全民安全素质。大力开展企业全员安全培训，重点强化高危行业和中小企业一线员工安全培训。建立完善安全技术人员继续教育制度。建立健全大型企业职业教育和培训机构。加强地方政府安全生产分管领导干部的安全培训，提高安全管理水平。

三、深化安全生产重点行业领域监管

安全生产如履薄冰，必须警钟长鸣、常抓不懈。要按照社会管理创新工程决策部署，以科学发展安全发展为总要求，以深化“安全生产年”活动为载体，以筑牢安全生产责任网、监督网、保障网为主抓手，以事故起数和死亡人数“双下降”、较大事故和重大事故“双控制”、杜绝特大事故“一杜绝”为工作目标，全面实施公共安全体系建设行动计划，扎实推进公共安全监督体系建设攻坚行动，深化重点行业领域安全生产专项治理，严格落实各项责任和措施，促进全省安全生产形势持续稳定好转。

1. 消防安全“防火墙”工程。建立分片包干、专岗专警、联勤联动的“全警消防”工作机制，健全部门定期通报、告知制度和重大火灾隐患督办整改机制，构建联合监管、巡防一体、安全评价三大体系，逐步形成党委政府主导、部门行业监管、社会单位负责、岗位员工执行、公民积极参与“五位一体”的防控网络。扎实推进农村社区消防安全达标创建，完善消防安全责任体系，持续开展火灾隐患排查整治工作，坚决防止发生重特大火灾事故，年度火灾亿元GDP死亡率控制在0.01以内，万人火灾死亡率控制在0.0019以内。加大消防安全宣传教育力度，着力提高全民消防安全意识和自救互救能力。

2. 交通安全综合治理。深入实施文明交通行动计划和城市道路交通管理畅通工程，完善城市道路交通管理规划，进一步优化交通组织，加大智能交通建设力度，提高交通系统的总体效率，努力缓解城市道路交通行车难、停车难和走路难问题，确保交通安全。在全省公路、水路、铁路、航空等领域全面开展平安交通创建活动，建立高速铁路、机场平安创建机制。深入推进平安畅通县市创建活动，严格落实交通安全责任制，全面推广交通安全进社区工作，深入实施文明交通行动计划和高速公路“生命防护工程”，创新交通安全源头监管联动机制。加强交通安全宣传教育，强化交通安全执法监管，切实提高交通安全工作整体水平，最大限度地预防和减少交通事故发生。力争到2015年，全省80%以上县(市、区)达到平安畅通县市标准,机动车万人死亡率下降25%以上。

3. 危险物品安全管理。加强对枪支弹药以及剧毒、爆炸、放射性等危险物品生产、储存、运输、销售和使用环节的管理,督促生产经营单位严格落实安全生产主体责任,消除隐患,堵塞漏洞,确保全省危险物品丢失、被盗、被抢案件处于低水平。切实加强烟花爆竹和民用爆炸物品的安全监管,深入开展超范围、超定员、超药量和擅自改变工房用途"三超一改"和礼花弹等高危产品专项治理。最大限度地查缴散失社会的非法危险物品,防止其危害社会。

4. 建筑施工安全管理。按照"谁发证、谁审批、谁负责"的原则,进一步落实建筑工程招投标、资质审批、施工许可、现场作业等各环节安全监管责任。强化建筑工程参建各方企业安全生产主体责任。严密排查治理起重机、吊罐、脚手架等设施设备安全隐患。建立建筑工程安全生产信息系统,健全施工企业和从业人员安全信用体系,完善失信惩戒制度。建立完善铁路、公路、水利、核电等重点工程项目安全风险评估制度。严厉打击超越资质范围承揽工程、违法分包转包工程等不法行为。

第三节　食品药品安全监管

党的十八大报告强调,要"改革和完善食品药品安全监管体制机制",提高人民健康水平。食品药品安全包括数量安全与质量安全两个方面,前者指食品药品数量满足人们基本需求,后者则是食品药品中有毒有害物质对人体不造成危害。这里所研究的食品药品安全主要是指食品药品质量安全。食品药品安全是社会公共安全的重要组成部分,它事关人民群众的身体健康和生命安全,是人民群众最关心、最直接、最现实的利益所在。

一、食品药品安全监管是当前面临的重大现实课题

当前，我国食品安全形势总体稳定并保持向好趋势，药品质量安全保障水平稳步提高。自20世纪90年代中期以来，我国食品卫生监测合格率、食品质量监督检查合格率和药品抽检合格率均从80%左右上升至90%以上①，并保持稳定，制售假药的情况总体上被基本遏制。然而，相对于人民群众对食品药品安全的新需求、新期待相比，我们的食品药品监管工作还存在着不少问题；相对于食品药品产业的发展，我们的食品药品安全监管工作还相对滞后，监管工作中还存在一些薄弱环节。特别是近年来，在我国接连发生的多起食品药品安全事件，如"三鹿奶粉"事件、河南"瘦肉精"案件、"齐二药"事件、安徽"欣弗"事件、"地沟油"、"毒胶囊"、"毒茶叶"事件等等，给人民群众的生命安全、心理健康甚至社会安定造成了不可低估的负面影响，食品药品安全已经成为当前我国社会各界普遍关注的焦点热点问题。从总体上看，我国食品药品安全仍处于风险高发期和矛盾凸显期，食品药品安全形势依然十分严峻。

1. 食品药品安全的产业基础薄弱。食品药品产业企业多、小、散、低的局面尚未彻底改变，规模化、产业化、集约化程度不高；科技创新和应用能力不足，研发设计、生产工艺、产品标准整体水平还不够高；市场流通秩序还不够规范，医药市场缺乏公平竞争、优胜劣汰的有效机制。

2. 食品药品安全的社会基础薄弱。企业的诚信意识、责任意识和守法意识还很淡薄；食品药品标准体系不健全，相当数量的标准水平偏低；审评审批与监督管理存在脱节现象；生产经营质量管理规范落实还不到位；不合理用药现象仍然突出；影响消费环节食品安全的因素比较复杂，工作要求高，监管力量严重不足。

3. 食品药品安全问题国际压力增大。经济全球化和贸易自由化

---

① 参见魏礼群《加强和创新社会管理讲座》，166页，学习出版社，2011。

的加速发展给食品药品监管工作带来了更多新的挑战。我国食品药品对外贸易在不断扩大,越来越多的食品药品进入国际市场,越来越多的跨国企业将研发、生产和采购中心向我国转移,食品药品安全问题显得更加复杂和突出。在食品药品安全保障方面,我们将比发达国家面临更大的压力。

"民以食为天",食品药品安全关系到人民群众的生命与健康,关系到国家的稳定与社会的和谐。如何加强和完善食品药品安全监管,确保人民群众饮食用药安全,是当前面临的重大而紧迫的现实课题,是加强和创新社会管理的重要内容,是维护改革发展稳定大局的重要任务。

二、美国食品药品监管体系简介

美国是世界上食品药品供应最安全的国家之一,美国食品药品安全体系也被视为最值得别国效仿的模式之一,其完善的食品药品安全法律体系、严密的监管体系、先进的检测手段等,为其食品药品安全构筑了层层防护网,从而有效地保护了公众的健康和安全。

1. 法律法规体系健全。不断完善的法律法规体系是有效实施食品药品安全监管的基础。100 多年来,美国建立了涵盖所有食品药品类别和食品药品链各环节的法律法规体系,为制定监管政策、检测标准以及质量认证等工作提供了依据。美国政府共制定和修订了 30 多部与食品药品安全有关的法规,随着科学技术的发展和食品药品安全方面新问题的不断出现,美国政府十分重视"与时俱进",对已有法律法规进行及时修正,动态调整。

2. 分工明确、高效合作。美国负责食品药品安全管理的机构很多,也存在交叉管理,但其重要的特点是各部门分工明确、清晰、具体。美国的食品药品安全监管机构实行的是从上到下垂直管理,采取品种监管为主,即按产品种类进行职责分工,不同种类的食品药品由不同部门管理,各部门分工明确,各司其职,为食品药品安全提供了强有力的组织保障,而且部门之间有着良好的分工合作关系。联邦当局还设有可以互补和互相依赖的食品药品安全派出机构，与各州和地方政府的相关部门配合，形成综合性的、有效的食品药品安全监管体系。

3. 风险管理、预防为主。美国十分重视食品药品安全管理方面的预防措施，并以实施风险管理和科学性的危害分析作为制定食品药品安全系统政策的基础。风险管理的首要目标是通过选择和实施适当的措施，尽可能控制食品药品风险，保障公众健康。风险管理的程序包括“风险评估”、“风险管理措施的评估”、“管理决策的实施”、“监控和评价”等内容。

4. 信息透明、公众参与。在食品药品安全风险管理过程中，美国十分重视公众的知情权，强调保持每一项政策制定过程中的透明性，建立了有效的食品药品安全信息系统，形成了从联邦到地方，分工明确、全方位的信息披露主体，以及遍布全国的信息采集、风险分析以及综合的信息反馈等基础设施。食品药品安全信息披露范围、内容及公众参与的范围非常广泛。从披露的对象来看，主要包括消费者、生产经营者、科学家和研究工作者。

三、食品药品安全监管体系

2011 年 2 月 19 日，胡锦涛同志在省部级主要领导干部社会管理及其创新专题研讨班上强调，要“健全食品药品安全监管机制，完善食品药品安全标准，建立食品药品质量追溯制度，健全食品药品安全应急体系”。坚持以人为本的科学监管理念，创新监管体制机制和方法手段，建立健全食品药品安全监管长效机制，构建全程覆盖、责任明确、制度健全、运转高效、风险可控的食品药品安全责任体系和监管体系，努力把江苏打造成为全国食品药品安全的先行区、示范区和创新区，成为全国食品药品消费最安全、最放心的地区之一。

1. 食品药品科学监管理念。2005 年以来，国家食品药品监督管理总局以科学发展观为指导，提出了树立科学监管理念的要求。科学监管理念是以人为本理念在食品药品监管领域的具体体现。在关系人民群众切身利益的食品药品安全监管工作中，各级职能部门应当坚持以人为本，坚持公众利益至上、人民利益至上的原则，切实落实科学监管理念，始终把确保人民群众饮食用药安全作为一切工作的出发点和落脚点，当好人民群众生命健康的“保护神”，担当好食品医药经济发展的“助推器”，坚决同各种制售假劣食品药品的违法犯罪行为作斗争，努力净化市场，规范生产经营行为，确保食品药品安全有效。

2. 食品药品安全标准体系。加大食品药品安全标准的制定修订工作力度，建立统一、科学的食品药品安全标准体系，推动食品药品安全标准采用国际标准和国外先进标准的进程。制定清理现行食品药品安全标准的工作方案，对现行食品药品质量标准、卫生标准和行业标准中强制执行的标准进行梳理，解决标准缺失、重复和矛盾问题。制(修)订食品中农药残留、有毒有害污染物、致病微生物、真菌毒素限量标准。全面推行国家基本药物质量新标准，整合药品注册管理资源，深化药品注册审评体制。完善医疗器械标准体系，制定修订医疗器械国家和行业标准，提高国际标准采标率。严格执行食品药品安全标准，加强检验检测、认证检查和不良反应监测等食品药品安全技术支撑能力建设。组织开展食品药品安全标准的宣传贯彻，动员社会、企业和消费者积极参与食品药品安全标准实施工作，跟踪评价食品药品安全标准实施情况。跟踪研究发达国家和国际组织食品安全标准，积极开展对外交流合作，借鉴国外先进研究成果，提高我国食品药品安全标准制定的效率和科学化水平。

3. 食品药品安全责任体系。按照“地方政府负总责、有关部门各负其责、企业作为第一责任人”的要求，在党委、政府的统一领导下，强化地方政府和有关部门的食品药品安全监管责任，落实企业在食品药品安全中的主体责任，形成权责利相对应的食品药品安全责任体系，完善食品药品质量追溯、退市、召回、销毁等管理制度，建立健全食品药品安全事故责任追究制。地方政府要加强组织领导，定期分析评估本地食品药品安全状况，制定监管措施，加强监督检查，有效处置食品药品安全事件；各职能部门要密切配合，相互衔接，形成完整的监管链。

生产经营企业要强化自律意识和守责意识，建立健全企业责任制度和自律制度，完善内部管理，提高企业诚信度，积极履行和承担食品药品安全责任。

4. 食品药品安全监管机制。按照一个部门监管一个环节的原则，进一步理顺有关监管部门的工作职能，明确责任，健全食品药品管理综合协调机制。加强监管能力建设，充实和强化基层监管执法力量，加强法律法规、业务技能、工作作风教育培训，提高执法水平。药监部门发挥牵头功能，负责食品药品安全的综合监督和组织协调。质监部门负责食品药品生产加工环节的监管。工商部门负责食品药品流通环节的食品生产经营单位的登记注册与监管工作。经贸部门负责生猪屠宰管理，整顿肉品和酒类流通。农业、林木、渔业部门负责初级农产品生产环节的监管。食品药品监管点多、线长、面广、量大，单靠一个部门的力量难以实现有效监管，必须充分整合食品药品监管资源，通过建立部门联席会议、联络员制度和执法联动机制，构建上下同步、左右协调、运转高效的食品药品安全监管机制，统一指挥，统一行动，实施综合治理，形成齐抓共管整体合力。近年来，南京等地创新食品生产行政监管、执法监管、技术监管“三位一体”的食品安全监管联合执法模式，实行“食品分类、企业分级、监管分等”的“三分监管”食品生产监管方式，有效提高了食品生产安全监管效率，值得各地借鉴推广。建立食品药品动态监测处置机制，全程监管食品药品安全，狠抓食品药品的源头、生产、流通、消费四个环节的专项整治，切实加强粮油、肉、蔬菜、水果、奶制品、豆制品、水产品七大类食品和药品医疗器械安全监管，严厉打击制假售假、无证经营等严重危害群众身体健康的违法犯罪行为。

5. 食品药品安全应急管理体系。当前，食品药品安全正处于风险高发期，而基层防控安全风险的基础薄弱、能力差，亟待加强。推行风险监管，就是以控制风险、降低风险、化解风险为目的，狠抓影响食品药品质量的关键环节和质量管理的薄弱环节，健全风险监测、预警和应急处置机制，构建食品药品安全应急管理体系，做到早发现、早报告、早控制、早处理，增强监管的预见性、针对性、可控性，全力避免食品药品重大事故的发生，促进食品药品安全状况得到根本改善，切实保障人民群众饮食用药安全。一是强化风险意识。通过各种形式的培训和现场检查观摩，提高监管人员、驻厂监督员发现和排除风险的能力和水平。以提高企业全员质量安全风险意识为目的，通过法律法规宣传、签订质量承诺书、推广质量受权人制度、举办培训班等多种形式，督促企业及时排查风险安全隐患，化解风险安全因素。二是强化风险监测。围绕高风险企业和品种，加强跟踪检查、监督抽验、现场检查、质量控制和风险管理。三是强化风险预警。组织监管人员深入企业，系统分析评估、全面排查存在的问题和风险，及时向企业发布生产质量安全预警，最大限度地消除和控制风险。四是强化应急处置。针对食品药品安全突发事件的不同阶段，健全完善风险防控、科学决策、快速反应、善后恢复与责任追究、信息发布等食品药品应急管理机制，提高食品药品安全应急管理能力。

6. 食品药品安全信用体系。以形成激励惩戒机制为核心，完善食品药品信用监督体系。按照“一企一档”的要求，建立健全企业信用信息档案。完善信用信息数据库，建立食品药品企业诚信不良记录收集、查询、管理、通报制度。制定食品药品生产企业诚信体系评价标准，全面推进信用分级管理，实施综合评估，加快推进企业信用等级认定工作。制定行政性激励惩戒措施，对守信企业给予褒奖，对被认定为警示、失信、严重失信的企业即时给予惩戒。广泛动员社会力量参与监管食品药品安全，充分发挥食品药品安全相关行业协会、学会、中介组织在诚信建设、行业自律以及推进食品药品安全方面的积极作用，构建食品药品安全群防群控工作格局。充分发挥消费者的监督作用，进一步完善消费者投诉信息收集渠道，建立公众参与的市场流通监管体系，健全食品药品安全领域政府与消费者的沟通机制。鼓励新闻媒体依法开展舆论监督，揭露曝光食品药品安全方面的违法犯罪行为，及时跟踪报道打击和整治的效果，增强人民群众的消费信心。普及食品安全法律法规及食品安全知识，充分调动人民群众参与食品安全治理的积极性、主动性，形成强大合力。

第四节 应急管理

应急管理是公共管理的重要组成部分，是指政府及其他公共机构在突发事件的事前预防、事发应对、事中处置和善后管理过程中，通过建立必要的应对机制，采取一系列必要措施，尽可能快地控制事态、尽可能多地减少损失，保障公众生命财产安全、促进社会和谐健康发展的有关活动。随着国际国内形势的发展变化，政府应急管理已经演化为责任重大的常态管理形式。现代意义上的应急管理是由事件发生后的被动应对转向从事前预防到事后预防的全面危机管理，应急管理逐渐成为政府管理最为关注和耗费人力、物力、财力较多的一个领域。党的十八大报告强调，要“加快形成源头治理、动态管理、应急处置相结合的社会管理机制”，把应急管理同源头治理、动态管理并列为加强和创新社会管理的三个重要途径。

一、我国应急管理体制运转现状

当今世界，人类面临的发展希望和机遇增多，同时面临的风险和挑战也在增加。各种传统的和非传统的、自然的和社会的安全风险相互交织，重大灾难频繁发生，重大疫情传播范围扩大，能源资源紧缺和生态环境恶化，跨国犯罪和恐怖主义活动增加，民族宗教矛盾和地区冲突不断，经济社会发展不稳定不确定因素增多。预防和应对各种风险、危机及突发事件，成为国际社会和世界各国政府面临的重大课题。我国高度重视应急管理工作，改革开放30多年特别是近些年，坚持把构建中国特色应急管理体系作为预防和应对各种风险、危机，促进科学发展、和谐发展的重大任务，建立了以应急管理预案、体制、机制、法制"一案三制"和应急工作联络网、法规库、救援队伍库、专家库、典型案例库、救援物资库"一网五库"为主体的应急管理体系,并纳入地方政府应急管理工作的日常规划中。2007 年 11 月颁布实施的《中华人民共和国突发事件应对法》,确立了统一领导、综合协调、分类管理、分级负责、属地管理为主的应急管理体制,对应急管理机构设置、预防与应急准备、监测与预警、应急处置与救援、事后恢复与重建等各个环节做出了明确的规定,标志着我国的危机管理制度建设进入一个新的阶段。在应急管理机构的设置上,国家层面上设有负责统筹协调全国应急管理工作的国务院应急管理办公室,省、市、县各级政府也设立了相应的应急管理机构。由于高度重视应急管理体系建设,我国应对各种突发公共事件的动员能力、反应能力、处置能力和恢复重建能力有了明显提高。近些年来,我们在预防和应对各种重大突发公共事件中取得了比较显著的成效,包括及时、有力、有效地应对了破坏力极强的"南方雨雪冰冻"、"5·12"汶川大地震等灾害以及"奥运火炬国际危机"重大突发事件,保障了我国改革开放不断深化和经济社会持续发展。随着全球化与信息化的迅速发展,现代危机的形式和范围发生了新的变化,突发性更强,破坏力更大,发生更为频繁,涉及领域更广,而我们当前的应急管理工作还存在许多不适应。

1. 应急管理机构还不够健全。各级政府下属的应急办和指挥部只是一种协调机构,缺乏高度的统一性和权威性,还不能真正担负起统一组织、指挥和协调各种突发事件应对工作的职权。在突发事件应对工作中还存在着以部门职能为中心的部门主义倾向,缺少独立的应急指挥组织管理系统,机构众多、职能交叉、多头管理、分段管理、分行业管理,是当前应急管理体制中的最大弊端。

2. 应急预案还有待进一步完善。目前各级各类应急预案绝大多数是在《突发事件应对法》实施前制定的,需要根据《突发事件应对法》和近年来丰富的实践经验进行修订,以求切实解决问题。此外,有些预案还停留在书面文字上,针对性、实用性和可操作性都不强,也未经演练和实践检验，需要进一步规范和完善。一些企业的上下级预案之间互相脱节，与地方政府和部门的预案之间也不衔接。这些都造成预案的实施效果不够理想。

3. 应急保障能力还有待提高。全面加强应急保障体系建设，提高综合应急保障能力，是应对突发事件和战胜各种灾难的根本保证。从近年来发生的南方雨雪冰冻灾害、四川汶川特大地震、玉树重大地震的应急救援中，可以看出我国的应急保障能力还比较弱，暴露出基础设施建设不足、应急物资储备出现断档、通讯系统比较脆弱、救援设备落后、器械工具少、专业人员不足等问题，难以适应应对突发事件的需要。

4. 应急教育培训还有待加强。由于我国的应急管理体系建设起步比较晚，社会公众缺乏应对突发事件的防范意识、防范知识和防范技能，也缺乏应对突发事件的心理准备，一旦发生突发事件，公众容易形成恐慌心理和恐慌行为，其自救互救能力也较弱，导致事件的不良效果蔓延和灾害损失扩大。由于应急教育和培训基本缺失，熟练运用社会组织管理、正确及时引导舆论、有效沟通社情民意渠道的应急管理人才严重不足；具备一定自然、社会、经济和组织管理的复合型专业技术骨干人才严重短缺。少数企业的安全生产观念淡漠，安全防范措施明显不到位。

二、发达国家应急管理经验及启示

西方发达国家从20世纪80年代初期已经着手打造自己的应急管理机制，经过多年探索，大都形成了运行良好的应急管理体系，积累了包括应急管理法规、管理机构、指挥系统、应急队伍、资源保障和信息透明等领域的丰富实践经验。

1. 具有执行力的应急管理机构。发达国家在应急管理组织机构的设置与职能上大致分为两类：一类是建立综合性强的应急管理机构，实行集权化和专业化管理，统一应对和处置危机，代表国家有美国、俄罗斯、日本等，如美国的国土安全部和联邦应急管理局，俄罗斯的联邦紧急事务部(EMERCOM),日本的中央防灾会议等都是高度集权的专业化应急管理机构。另一类是实行分权化和多元化管理,在应急管理中实行多部门参与和协作,代表国家有英国、德国、澳大利亚等,如英国应对具体灾难一般由所在地地方政府主要负责处理,德国应急管理机构由多个不同部门协作组成,澳大利亚应急管理以州为主体,分联邦政府、州、地方政府三个层次。

2. 法律法规完备。实践证明,将危机管理纳入法制化轨道,有利于保证突发性事件应急措施的正当性和高效性。美国在重大事故应急方面,已经形成以联邦法、联邦条例、行政命令、规程和标准为主体的完备的法律法规体系,其中《美国联邦应急救援法案》、《紧急状态管理法》和《国家突发事件管理系统》是三部最主要的法律。日本到目前为止,共制定有关应急管理(防灾以及紧急状态处理)的法律法规达 227 部,日本的防灾减灾法律体系是一个以《灾害对策基本法》为龙头的相当庞大的体系,有基本法、灾害预防和防灾规划相关法、灾害应急相关法、灾后重建和恢复法与灾害管理组织法等 5 个类型。

3. 媒体积极介入。媒体积极介入是公共危机管理的关键。英国要求有关政府机构在平时必须做好准备,把配合媒体作为应急反应计划的一部分进行讨论和演习,并任命受过专业训练的新闻官员负责媒体事务,甚至要求电话接线员必须清楚知道在接到媒体询问时应该怎样回答。德国政府要求政府公务员自觉遵守“回答传媒提出的每一项问题”的法则,形成为传媒服务、为公众服务的传统。日本在 1961 年制定的《灾害对策基本法》中就明确,日本广播协会属于国家指定的防灾公共机构,从法律上确立了公共电视台在应急管理工作中的地位。

4. 国民危机意识强。国民危机意识的强弱直接关系到政府危机管理的效果。许多国家不惜花费巨资对国民进行经常性的危机意识教育和培训。日本政府出版各类应急知识出版物,从幼儿园开始培养国民的防灾意识、传授急救知识和救生要领。澳大利亚政府设立了全国灾害管理学院,培养危机管理的专业人才,向每户居民邮寄反恐资料，指导人们如何应对恐怖事件。德国政府利用“危机预防信息系统”(DENIS)向人们集中提供各种公民保护以及危机情况下自我保护的知识。

5. 应急保障完善。美国的《国家应急预案》明确了联邦政府机构和红十字会的资源保障任务、政策、组织构成和职责。联邦应急管理局通过实施“e-FEMA”战略，建立了应急信息系统层次结构模式，联邦应急管理局通过资助方式推动其应急管理计划，其各项资金的使用有严格的审计制度。欧洲多国设立了国家紧急救援训练基地或培训中心，形成完整的紧急救援教育和培训体系。德国备有海陆空全方位立体设施，如直升机、救援艇、消防车、救护车和完备的信息系统等，精良和先进的技术装备是救援成功的重要保障。

三、应急管理体系

目前我们正处在工业化、信息化、城镇化、市场化深入发展的过程中，面临着体制转换、结构调整、保护环境、改善民生、消除贫困等多重压力，社会利益关系错综复杂，各种自然灾害频繁发生，安全生产事故难以避免，公共安全面临许多新的挑战，应急管理工作形势严峻。这就要求我们必须增强忧患意识，更加重视应急管理工作，为全面建设小康社会、加快推进现代化建设提供一个稳定、安全、和谐的社会环境。胡锦涛同志在省部级主要领导干部社会管理及其创新专题研讨班上要求，“要完善应急管理体制，坚持预防和应急并重、常态和非常态结合的原则，完善突发事件应急管理机制，加强全民风险防范和应急处置能力建设，提高危机管理和风险管理能力。”我们要认真研究探索应急管理工作的规律，学习借鉴世界各国应急管理的成功做法和经验，紧密结合实际，不断开拓创新，继续全面构建中国特色、江苏特点应急管理体系。

1. 应急管理体系建设基本任务。当前和今后一段时期，加强应急管理体系建设的基本任务，就是以提高全社会应急管理综合能力为主线，以强化基层应急管理工作为重点，以健全完善突发公共事件预测预警预防体系、综合协调机制和社会矛盾化解机制等为主要内容，形成统一指挥、结构合理、功能完善、反应灵敏、协调有序、运转高效、特色鲜明的应急管理体系，使全社会预防各类风险和危机的意识进一步增强，应对各种突发公共事件的能力水平显著提高，为促进经济社会的科学发展、和谐发展提供有力保障。

2. 应急管理体系建设基本原则。一是始终坚持以人为本、生命至上、民生第一的理念，把保障人民群众的生命财产安全放在首位，作为构建应急管理体系的根本出发点和落脚点；二是始终坚持预防为主，预防与应急相结合、常态管理与非常态管理相结合，加强风险防范，完善预测预警机制，提高应急管理工作的预见性、科学性和有效性；三是始终坚持统一领导、加强协调配合、强化协同应对，完善上下贯通、左右配合、综合协调、区域协作、全社会参与的体制机制；四是始终坚持依法应急、科学应急、民主应急，以法制规范应急管理行为，以科技引领支撑应急管理工作，以民主确保应急管理公开、公正、公平；五是始终坚持以加强应急管理基础能力建设为重点，强化基层、广泛动员，发挥各方面优势，整合各方面资源，提高全社会防范应对突发公共事件的综合能力。这“五个始终坚持”，既是我们近些年来应急管理工作实践经验的科学总结，也是我们进一步构建中国特色应急管理体系必须坚持的基本原则。

3. 构建中国特色应急管理体系

(1) 应急管理体制机制。以提高基层应急能力为重点，进一步理顺各级应急管理体制，强化综合协调，完善应急决策指挥机制，形成快速反应、高效运转的应急管理体制机制。完善突发事件监测预警机制，强化风险管理，实现对各种风险和隐患治理的制度化、规范化和常态化。完善信息报告、信息共享、信息发布和舆论引导机制，强化应急处置协调联动机制，加强各方面的协同配合，形成有效处置突发事件的合力。完善社会动员机制，充分发挥群众团体、企业、社会组织、基层自治组织及公民在突发事件预防、应对和处置等方面的作用。

(2) 应急管理基础能力。把防灾减灾纳入城乡建设发展规划,在做好灾害风险评估的基础上,重点加强电力、交通、通信等各类基础设施的抗灾和保障能力建设,提高学校、医院、大型商场等人员密集场所抗灾设防标准。督促各类生产企业加大安全技术投入力度,改善安全生产条件,大力提高矿山、危险化学品等高危行业安全生产水平,切实加强安全生产基础能力建设。完善城乡医疗救治体系和疾病预防控制体系,提高重大传染疫情、群体性不明原因疫病等监测、检测、处置能力,健全食品安全检验检测体系,加强公共卫生保障能力建设。健全科学有效的利益协调机制、诉求表达机制、矛盾调处机制、救助保障机制和社会治安防控体系,积极化解各种社会矛盾,夯实社会安全的基础。

(3) 应急管理法律和预案体系。依法预防和处置各种突发公共事件,是实施依法治国方略的重要方面,也是推行依法行政的重要内容。进一步完善各类突发公共事件应对方面的法律法规,抓紧制定各项配套规定,并认真抓好贯彻实施,使应急管理纳入法制化、规范化、科学化轨道。全面开展应急管理规划和预案评估工作,定期组织规划实施情况的检查和预案的演练,及时修订完善各类规划和预案,不断提高针对性、实用性和可操作性。

(4) 应急管理保障体系。进一步加强应急物资储备和管理体系建设,优化应急物资储备布局,改进应急物资调拨配送方式,合理确定储备品种和规模,加强跨部门、跨地区、跨行业的应急物资协同保障。以提高基层应急保障能力为重点,加大应急管理资金投入力度,开辟多元化的筹资渠道,实行政府、企业、社会各方面相结合的应急保障资金投入机制。加快建立国家巨灾保险体系,充分发挥各类社会保险的应急功能,建立应急管理公益性基金,提高灾害救济补助标准,有效分散风险、减少损失。研究制定应急管理方面的资金、税收等优惠政策,支持应急管理企业产业发展。加快推进应急管理平台建设,提高应急管理的信息化、社会化、科学化水平。

(5) 社会风险防范和灾害应对能力。加大应急管理知识宣传普及力度，充分发挥各级政府、政府各部门、新闻媒体和社会各界的作用，深入开展应急管理科普教育活动，大力推进防灾避险、自救互救等应急救援知识及技能进社区、进农村、进企业、进学校活动，大力提高全社会的防灾避险意识和自救互救能力。全面加强应急管理教育培训工作，加快应急管理人员培训基地建设，完善各级各类应急管理教育培训网络，提高各级领导干部应对突发事件的指挥协调能力和处置能力。加强应急管理志愿者队伍建设，提高组织化、专业化水平。加强各类应急管理人才培养和专家队伍建设，积极开展应急管理科学技术研究和决策咨询工作。加强对现代条件下各类突发事件特点和应对手段的研究，建立科技应急管理支撑系统，为科学应急提供现代化服务和手段保障。

第六章　非公有制经济组织和社会组织服务管理

改革开放以来，伴随着计划经济体制的解体，社会主义市场经济的建立，我国非公有制经济组织和社会组织大量增加，在经济社会发展中发挥着重要作用。胡锦涛同志指出，要进一步加强和完善非公有制经济组织、社会组织管理，明确非公有制经济组织管理和服务员工的社会责任，推动社会组织健康有序发展。党的十八大报告进一步强调，要"加快形成政社分开、权责明确、依法自治的现代社会组织体制。""强化企事业单位、人民团体在社会管理和服务中的职责，引导社会组织健康有序发展，充分发挥群众参与社会管理的基础作用。"我们要加强对非公有制经济组织、社会组织管理及服务规律和特点的研究，推动非公有制经济组织、社会组织在社会管理和服务中发挥更大作用。

第一节　非公有制经济组织服务管理

以公有制为主体、多种所有制经济共同发展是我国社会主义初级阶段的基本经济制度。我国的经济按所有制的性质划分，可以分为国有经济、集体经济、私营经济、个体经济、联营经济、股份制经济、外商投资经济、港澳台投资经济。如果从结构上看，可以有两种归类:一是分为单一的所有制和混合所有制经济。单一的所有制经济包括国有经济、集体经济、个体经济、私营经济;混合所有制经济包括股份制经济、联营经济、外资经济(独资除外)、港澳台投资经济(独资除外)等。二是分为公有制经济和非公有制经济。公有制经济包括国有经济、集体经济,以及混合经济中的国有成分和集体成分;非公有制经济包括个体经济、私营经济、外商投资经济、港澳台投资经济以及混合经济中的非国有成分和非集体成分。非公有制经济组织主要是指改革开放后迅速成长起来的、从事商品生产和市场服务的民私营企业群体。随着改革开放的深入和社会主义市场经济的发展,非公有制经济组织大量涌现并迅速发展壮大,逐渐成为我国国民经济和社会发展的重要力量。

一、非公有制经济组织是我国国民经济和社会发展的重要力量

据国家工商部门统计,目前全国有私营企业、个体工商户、外资企业等非公有制经济组织已达4300多万户,非公企业900多万家,占全国企业总数的70%,增加值占国内生产总值的60%以上,非公有制经济组织从业人员和提供新增就业岗位分别占全国总量的80%和90%以上[①]。2011年,全国500强企业中,有非公企业184家。非公企业还提供了我国约65%的发明专利、60%的出口贸易,成为我国自主创新和参与国际竞争的生力军。非公有制经济组织已经成为我国社会主义经济的重要组成部分、吸纳就业的重要渠道,为我国经济社会发展作出了重要贡献。

1. 非公有制经济组织推动了中国特色社会主义建设事业。改革开放以来,我国所有制结构变动,非公有制经济迅速兴起、蓬勃发展。我国由一个国民经济一度濒于崩溃边缘、农村2.5亿人生活在温饱线下的国家一跃成为全球经济最具活力和潜力的世界第二大经济体,人

---

① 参见习近平《以更大力度扎实做好非公有制企业党的建设工作》,载《党建研究》2012年第4期,第4页。

民生活从温饱不足上升到总体小康，非公有制经济贡献突出。当前，非公有制经济已经成为社会主义现代化建设的重要推动力量。党的十六大作出了新的社会阶层都是中国特色社会主义事业建设者的论断，非公有制经济组织的创业人员和就业人员同工人、农民、知识分子一样，都是中国特色社会主义事业的建设者，进一步调动了非公有制经济人士的积极性、创造性。非公有制经济的发展实践，促进了人们思想解放和观念更新，促进了政府职能转变，推动了改革开放的进程和市场经济体制的建立和完善；推动了生产要素的充分流动和全社会劳动生产效率的不断提高；有效配合了国有企业、集体经济改革，促进了中国特色社会主义基本经济制度的建立，为丰富中国特色社会主义理论和中国特色的社会主义发展道路作出了贡献。

2. 非公有制经济组织为保障和改善民生作出了重要贡献。在非公有制经济组织发展进程中，我国非公有制经济组织在保障和改善民生上发挥了重要作用。非公有制经济组织积极开拓市场，为广大消费者提供了大量好的产品和服务，极大地满足了人民群众日益增长的物质文化需要。非公有制经济组织积极参与社会事业建设，积极弘扬中华民族扶危济困的传统美德，为困难群众提供了很大的帮助。从20世纪90年代中期以来，城镇70%以上新增就业岗位是由非公有制经济提供的，70%以上从农村转移出去的劳动力在非公有制企业中就业，非公有制经济已成为社会就业的主渠道。从一定程度上说，大多数农民工在城镇谋生、就业和发展的过程，就是在非公有制经济组织中由农民变市民的过程。1998年以来，我国国有经济在中小企业层面上全部退出、大量困难企业退出市场，非公有制经济吸纳了大部分下岗职工，这不仅仅是保障民生的问题，而是帮助国家渡过了国企改制的难关，促进了社会稳定。

3. 非公有制经济组织成为统筹发展的重要力量。从城乡统筹发展来看，非公有制经济是推动工业化、城镇化的主力军。其重要作用表现在三个方面：一是非公有制经济已经成为国民经济的重要支柱，为城乡统筹发展奠定了经济基础。当前，非公有制经济创造的国内生产总值、上缴国家的税收比重不断增加，非公有制经济已经成为城乡统筹发展的重要推动力量。二是非公有制经济发展加快了工业化、城市化步伐，为工业反哺农业、城市反哺农村创造了条件。东部沿海的一些省份，经过非公有制经济的充分发展，已基本实现了工业化。同时，非公有制经济的发展也有力地推动了人口、资金等要素向城镇流动和集聚，促进了城市的发展。三是非公有制经济发展成为缩小城乡差距、实现统筹发展的主要途径。我国县域的非公有制经济大多是在“一村一品”、“一乡一业”的基础上发展起来的，逐渐形成了“小商品、大市场”的格局，一大批专业市场建立起来，而市场的形成又推动了农村的城镇化进程。

二、引导非公有制经济组织自觉承担社会责任

企业的社会责任反映企业的价值观。企业除了肩负盈利这一基本的经济责任外，还要承担法律和道义责任。非公有制经济组织在承担社会责任上还存在不足，主要表现为自觉不够、认识缺欠。一是认为社会责任是政府的事。在政府的职责和企业的社会责任之间固然应该有一条清晰的界限，但不应该认为只有政府或行政部门才需要承担社会责任。二是认为社会责任是国有企业的事。一些非公有制企业认为国有企业占有太多的社会资源赚取巨额利润，国有企业应承担社会责任。企业承担社会责任不单单是国企的事情，因为企业承担社会责任并不是一种“补偿”或者“赎罪”，而是企业立足于社会的根本需要，也是企业发展的动力。三是认为社会责任是大企业的事。企业的社会责任作为企业的一种定位和社会担当的意识，是内在于企业的发展之中的。只是由于企业的规模、性质和实力的不同，企业履行社会责任的方式会存在区别。从总体上看，由于改革开放以来非公有制经济还处于初步发展阶段，绝大多数还处在财富创造和积累的过程中，所以整个社会对其要求更多的是发展经济、扩大就业、遵纪守法方面。在过去的发展中，非公有制经济也涌现出一批自觉承担社会责任的带头人，特

别是在国内重大自然灾害和国际金融危机冲击面前，许多企业心系国家、情牵人民，顾大局、讲贡献，积极捐款捐物，自觉不裁员、不减薪，在全社会产生了良好的影响。各级党委、政府也对他们的贡献给予了很多的鼓励和荣誉，希望能够有更多的非公有制经济带头人自觉承担社会责任。随着我国经济的发展和非公有制经济的不断壮大，全社会对非公有制经济带头人提出了更高的要求和期待。我们要引导非公有制经济带头人培育"爱国、敬业、诚信、守法、贡献"为核心的"优秀建设者"精神，引导他们做民族振兴的推动者、敢为人先的开拓者、依法经营的自律者、义利兼顾的实践者、共同富裕的促进者，在建设中国特色社会主义历史进程中建功立业。

1. 引导他们做民族振兴的推动者。热爱祖国、报效祖国是每个公民的神圣职责。中华民族之所以历经磨难而生生不息，就是因为强烈的爱国情怀和报国理想，激励着一代又一代中华儿女为之不懈奋斗。在当代中国，爱国主义与社会主义本质上是一致的，建设中国特色社会主义是新时期爱国主义的主题。广大非公有制经济人士要大力弘扬爱国主义精神，坚定不移走中国特色社会主义道路，自觉学习中国特色社会主义理论体系，学习党和国家关于非公有制经济发展的方针政策，始终坚持我国的基本经济制度和基本政治制度，在实现中华民族伟大复兴中体现价值，为建设富强民主文明和谐的社会主义现代化国家的宏伟事业作出贡献。在开展对外经济交流交往中，要坚持国家利益、民族利益至上，自觉维护国家形象和民族长远利益。

2. 引导他们做义利兼顾的实践者。诚实守信是中华民族的传统美德。我国历来有"商道即人道"的说法，强调不论是为人处世还是经商办企业，都要讲诚信、守信用。特别是在社会主义市场经济条件下，信用更是不可或缺的资源和要素。广大非公有制经济人士要继承中华优秀文化传统，弘扬诚信理念，培育诚信经营的企业文化，守信用、讲信誉、重信义，以高度的责任感面向社会，以严格的自律应对市场，以良好的信誉提高竞争力，推动形成与社会主义市场经济相适应、与中华民族传统美德相承接的道德规范和行为规范，展现当代中国特色社会主义事业建设者的良好精神风貌。

3. 引导他们做依法经营的自律者。社会主义市场经济是法制经济，依法经营是社会主义市场经济健康运行的内在要求。只有诚实劳动、遵纪守法，才能受到社会的尊重，得到法律的保护，也才能实现事业的可持续发展。广大非公有制经济人士要强化法治观念，自觉做到学法、懂法、知法、守法。要依法生产经营、公平竞争，遵守国家的财政税收、环境保护、安全生产和劳动保护等政策法规，遵循市场规则和行业规范，维护正常的经济秩序。要尊重和维护员工的各项合法权益，善待和关爱员工，不断增强企业的凝聚力。

4. 引导他们做共同富裕的促进者。一个人价值的大小，不在于拥有财富的多少，而在于对社会贡献的大小。长期以来，广大非公有制经济人士把个人富裕与全体人民的富裕结合起来，积极参与光彩事业和其他公益慈善事业，为促进共同富裕做了大量工作。要致富思源、富而思进，继续将贡献的理念体现在事业发展过程中，通过扩大生产规模、延伸产业链、挖掘市场潜力等方式，进一步增加就业岗位，积极吸纳下岗职工、大学毕业生和农村剩余劳动力，替百姓解难，为政府分忧。通过项目扶贫、开发扶贫、技术扶贫等方式，帮助贫困地区人民群众早日脱贫致富，共享改革发展的成果。继承和发扬中华民族扶危济困的传统美德，积极参与社会公益慈善事业，更多关心和帮助困难群体，使他们切身感受到社会主义大家庭的温暖。

三、推进非公有制经济组织构建和谐劳动关系

劳动关系是指劳动者与用人单位在实现劳动过程中建立的社会经济关系。和谐劳动关系是维护社会稳定的基石，是社会安定的“稳定器”和动荡的“减震器”。劳动关系涉及千千万万的劳动者，如果关系恶化，引发纠纷，必将危及社会安定、财产和人身安全。保障劳动者权益，建立和谐劳动关系，就能够确保一方稳定安宁。可以说，构建和谐劳动关系，是构建社会主义和谐社会的一个重要内容。非公有制经济组织

由于各种原因，现实中劳动关系容易出现一些不和谐的现象。一是容易出现不尊重不维护劳动者的合法权益的现象。由于受到利润最大化目标的驱使，少数企业采用压低职工工资、延长工作时间等资本原始积累的方式，侵犯劳动者的合法权益，劳资双方容易产生劳资矛盾；有的企业因为安全生产责任制不健全或安全生产检查制度不完善，安全生产条件差，容易造成职业病危害。二是容易出现企业不履行劳动合同的现象。少数企业出于规避责任的动机不与员工签订劳动合同，或不按《劳动合同法》的要求与员工签订劳动合同；有的即使与员工签订了劳动合同，也不按劳动合同执行工作时间和休息休假、劳动报酬、社会保障、劳动保护。三是容易出现歧视农民工的现象。少数企业不依法与农民工签订劳动合同，不承担或少承担企业对农民工的义务，或者人为压低农民工工资，缩减农民工权益，容易出现同工不同酬、同工不同权的歧视农民工的现象。因此，要动员各种力量，从各个方面促进非公有制经济组织从长远考虑，推进构建和谐劳动关系，认真履行管理和服务员工的社会责任。

1. 规范用工行为。劳动合同是建立稳定协调劳动关系的基础，也是处理劳动争议的主要依据。非公有制经济组织要按照《劳动合同法》的要求，在合法、公平、平等、自愿、协商一致、诚实信用的原则下与员工签订合法有效规范的劳动合同。这样既保障了员工的合法权益，减少和避免了劳动争议，又能够使企业广纳贤才，增强自身竞争力。非公有制经济组织要严格按照《劳动合同法》关于劳动合同期限、工作内容和工作地点、工作时间和休息休假、劳动报酬、社会保险、劳动保护、劳动条件和职业危害防护等的规定，依法管理员工，合理合法使用员工，避免违法侵权事件的发生，影响企业正常的生产经营活动，降低企业由于违法侵权而产生的成本。完善人力资源社会保障部门、工会组织、企业代表组织共同参与的协调劳动关系三方机制，建立劳动用工信息申报备案制度，加强劳动保障监察执法，强化对突出问题的专项整治，落实重大劳动保障违法案件挂牌督办和公布制度，督促非公有制经济组织遵守劳动法律法规,规范用工行为。

2. 化解劳资纠纷。广泛深入开展和谐劳动关系创建活动,促进非公有制经济组织建立健全企业经营管理者、工会、员工共同参与的平等协商机制,推动劳资双方就劳动报酬、社会保险、福利待遇、劳动安全保护等关系员工切身利益的重大事项开展集体协商,督促企业完善工资决定机制、正常增长机制和支付保障制度。建立非公有制经济组织劳动关系监测预警机制,动态监测企业经营状态、内部管理等信息,定期排查劳资纠纷隐患,及时分析研判,及早防范劳资矛盾纠纷的发生。健全企业劳调组织调解、人民调解、行政调解、仲裁调解、司法调解"五位一体"的调解工作制度,加强劳动争议调解员队伍建设,努力将劳资矛盾纠纷化解在企业内部、解决在调解环节。

3. 发挥工会积极作用。企业工会是广大员工的"娘家人",维护职工的合法权益是工会的基本职能。工会组织不仅仅是员工利益的代表,也是企业与员工之间实现良好沟通的桥梁和平台。企业可以通过工会组织,了解员工的需求和困难,了解企业的问题,传达企业的战略,让员工理解企业的困难,实现企业与员工的有效沟通。企业工会要认真推行职工代表大会制度以及工资协商、集体合同制度,把平等协商作为签订和履行集体合同的法定程序和关键环节,切实落到实处。企业工会要采取与企业行政及有关部门建立联系会、民主议事会、民主协商会、劳资恳谈会等形式,建立协商沟通制度,畅通工会与行政部门的沟通渠道,积极参与涉及职工切身利益的政策、规定的制定与实施。企业工会要密切联系职工群众,切实关心职工群众生产生活,热忱为职工群众办实事、做好事、解难事,努力把企业工会建设成为组织健全、维权到位、工作活跃、作用明显、职工信赖的职工之家。

4. 建立劳动保障制度。社会保障作为一种重要的利益平衡机制,是企业进步和经济发展的基础性支撑。市场经济条件下的社会保障是多层次的,在非公有制经济组织层次,要引导和支持非公有制经济组织重视与农民工建立劳动合同关系,明确企业与农民工的权利义务。要引导、教育非公有制经济组织在企业内不分职工户籍身份，让农民工与其他职工享受同等的“国民待遇”，做到同工同酬、同工同时、同工同权，建立和完善农民工失业、养老、医疗保险、工伤保险赔偿等制度，使他们与企业同呼吸共命运，同心协力，共谋发展。

5. 开展职业培训。支持和帮助非公有制经济组织开展以农民工职业培训为中心的综合素质教育。开展思想政治教育，促使农民工以职业转换、就业方式变革为起点，从思想、文化、观念、习俗等方面，努力完成身份、角色转换特别是心理转换，尽快融入工业文明和城市文明，克服农民工的“围城”现象。开展针对性的职业培训，紧密结合企业生产经营活动，进行岗位技能培训、就业培训等，提高他们的工业劳动技能。加强市场经济法制教育，一方面使农民工了解自己的权益，增强自身权益的法律保护意识；另一方面，让农民工学习市场经济知识和法律知识，树立权利义务观念和职业道德观念。

[**案例**]

太仓市坚持以人为本理念构建和谐劳动关系

太仓市创新工作举措，着力构建和谐劳动关系，被国家人社部誉为“太仓现象”。一是创新协作联动机制。充分发挥党政机关主导作用，人社、法院、工商等职能部门指导作用，工会和职代会等社团组织协同作用，企业主体作用，以及职工能动作用，形成“党政主导、部门联动、企业配合、职工参与”的和谐劳动关系创建格局。二是创新平等协商机制。健全政府、企业、职工三方协商机制，职工工资递增、福利待遇平等协商机制，兼顾劳资双方共同利益，妥善解决利益诉求，稳定企业用工队伍。三是创新调处化解机制。始终把减少和避免劳资纠纷、维护企业和谐稳定作为创建和谐劳动关系的出发点和落脚点，以畅通渠道及时疏导矛盾，以创建活动促进减少矛盾，以排查预警源头防范矛盾，以调解手段着力化解矛盾。四是创新多元服务机制。综治工作进企业，牵头组织企业、工会、调解组织排查化解劳动争议纠纷。维权工作进企业，开辟职工信访、维权热线、法律援助等维权通道。以千名机关干部服务千企为载体，指导企业构建和谐劳动关系。

四、加强非公有制经济组织党的建设

党的十七大报告提出，要落实党建工作责任制，全面推进农村、企业、城市社区和机关、学校、新社会组织等基层党组织建设。这是加强党建工作的一项重大战略决策，是扩大党执政的群众基础和社会基础的有效途径。不断扩大非公有制经济组织中党的组织和党的工作的覆盖面，有助于继续巩固党在非公有制经济领域的执政基础。非公有制经济组织是新形势下党建工作新的着力点和增长点，是党的群众工作的新领域，是党的基层组织建设的薄弱环节。加强对非公有制经济组织党建工作的指导，是新形势下充分发挥非公有制经济组织中党组织和党员积极作用、提升非公有制经济组织自身素质的重要手段，是党和政府加强和创新社会管理的一个重要举措。胡锦涛同志指出，加强非公有制经济组织党的建设，是增强党的阶段基础、扩大党的群众基础、提高党的社会影响力的需要，也是保护非公有制经济组织中广大职工合法权益和引导非公有制经济健康发展的需要。目前全国80％以上的城镇就业岗位、90％以上[①]的新增就业岗位在非公有制经济组织，非公有制经济组织职工在我国工人阶级队伍中已占多数。新社会阶层人士大量分布在非公有制经济组织，近年来到非公有制经济组织从业的大学毕业生等高知识群体越来越多。在非公有制经济组织领域增强党的阶段基础、扩大党的群众基础的任务日益重要而紧迫。全国非公有制经济组织中党组织和党员已达到相当规模，2010 年底共有党员 350 多万名、党组织近 30 万个，还有大量尚未接转组织关系、亮明身份的流动党员，加强非公有制经济组织党组织建设日益成

① 参见李源潮《以改革创新精神加强非公有制企业党的建设》，载《党建研究》2012 年第 4 期，第 6 页。

为巩固和发展党的组织基础的重要任务。最近，中央印发了《关于加强和改进非公有制企业党的建设工作的意见》，进一步明确了非公企业党建工作的重要意义、目标任务和政策措施。我们要扎扎实实抓好落实，切实推动非公有制经济组织党建工作迈上新台阶。当前和今后一段时间，要着重抓好“两个覆盖”、发挥好“两个作用”、加强“两支队伍”建设。

1. 抓好“两个覆盖”。加大非公企业党组织组建力度，扩大党的组织覆盖和工作覆盖。加强非公企业党建工作，首要任务是扩大党组织覆盖面。没有党员，就无法建立党的组织；没有党的组织，党的工作就没有经常性依托。根据党内统计，目前全国建有党组织的非公企业只占企业总数的 21.2%，尤其是规模以下企业只占 15.1%；81.3%的企业没有党员或仅有个别党员。这是非公企业党建工作开展难的重要原因。我们要以创先争优为动力，发展壮大党员队伍，创新党组织设置方式，坚持党群共建，切实加大非公企业党组织组建力度，努力实现党的组织和党的工作在非公企业全覆盖。第一，发展壮大党员队伍。针对非公企业党员数量少的实际，加大在生产一线职工、专业技术骨干和经营管理人员中发展党员的力度，重视在农民工中发展党员，努力实现职工 50 人以上的企业都有党员。按照保持党员队伍先进性和纯洁性的要求，坚持标准，保证质量，严把入口关，注重发展创先争优中涌现出的优秀职工特别是先进模范人物入党。注意培养发展符合条件的出资人入党。创新流动党员管理服务，探索“一方隶属、多重管理”模式，方便他们转接组织关系，引导和督促他们主动亮明身份，参加党的活动。有组织地向非公企业推荐、输送党员职工，为组建党组织创造条件。第二，创新党组织设置方式。非公企业面广量大、类型多样、企业变化快、人员流动快，要采取灵活多样的方式设置党组织。凡是有 3 名以上正式党员、条件成熟的企业，一般都应单独建立党组织。对大量不具备单独组建条件的小型、微型企业，要发挥区域性、行业性党组织的作用，依托开发区（园区）、商务楼宇、乡镇（街道）、村（社区）和行业协会等建立党组织。积极探索利用网络条件组建党组织、开展党的活动的有效方式，扩大党的影响力。加强对新建党组织的跟踪指导服务，巩固组建成果。第三，坚持党群共建。党群共建是开展党的工作、扩大党的影响力的有效方式。对尚不具备建立党组织条件的非公企业，要依托工会、共青团等群众组织，积极做好联系职工群众、推优入党等工作，推动企业建立党组织。非公企业的党组织要加强对工会、共青团等群众组织的领导，以党组织建设带动群众组织建设。

2. 发挥“两个作用”。非公企业党组织是党在企业中的战斗堡垒，在企业职工群众中发挥政治核心作用，在企业发展中发挥政治引领作用。这是根据党作为中国特色社会主义事业领导核心的执政地位，总结改革开放30多年来我国非公有制经济健康发展和非公企业党建工作实践经验得出的重要论断，凝聚了党内外包括非公经济代表人士的广泛共识。各级党委和组织部门要深刻理解、正确把握非公企业党组织的功能定位，指导企业党组织从实际出发，认真履行职责。第一，紧紧围绕企业生产经营管理开展党的活动，保证党的路线方针政策在企业贯彻落实。生产经营是企业的中心任务，企业党组织如果不是围绕企业发展开展工作，就很难在企业中有地位、有作为，既无法取得出资人的理解和支持，也难以受到职工群众的欢迎。非公企业党组织要以促进企业健康发展为目标，把党的活动与生产经营管理有机融合，实现同频共振、互相促进。积极宣传、坚决贯彻党的路线方针政策，引导和监督企业遵守国家法律法规，诚信经营、规范管理，自觉履行社会责任。主动关心、认真研究关系企业科学发展、长远发展的重大问题，积极提出意见和建议，帮助支持出资人和经营者把企业做强做大做优。建立党组织与企业管理层双向联系工作机制，及时沟通协商有关情况，定期恳谈重要事项，探索党组织参与企业管理和重要决策的有效途径和方法。第二，切实维护职工群众的合法权益，增强党组织对职工群众的凝聚力、向心力。全心全意依靠工人阶级是我们党的一贯方针和政治优势。非公企业党组织只有为职工群众说话、维护职工群众的合法权益，才能把职工群众紧密团结在党组织周围。职工群众的合法权益得不到有效保护，是目前非公企业发展中的一个突出问题。非公企业党组织要把维护职工群众合法权益尤其是职工生产安全保护作为义不容辞的职责，领导工会等群众组织积极反映群众诉求，依法依规为职工群众争取合法权益和应得利益，真正成为职工群众的主心骨。积极协调各方利益关系，及时化解劳资纠纷，维护各方合法权益，构建和谐劳动关系，促进企业和社会稳定。加强和改进企业思想政治工作，注重对职工的人文关怀和心理疏导，帮助解决实际困难，真正成为广大职工群众的贴心人。第三，组织带领党员和职工群众创先争优，彰显党组织和党员的先进性。创先争优是发挥党组织战斗堡垒作用和党员先锋模范作用，推动企业健康发展的动力机制。我国非公企业虽然发展迅猛，但总体仍处于产业链低端，市场竞争力和抗风险能力较弱。推动产业转型升级，迫切需要提高非公企业的产业层次、技术创新和经营管理水平。要在非公企业广泛开展“双强六好”创建活动，促进企业党组织履职尽责创先进，广大党员立足岗位争优秀。企业党组织要围绕企业发展目标开展创先争优，通过党员示范岗、党员责任区、“承诺践诺评诺”等载体，激发党员的积极性、创造性。坚持党群共建创先争优，带领工会、共青团等群众组织，组织动员职工群众开展劳动竞赛、技能比武、技术创新，帮助企业强筋壮骨、克服困难，增强市场竞争力。加强对党员的教育管理服务，健全党内激励关怀帮扶机制，解决党员思想工作生活难题，增强党员的归属感和荣誉感。每个非公企业党组织至少要建立一项务实管用的创先争优制度，使创先争优常态化、长效化。第四，引领建设先进企业文化，培育积极向上的企业精神。先进的企业文化是企业核心竞争力的重要体现。现在我国许多非公企业特别是出资人缺的不是物质财富，而是精神追求。企业文化建设滞后，是制约非公企业健康发展的瓶颈之一。非公企业党组织要认真贯彻党的十七届六中全会精神，把党建工作与企业文化建设互通共融，引领企业建设符合社会主义核心价值体系的先进文化。教育引导党员、职工和企业出资人，坚定中国特色社会主义共同理想信念，夯实团结奋斗的共同思想基础。积极开展企业精神文明创建活动，丰富职工群众精神文化生活。加强社会公德、职业道德教育和法制教育，促进诚信经营，抵制造假欺诈、见利忘义、损人利己等歪风邪气。以学习型党组织建设带动学习型企业建设，提高职工群众综合素质，增强企业创新能力。

3. 加强“两支队伍”建设。加强非公企业党建工作，关键是加强非公企业党组织书记和党建工作指导员队伍建设。现在各地都有一批优秀的非公企业党组织书记，但从总体上看，还存在“打工书记”多、“新手书记”多、“流动书记”多等突出问题。建设政治坚定、素质优良、相对稳定、充满活力的非公企业党组织带头人队伍，既是非公企业党建工作的当务之急，也是长远大计。第一，坚持标准、拓宽渠道，选优配强非公企业党组织书记。按照守信念、讲奉献、重品行、懂经营、会管理、善协调，热爱党务工作和熟悉群众工作的标准，选优配强非公企业尤其是规模以上非公企业党组织书记。各级党委和组织部门要按照这一标准，拓宽选人视野，创新选人方式，努力做到好中选优、优中选强。企业内部有合适人选的，要通过公开推荐、民主选举方式产生，注重从企业生产、经营、管理骨干党员中择优选配党组织书记；企业内部没有合适人选的，可从党政机关、国有企事业单位协商委派，或从大学生村官、复转军人中推荐人选。可打破地域、身份、职业等限制，探索面向社会公开招聘党组织书记人选，鼓励机关优秀年轻党员干部到非公企业挂职从事党建工作，培养符合条件的工会主席担任党组织书记。企业规模大、党员数量多的企业，主要出资人担任党组织书记的，应配备专职副书记。第二，加强教育培训，提高非公企业党组织书记的能力素质。非公企业党建有不同于其他领域基层党建的新特点，党组织书记新手多，参训机会少，接受培训的愿望强烈。各地、各部门要把非公企业党组织书记培训纳入党员干部教育培训总体规划。市级以上党组织要抓好示范培训，县级党组织要抓好普遍轮训和任职培训，每名党组织书记每年至少参加1次集中培训。有针对性地设计培训内容，重点加强党的路线方针政策、法律法规、党务知识、群众工作方法的培训，加强市场经济知识、生产经营和企业管理本领的培训。注意总结运用非公企业党建的成功经验，进行典型示范、实地观摩、案例教学，使培训务实管用。第三，强化保障与激励，调动非公企业党组织书记干事创业的积极性和创造性。目前，非公企业党组织书记管理不够规范、待遇保障较差，直接影响队伍活力和稳定。各地、各部门要从实际出发，完善非公企业党组织书记管理制度，明确岗位职责，建立健全目标管理、报告工作、述职评议、考核评价等制度，提高规范化管理水平。推动企业建立健全党组织书记待遇保障制度，鼓励企业把党组织书记纳入管理人员序列。有条件的地方，上级党组织可给予非公企业党组织书记适当的工作津贴。注重政治激励，积极推荐优秀党组织书记作为“两代表一委员”人选。党组织书记因坚持原则遭受不公正对待时，上级党组织要为他们说话，保护他们的积极性。第四，注重抓好非公企业党建工作指导员队伍建设。选派党建工作指导员是各地在非公企业党建实践中创造的好经验。目前全国有40多万党建工作指导员活跃在非公企业党建第一线，发挥了不可替代的重要作用。要认真总结经验、完善措施，实行“一人一企”、“一人多企”的办法，选派党建工作指导员到没有党员的企业开展党的工作，帮助有党员的企业尽快建立党组织，指导新建党组织建章立制、开展活动。建立健全非公企业党务工作人才库，鼓励机关在职干部、“退二线”的党员干部、复转军人和其他热心党建工作的同志担任党建工作指导员。

第二节　社会组织服务管理

社会组织是指依法注册登记，在经济和社会发展中发挥服务、沟通、协调、监督、维权、自律等作用的社会团体、基金会、民办非企业单位及中介组织。社会组织以其非营利性、民间性、公益性、自愿性与组织性为特征，是社会管理和服务的重要力量，是推动社会管理创新，加快形成党委领导、政府负责、社会协同、公众参与、法治保障社会管理体制的重要方面。

一、社会组织在社会管理中的作用

20 世纪 80 年代以来，我国进行了党政分开、政企分开、政府职能转变等为重要内容的体制改革，相继出台了一系列鼓励和规范社会组织的法律、规章和政策。1998 年 6 月，民政部将原先主管社会团体的“社团管理司”更名为“民间组织局”，社会组织取得合法性。同年，国务院颁布了修订后的《社会团体登记管理条例》和《民间非企业单位管理条例》，确立了民政部主管登记，党政主管部门负责日常管理的“分级登记、双重管理”的模式。这些制度安排都是为了适应社会组织发展壮大的形势。从数量上看，据统计，截至 2011 年底，经过各级民政部门登记注册的社会组织总量已达 45.75 万家，其中江苏省各级民政部门登记注册的社会组织 36818 家，其中社会团体 19494 家、基金会 376 家、民办非企业单位 16948 家，基金会数量居全国第一位，民办非企业单位数量居全国第三位。按照联合国教科文组织的分类标准，我国的社会组织可分为五大类：一是经济类组织。这类组织全国大致有 7 万多家，主要是在工商领域活动，例如各类的行业协会、商会组织等。二是基金会等公益组织。最有代表性的就是基金会，这类组织主要是利用社会捐赠的公益资金，从事公益慈善事业，比如扶贫、救灾、救助残疾人、环保、支持教育、卫生等事业的发展。三是学术性的社团组织。这类组织全国大概有 3 万多家，主要是组织专家学者开展学术交流和学术研讨。四是社会服务型组织。这类组织主要包括从事文化、教育、体育、卫生以及提供公共服务的机构，最典型的就是民办学校、民办医院，民办的一些社会服务机构。全国现有民办专科、本科院校 640 所，在读学生已经占到全国在校生的 20%。江苏现有民办高校 50 所，在校学生近 40

万人，数量全国第一。五是综合性社会组织。主要是以一些职业者组成的团体，比如律师协会、注册会计师协会、医师协会等，他们都是一些专门的从业人员。社会组织是党和政府联系人民群众的桥梁和纽带，在激发社会活力、促进社会公平、倡导互助友爱、反映公众诉求、推进公益事业、化解社会矛盾等方面发挥着重要作用，在社会管理中担当着积极角色。

1. 社会组织在经济社会发展中发挥着协同管理作用。我国经过30多年的改革开放走完了西方国家100多年走过的道路，工业化、城镇化、市场化、国际化等人类社会重大变革在中国短期内同时展开。发达国家在不同时期渐次出现的许多社会矛盾和社会问题，在我国经济社会转型中都显现出来。国际经验表明，重视并发挥社会组织的作用可有效应对和缓解矛盾的多样多发，妥善处理各种社会问题，积极应对各种社会风险，推动社会和谐发展。党的十六大以来，中央从中国特色社会主义事业总体布局的战略高度，对社会管理工作作出了一系列重要决策部署。2003年党的十六届三中全会着眼完善社会主义市场经济体制，提出“按照市场化原则规范和发展各类行业协会、商会等自律性组织”；2004年党的十六届四中全会立足加强党的执政能力建设，要求“发挥社团、行业组织和社会中介组织提供服务、反映诉求、规范行为的作用，形成社会管理和社会服务的合力”；2005年党的十六届五中全会围绕国家“十一五”规划纲要，明确“规范引导民间组织有序发展”，“完善民间组织自律机制，加强和改进对民间组织的监管”；党的十六届六中全会首次将民间组织定义为社会组织，围绕构建社会主义和谐社会，明确提出要“健全社会组织，增强服务社会功能。坚持培育发展和管理监督并重，完善培育扶持和依法管理社会组织的政策”；2007年党的十七大报告进一步确认了“社会组织”这一概念，首次将社会组织作为“发展基层民主，保障人民享有更多更切实的民主权利”的重要内容，提出“发挥社会组织在扩大群众参与、反映群众诉求方面的积极作用，增强社会自治功能”，强调“健全党委领导、政府负责、社会协同、公众参与的社会管理格局”，发挥社会组织在社会管理中的协同作用。

2. 社会组织是政府职能转变的承接者。回顾改革开放30多年来的实践，从一定意义上说是不断调整政府与市场、政府与社会关系的过程，也可以说是变“强政府—弱社会”为“强政府—强社会”的过程。随着改革开放和社会主义市场经济不断发展，政企分开、政社分开、政事分开，政府和社会各自的边界和职责进一步明晰，过去无所不能、包揽一切的“无限政府”，必须向公共服务型的“有限政府”转变。而在发展社会主义市场经济条件下，公益性事业发展不可能是单一的，运行机制也不可能是相同的，政府不应当也没有能力包办一切。同时广大人民群众的多样性、多层次和不断变化的社会需求也不可能完全由政府直接提供，必须积极引导和支持社会组织参与社会管理和公共服务，建立公共服务供给的社会参与机制。因此，适时把不应承担、也无能力承担，把管不了、也管不好的管理社会的权力交给社会，把众多群众性、社会性、公益性、服务性的职能向社会剥离和转移，就成为社会建设的必须。而伴随着改革开放不断深入和经济社会不断发展成长起来的社会组织，无疑成为政府社会职能转移的促进者和主要承担者，为社会成员提供政府不便和市场不愿或不能提供的服务，扩大群众对公共服务的选择空间，降低服务成本，提高服务效率和质量。从而使政府职能得以规范、健全和完善，社会组织得以发展壮大，并在社会管理和服务中发挥满足社会多种需要的积极作用。

3. 社会组织是促进社会和谐稳定的积极力量。有效地动员社会力量和社会资源，保障和改善民生，是社会组织服务功能最大化的重要体现。社会组织发挥资源整合的优势，参与兴办教育、科技、文化、卫生、体育、社会福利等社会事业，促进就业难、看病难、上学难、住房难等问题的解决，不但有效扩大公共服务的供给，同时也有力推进公共服务的均等化。社会组织以自己的社会良知，积极开展减贫济困、救灾防害、安老抚幼、扶幼救孤、助学助医等公益活动，为城市下岗职工、失业人员、进城农民、妇女、儿童、老年人、残疾人群等社会弱势群体提供适时而有力的社会援助，增进社会福利，促进社会公平，既有力地缓解了当前我国就业和社会贫富差距等问题对社会的压力，以实际行动担当社会责任，倡导自助、互助和助他的公民精神，弘扬了尊老爱幼、互爱互助、见义勇为、奉献社会的良好社会风尚，实现了社会价值的理性回归，促进社会和谐发展。

二、国外社会组织管理体制

国外把社会组织称为非营利组织，主要指以非营利为目的、从事公益事业的一切社会组织，属于政府部门和市场部门以外非营利部门。

1. 内外部监管体制。非营利组织管理包括外部对非营利组织的监管，也包括非营利组织自身的内部管理和内部治理结构。对于非营利组织的外部监管主要体现为司法、行政监管和社会监管相结合，即非营利组织的监管。一是法律框架下的监管，包括前面提到的公民自由结成组织，以非法人社团形式活动无需登记注册，但获得法人资格需要登记注册，公共筹款资格、税收资格的获得都要进行申请和接受监督。二是与法律制度框架相应的行政管理机构的监管。由于各国的法律结构不同，对非营利组织的管理重点不同，行政管理机构也不尽相同，但一般采用行为控制和过程控制的原则而非主体控制原则。三是社会对非营利组织的监督。社会监督机制的首要原则是非营利组织的公开、透明运作，非营利组织必须向社会公众公开其财务、活动、管理等方面的信息。非营利组织的自律机制也主要通过合理的组织内部治理结构来保证，而这主要是以非营利组织的法人制度为基础。

2. 制度保障和财政保障。世界上许多国家的非营利组织与政府有着很好的合作伙伴关系，政府支持是非营利组织健康发展的保障，这其中包括政府支持的制度保障和财政保障。英国政府与慈善组织之间签订的重要合作协议（COMPACT 协议）是为非营利组织提供政府支持以制度保障的典范，这一制度逐渐为法国等欧洲国家效仿。另外，在许多国家，虽然不同形式的社会组织，其经费来源也日益多元，但总体看，社会组织的经费来源以财政投入为主，政府依然是社会组织生存与发展的主要资源来源。

3. 政府与非营利组织的关系。非营利组织较为发达的国家一般都是政府与非营利组织之间有着良好合作关系的国家，主要有这样几个特点。一是非营利组织与政府是相辅相成的关系，尤其是在为社会提供公共服务方面更具优势和更有效率。二是非营利组织也是参与政府决策、参与公共事务管理的重要力量，非营利组织作为公民社会的一部分，在促进参与民主中起着重要的作用。三是政府不仅主动从一些公共管理领域中退出并让位给非营利部门，而且为非营利组织在这些领域发挥作用及其发展提供强有力的政府资金支持和政策支持，使非营利部门成为政府和市场以外的第三种力量。

三、积极扶持和培育社会组织

我国的社会组织不同于西方发达国家自下而上的市民社会形成的道路，是靠政府扶持发展起来的。我国的国情决定了我们要在合理地借鉴其他国家发展市民社会的经验和理论的基础上，坚定不移地走自己的发展道路，即在坚持党的领导和健全法制体系前提下，发挥民间社会组织的作用，加快形成党委领导、政府负责、社会协同、公众参与、法治保障的社会管理体制。从目前来看，我国民间社会组织数量偏少、组织体系发育还很不成熟，应有的功能还没有得到很好的发挥，总体上仍处于初级阶段，无论其外部的发展环境还是自身的发展水平都需要完善。“十二五”规划纲要强调，对于社会组织要坚持培育发展和管理监督并重，推动社会组织健康有序发展，充分发挥其提供服务、反映诉求、规范行为的作用。

1. 把握社会组织正确发展方向。思想是行动的先导，认识是工作的基础。正确认识社会组织，是社会组织科学健康发展的首要前提。当前对社会组织地位作用的认识，存在两类误区：一类误区是，看社会组织消极作用多，认为社会组织的发展会分化社会利益、激化社会矛盾、破坏社会稳定，对社会组织采取轻视、排斥的态度，对新形势下社会组织发展的重大意义、发展的客观趋势认识不到位，对其培育发展重视不够、措施不力,不能充分发挥其积极作用。另一类误区是,只看社会组织积极作用,对其“双刃剑”作用认识不清,只讲发展忽视管理,对社会组织尤其是非法组织可能带来的负面影响估计不足,缺乏警惕性,监管不到位。比如,随着改革开放的深入和对外交往的扩大,境外社会组织在我国境内活动日益增多。据不完全统计,在我国境内活动的境外非政府组织有 4000 多个[①],他们对推动我国经济社会建设,发展公益事业,拓展我国对外开放和合作领域发挥了一定的积极作用,但是也有不少组织对我国进行思想文化及宗教渗透、分裂颠覆和情报窃密等破坏活动,对我国国家安全和社会政治稳定构成潜在威胁。中央和省委、省政府历来高度重视社会组织发展,对发展社会组织提出了明确要求,概括起来就是:发展是前提,建设是核心,培育与监管是基本手段,发挥社会组织的积极作用是根本目的。发展是前提,坚持把发展作为第一要务,主动顺应时代潮流,积极适应形势变化,把握发展规律、创新发展理念、破解发展难题,实现社会组织的总量、规模、结构、布局与我国社会主义经济、政治、文化、社会各项建设保持同步。建设是核心,就是要以社会组织为本,始终把社会组织建设作为中心任务来抓。必须贯彻落实科学发展观,将社会组织从被监管的对象转变成发展建设的主体,进一步增强社会组织服务社会功能,明确政府的职责和任务,完善社会组织政策体系,科学规划、正确引导、积极扶持,使社会组织全面协调可持续发展,与构建社会主义和谐社会的内在要求相适应,与建设中国特色社会主义的正确方向相统一。培育与监管是基本手段,就是要一手抓培育,一手抓监管。既要充分认识新时期社会组织的地位作用,改革创新、积极扶持,解决社会组织发展遇到的困难和问题,努力创造良好的发展环境和条件;又要科学分析我国社会组织发展的初级阶段性,积极引导、兴利除弊、依法管理,引导各类社会组织提高自律性和诚信度,实现社会组织更好更快发展。发挥社会组织的

---

①《加强和创新社会管理学习读本》,207 页,国家行政学院出版社,2011。

积极作用是根本目的，就是要把社会组织发挥作用的状况作为衡量工作成效的基本标准。要服从、服务于在新的起点上建设更高水平小康社会、开展基本实现现代化新征程的客观需要，重视社会组织，团结社会组织，凝聚社会组织，善用社会组织，使其成为科学发展、社会和谐的积极力量，成为中华民族复兴的可靠力量，成为党长期执政的重要基础。

2. 发展健全社会组织。发展健全社会组织，是社会组织建设与管理的基础。只有不断发展健全社会组织，才能满足人民群众日益增长的物质文化需求。健全社会组织，要讲全面发展。在依法注册登记的基础上，丰富种类、壮大实力，鼓励有序竞争，推动我国社会组织全面协调发展，形成门类齐全、覆盖城乡、涉及社会生活各个领域的社会组织体系。健全社会组织，要讲分类指导。根据社会组织的不同种类、不同特点和不同作用，围绕人民群众的迫切需要，突出重点，分类发展。要着力按市场化原则改革和发展行业协会商会，积极培育农村专业经济协会，加大扶持公益慈善类社会组织，鼓励社会力量兴办民办非企业单位，支持发展城乡社区社会组织，引导和规范科、文、卫、体等社会组织，以及随着人民群众生活水平提高而逐渐涌现的新型社会组织。健全社会组织，要讲有序增长。要遵循社会组织发展的客观规律，科学调控，合理布局，优化结构，既不宜滞后于经济社会发展的需要，也不能超出经济社会的实际水平，要保持社会组织平稳有序的发展。必须坚持实事求是、因地制宜，经济社会发达地区要多在发展质量上下功夫，改善环境，调整布局，优化结构，实现速度和结构质量效益相统一；经济社会欠发达地区要注重鼓励发展，大力发展公益类、扶贫类、经济类社会组织，服务于当地经济社会发展的需要。

3. 完善培育扶持政策。社会组织健康发展、发挥作用，需要良好的空间和条件。必须把完善培育扶持政策，作为当前和今后社会组织建设与管理的重点工作，主动研究，多方呼吁，积极协调，大力推进。培育扶持，就是要提升社会组织的地位。加强社会组织法制建设，抓紧修订出台社会团体、民办非企业单位两个条例，推动行业协会等单项立法，开展社会组织立法研究，不断提升社会组织的法律地位。加大社会组织的宣传和研究力度，对诚信守法、自律严格、作用突出、社会认可的社会组织给予褒扬和奖励，树立一批优秀典型，不断提升社会组织的社会地位。培育扶持，就是要拓展社会组织的空间，重点解决影响或制约社会组织发展及其发挥作用的一些体制机制障碍，营造社会组织发展的良好环境。抓住和利用当前加快政府职能转变和转移职能以及购买服务的政策体系，着力解决社会组织承接政府职能、承担政府委托任务有关问题，推动各地各部门在公开、公平、公正的基础上，在更广泛领域与社会组织开展更高层次合作。培育扶持，就是要加大对社会组织的支持，要多在扶持政策上下功夫，多为社会组织办实事、解难事。推动和落实非营利组织尤其是公益慈善类组织的税收优惠政策，增加税种，扩大范围；探索设立社会组织发展基金，推动建立公共财政对社会组织的资助和奖励机制；解决困扰社会组织发展的突出问题，在专职工作人员社会保障、职称评定、职业建设等方面取得重大进展，为社会组织的发展提供良好的政策保障。

四、完善社会组织管理和服务

经过多年的努力，我国社会组织管理和服务取得了很大进展，但必须清醒地看到，我国正处在改革开放和现代化建设的关键时期，经济建设、政治建设、文化建设、社会建设以及生态文明建设全面推进，工业化、信息化、城镇化、市场化、国际化深入发展，为我国社会组织发展既提供了新的机遇，也对社会组织的服务管理提出了新的更高要求。我们必须更加准确地把握加强和完善社会组织服务管理的着力点，严格依法管理，建立健全政社分开、权责明确、依法自治的现代社会组织体制，建立健全司法监督、行政监督、舆论监督和社会监督等全方位的监督机制，及时纠正社会组织的违法违规行为，实现政府与社会组织间的良性互动，充分发挥社会组织在经济社会发展中的积极作用，建设有中国特色的社会组织，为我国经济社会发展作出更大贡献。

1. 加强社会组织规范管理。规范管理是社会组织管理与服务的重要方面。我国社会组织发展还处于初级阶段,仍存在着这样那样的问题,加强规范管理也就显得更为迫切。规范管理,就是要健全监管机制。切实改变“重登记、轻管理”的倾向,逐步由重入口登记向兼重准入和日常管理转变,改进和加强以年检为主要内容的依法管理,针对群众反映强烈的部分组织乱评比、乱授牌、乱收费等问题,健全以规范行为为重心的相关管理制度,提高处置突发事件的能力。规范管理,就是要改进监管方式。在依法监管的基础上,引入社会监督,充分发挥新闻媒体的舆论监督作用,注重舆论监督的社会效果;拓展政府监管方式,健全社会组织评估体系,加快推进社会组织评估,鼓励先进,鞭策后进,促进社会组织能力建设和诚信建设。规范管理,就是要坚持依法行政。切实规范社会组织行政执法,完善执法程序,按照公开、公平、公正的原则,对社会组织违法违规活动和非法组织坚决予以查处,体现有法必依、违法必究、执法必严,树立法律权威。依法维护社会组织合法权益,不断提高行政效率和依法行政水平。

2. 充分发挥社会组织积极作用。充分发挥社会组织在经济社会发展中的作用,是社会组织管理与服务的出发点和落脚点。有为才能有位,才能真正为社会所接受、为人民所认可、为政府所支持。要把社会组织是否真正有效地发挥作用,以及在多大程度上发挥作用,作为新时期社会组织管理与服务成效的实践检验标准。发挥作用,就是要发挥社会组织的优势和长处。社会组织作为有别于政府、企业的“第三部门”,联系众多群众、企业和组织,跨越不同部门、不同所有制形式,汇聚各类优秀人才,拥有资源、技术、信息、项目等多方面优势,在科技教育、文化体育、卫生保健、扶贫开发、环境保护、法律援助、社会福利、行业管理、社区建设、农村经济等诸多领域具有很强的能量储备。要引导和支持社会组织结合自身业务特点,找准方位,扬长避短,把社会效益摆在首位,开展多种形式的会员服务、行业服务、社会服务活动。发挥作用,就是要全面发挥社会组织的作用。既要关注某个组织某类组织在经济社会中的作用，更要重视社会组织总体发挥作用的情况。既要重视社会组织在特定领域发挥的作用，更要强调社会组织在一时、一地、一事上发挥作用，更要建立社会组织参与发展、发挥作用的长效机制。发挥作用，就是要调动社会组织服务的主动性。引导社会组织围绕党和国家工作大局，自觉承担社会责任，以人民利益为重，以服务社会为己任，主动参与解决人民群众最关心、最直接、最现实的利益问题，用实际行动积极投入全面建设小康社会、加快推进社会主义现代化建设的各项任务中去。

3. 实现政府与社会组织良性互动。从治理国家来讲，政府是主导，它可以通过国家强制力和行政组织资源管理社会宏观的公共事务；从管理社会来讲，社会组织是主力，它直接了解社会成员的具体需求和具体利益，及时地向政府反映和表达社会成员和利益群体的意见，并通过非官方的力量动员和开发社会资源，管理社会具体的事务并从事政府无力顾及的一些公共服务。政府与社会组织彼此之间相互依存、相互补充又相互制约产生良性互动，可以成为合作伙伴关系。社会组织内练素质、外塑形象，具有独立性、自主性和代表性，社会公信力强，成为政府可以信赖和托付的伙伴，进而与政府之间建立起一种长期的取长补短的合作关系。政府部门应充分认识到发展壮大社会组织的重要性，努力为社会组织的健康发展创造良好的环境。政府购买社会组织服务，是资助社会组织的重要方式。划定政府向社会组织购买服务的重点领域，采用公开招标的方式，建立规范的程序和制度。对社会组织的税收优惠形成统一的政策体系。对公益慈善组织的捐赠税收优惠实行普惠制，简化税收减免程序，鼓励个人对公益组织的捐赠；扩大社会组织税收优惠种类和范围。在财产税、商品税、房产税、车船使用税、城镇土地使用等方面给予社会组织税收优惠。建立税收优惠配套措施和民政部门及税务部门的沟通协调机制。随着政府管理体制从全能政府向“小政府、大社会”的管理格局转变，政府职能转移已成为共识。加大改革力度，促进政府职能的转变，将更多的公共事务交给社会组织承担，如将微观层面的事务性服务职能、部分行业管理职能、城市社区公共服务职能、农村生产技术服务职能、社会慈善和社会公益等职能转移给社会组织，从而扩大了公共服务供给，降低了社会管理的行政成本，使社会多样化需求得到进一步满足。确定转移的职能范围，如在行业管理领域，应该将决策咨询、标准制定、行业统计与调查、资质资格的考核、展览展销、行业自律、价格协调和行业性集体谈判、反倾销中的应诉和调查等职能移交给行业协会、商会。在学术研究领域，应将技术标准制定、成果鉴定、咨询服务、项目评审、研究规划、课题设置、研究经费发放、专业人员培训、学术评价等职能移交给学术性组织；在人力资源领域，应将职业道德规范、职业培训和继续教育、制定从业标准、组织从业资格考试、专业技术职务职称评审等职能转移给职业及从业者组织等。对于这些职能的转变和定位，既要有长远规划，更要循序渐进。

五、推动社会组织加强自身建设

加强社会组织自身建设是社会组织建设和管理的关键环节。如果说健全社会组织偏重数量的增长，加强社会组织自身建设就是推动社会组织质的提升，培育大量综合能力强、全面素质高的社会组织。由于我国社会发育程度不高，一些民间社会组织发展的时间不长，相关的法律法规和配套政策还不够完善，在发展过程中还存在一些问题，主要表现为：法制观念、社会责任和社会公益意识有待加强，内部管理制度不够完善，自律机制不够健全，组织行为不够规范，信誉缺失等。我们必须推动社会组织加强自身建设，增强社会责任意识和法制观念，完善内部治理机制，加强人才队伍建设，不断提高社会组织自律水平和整体素质，着力提升促进经济社会发展的积极作用。

1. 加强社会组织内部管理机制建设。自律和诚信，关系到社会组织在人们心中的形象和地位。要强化社会组织的独立法人意识，着力推进政社分开，社会组织与政府有关部门办公分开，人、财、物脱钩，减少社会组织的行政化色彩和倾向，实现自主发展、自主运行、自我管理、自我约束。要推动社会组织完善以章程为核心的法人治理结构和治理机制，引导社会组织建立民主选举、民主决策、民主管理、民主监督的运行机制。健全信息披露制度和诚信奖罚机制，引导社会组织增强社会责任和公益意识，不断提高社会公信力。

2. 加强社会组织队伍建设。社会组织的发展，关键在人才。要着力培养、吸引、用好社会组织人才。建立社会组织人才库，健全社会组织培训体系，加大社会组织教育培训力度，不断提高人才队伍素质。规范用人制度，逐步推行秘书长聘任制和培训合格上岗制度，积极动员和利用志愿者人才，推动社会组织人才队伍专业化、职业化、年轻化。完善保障激励机制，调动社会组织从业人员的工作积极性和创造性。

3. 加强社会组织服务能力建设。服务是社会组织的立命之本、发展之基。我们应推动社会组织加强服务社会的能力建设，引导社会组织按照宗旨和业务范围积极开展活动，着力提高筹措资金、项目运作、技术交流等方面的能力，加强与政府、企业、事业单位和其他组织的合作，面向会员、面向行业、面向社会提供更多、更新的公共服务和公益支持，在构建和谐社会中发挥更大作用。

六、加强社会组织党的建设

加强社会组织党建工作，建立社会组织党工委，把各类社会组织纳入党委和政府主导的社会管理体系，扩大社会组织党的工作覆盖面，充分发挥党组织在社会组织中的积极作用，努力实现党组织引导社会组织、维护社会稳定、促进社会和谐中的功能。

1. 创新党组织活动方式。按照党章规定，社会组织中党组织的主要任务是，引导和监督社会组织贯彻执行党的路线方针政策，遵守国家的法律法规，做好党的群众工作，维护各方合法权益，促进社会组织健康、规范、有序发展。要立足党组织在社会组织的功能定位，研究社会组织规律特点，创新党组织活动的方式方法，从社会组织从业人员的职业特点和内在需求出发，因地制宜地开展党的活动，充分利用现代信息技术和互联网等现代传媒手段，畅通党组织和党员、党员和党员之间的联系交流渠道，活跃党内生活，增强党组织的吸引力和亲和力。

2. 发挥党组织的宣传引导作用。通过党组织负责人、党员行政领导、党员业务骨干在社会组织中宣传贯彻党的路线方针政策。采取多种形式加强党员教育，扎实开展党的基本知识教育和身边党员实例教育，增强党员意识。做好骨干培育，深入开展推荐党员到社会组织就业、推荐优秀职工入党、推荐优秀党员进入管理层“三推荐”活动，使党性观念强、思想政治素质好、专业技能突出的优秀党员通过竞争走上重要岗位。

3. 强化党组织的组织协调作用。组织开展党课培训、技能培训、专题讲座、知识竞赛等活动，为党员学习党建知识、经济管理知识、法律法规知识、科技知识和相关业务知识创造有利条件，提高党员党性观念，努力把党员培养成各自领域的带头人。促进业主与职工、协会理事会与会员的联系沟通，丰富职工和会员的业余文化生活。开展党员先进性承诺、党员示范岗、一名党员一面旗帜、“亮身份、亮职责、亮业绩”等活动，发挥党员的先锋模范作用，推动党组织健康发展。

第七章　网络社会管理

网络的出现是人类文明发展的产物，是推动社会发展和进步的重要力量。信息网络的快速发展，极大地改变了人类的信息传播方式，而且正在深刻地改变人类的生产生活方式，其引发的不仅仅是一场突飞猛进的信息革命，更是一场前所未有的深刻社会变革。网络社会服务管理作为社会管理的一个重要组成部分，已成为事关国家政治稳定、经济有序、道德规范、社会和谐的全局性问题。切实加强网络社会服务管理，对于深入贯彻落实科学发展观，构建社会主义和谐社会，解决当前面临的社会矛盾和问题，不断完善中国特色社会主义社会管理体系，实现“十二五”时期经济社会发展目标任务具有十分重要的意义。

第一节　互联网络发展现状

改革开放30多年以来，我国顺应时代发展的潮流，积极推动互联网的发展与应用，如今已成为世界上互联网使用人数最多的国家。互联网的迅速发展，促进了经济社会发展，方便了群众工作和生活，并深刻影响着社会生活的方方面面。

一、发展进程和现状

20世纪80年代开始，我国就积极尝试利用互联网。1994年4月

20 日，与国际互联网全功能连接的实现标志着中国正式接入国际互联网。在 30 多年的改革历程中，中国互联网建设和发展取得了辉煌的成就。在实践过程中，中国政府不断因时因事规划互联网的发展，并结合互联网的特点有计划有步骤地推进社会信息化、网络化进程。1997 年制定的《国家信息化“九五”规划和 2010 年远景目标》，将互联网列入国家信息基础设施建设。在“十二五”规划的开局之年，为了更好地发展和利用网络，中国政府在基础设施方面投入了大量资金，1997 年至 2009 年，全国共完成互联网基础设施建设投资 4.3 万亿元人民币，建成辐射全国的通信光缆网络，总长度达 826.7 万公里，其中长途光缆线路 84 万公里。到 2009 年底，中国基础电信企业互联网宽带接入端口已达 1.36 亿个，互联网国际出口带宽达 866367 Mbps，拥有 7 条登陆海缆、20 条陆缆，总容量超过 1600Gb。在政府政策的引导及大力支持下，我国互联网发展迅速。据中国互联网络信息中心 2012 年 1 月 16 日发布的《第 29 次中国互联网络发展状况统计报告》，截至 2011 年 12 月底，中国网民规模突破 5 亿，达到 5.13 亿，全年新增网民 5580 万。互联网普及率攀升至 38.3%，较 2010 年提高 4 个百分点。手机网民规模达到 3.56 亿，占整体网民比例为 69.3%，较上年底增长 5285 万人。农村网民规模为 1.36 亿，占整体网民比例为 26.5%。网民中 30～39岁人群占比明显提升，比 2010 年底上升了 2.3 个百分点达到 25.7%。网民中初中学历人群占比由 2010 年的 32.8%上升到 35.7%。网站规模达到 229.6 万，较 2010 年底增长 20%。经过一年多的下跌之后，在 2011 年下半年，网站规模显现出稳步回升的势头，有望进入一个新的增长周期。与此同时，国家顶级域名.CN 的注册量也开始转身向上，2011 年底，CN 域名注册量达到 353 万个，较 2011 年中增长 26000 余个。与此同时，网民的互联网沟通交流方式也发生了明显变化，一方面，微博快速崛起，目前有将近半数网民在使用，比例达到 48.7%，另一方面，传统的交流沟通类应用则出现大幅下滑，电子邮件的使用率从 2010 年的 54.6%下降到 47.9%，论坛/BBS 则有 32.4%降到 28.2%,博客/个人空间从 64.4%降至 62.1%。

近年来,随着江苏经济社会快速全面发展,互联网也呈现高速发展态势,发展速度和规模均居全国前列。截至 2011 年底,江苏省网民人数达 3685 万,占全国网民总数(5.13 亿)的 7.2%,占全省总人口的 43.1%,互联网家庭宽带用户 1221 万,占户籍总数的 50.8%,手机网民数达 2672 万,占全省网民的 72.5%。全省备案网站 35 万个,接入网站 22 万余个,网吧 8300 多家。苏南地区作为江苏经济发达地区,信息化发展处于全省领先水平。以苏锡常三市为例,苏州全市现有网民约 700 万,互联网普及率达 59.5%,与北京、上海等大都市相当,全市宽带用户 167 万,宽带接入家庭普及率达 75.5%,连续多年位居全省第一。全市出口带宽 700G,现有互联网 IP 资源 170 余万个,网站 10 万余个,营业性网吧 1350 家,上网终端 21 万余台,日平均上网人员达 30 余万人次。无锡全市网民总数 300 余万,经营性互联网上网场所 620 余家,重要信息系统单位 500 余家,联网单位近万家,服务器在无锡的互联网网站、论坛和聊天室等 5 万余家。常州现有网民 270 余万,占全市总人口的一半以上,各类网站近 3 万家。江苏省在加强网络服务管理方面做了一些探索,取得了一定的成绩。

一是更新管理理念,健全网络管理体系。首先,树立正确理念。确立"为我所用"理念,通过领导干部学习会、党校培训等各种途径,引导领导干部主动用网、有效用网、科学用网;确立"公开公正"理念,全面推广建立党务、政务公开平台,及时发布信息,力求避免"扑、捂、堵"等消极措施;确立"用管并举"理念,找准虚拟社会和现实社会的结合点,坚持"以运用促管理、寓管理于引导",不断扩大网络话语权。其次,纳入总体布局。省委、省政府高度重视网络服务管理工作,将互联网建设和管理纳入经济社会发展总体规划,把每千人国际互联网用户数列入基本实现现代化指标体系。在贯彻"六个注重"、实施"八项工程"中,把信息网络综合行动计划作为社会管理创新工程重要内容,把发展健康向上网络文化作为突出任务,纳入文化建设工程。第三,完善体制机制。

省委成立省互联网信息工作领导小组及办公室，构建以宣传、公安、通信为主，文化、广电、新闻出版等相关部门积极配合的互联网管理工作格局。总结推广镇江市的经验，在省辖市和县(市、区)普遍建立了互联网管理机构。

二是强化安全管理，着力提高监管效能。着力构建网络信息安全防护体系，不断提高网络安全监管水平，建立信息安全等级保护制度。全省共组织完成了3820家单位的9597个信息系统定级备案，登记发证等级测评机构27家，对137家单位的201个信息系统开展了等级保护测评，初步建立起重点单位信息安全防范网络。健全社会联动应急处置机构。公安、通信等部门均制定了信息网络安全应急处置预案，出台了《互联网网络安全事件协作处置暂行办法》，建立了包括社会技术资源在内的应急处置工作组，确保第一时间响应处置互联网网络安全事件。

三是壮大主流舆论，有效引导网络舆情。加强网上主流舆论阵地建设，积极打造以中国江苏网为骨干的网络媒体群，支持党政机关和领导干部开设政务微博。省委宣传部建设“微博江苏”网上舆论阵地，各级政府网站开通率达100%，全省公安微博群吸引“粉丝”超千万，“中国江苏3G”手机报用户突破230万，用5种语言覆盖78个国家和地区，为做好舆论引导提供了强有力的传播途径。建立网上民意表达和矛盾调处机制。各地普遍建立官方论坛、政府热线网络版、网上居委会、网上评警、网上派出所等互动服务平台，在全省重点网站设置“网上110报警岗亭”和“虚拟警察”，建立“虚拟社区调解中心”，让群众有多种反映意见的渠道，把网上各类诉求与现实中的矛盾纠纷调解对接，网上问题网下解决。

四是坚持打防并举，全力防控网络犯罪。针对网上突出治安问题，坚持打防结合、预防为主，建立健全网上网下结合的综合防控体系，及时开展方面性、区域性的打击整治行动。

二、目前网络管理中存在的问题

从总体上看，目前对网络虚拟社会的管理规律总体上把握还不够，未知大于已知，管理理念、体制机制、方法手段比较滞后，加之网络本身所具有的开放性、低成本、反控制、匿名性和互动性等特征，给社会管理带来了许多前所未有的严峻挑战。

1. 网络不良信息扰乱社会秩序

由于缺乏明确的行业规则和限制条款，任何人都可以自由开办网站、论坛、博客，人人都可以成为“作家”、“记者”、“编辑”，人人都可以办网络“报刊”、“杂志”、“电视台”。与传统媒体严格审核把关不同，网民开办网站、论坛、博客等，没有真正意义上的前置审查。由于网络主体的泛化、分散和无界，网上舆论的多元、混杂和低监控率，网民开办网站、论坛、博客以及网上发帖的非实名制，加之网站、论坛对网上信息缺乏审核把关，相应的法律法规限制难以真正落实到位，一些网民在网上“畅所欲言”、“为所欲为”。这种无序和高自由度的发展，极易被敌对势力、敌对分子和别有用心的人利用，一些网民也借助这样的开放性发泄不满情绪和过激言论，使得互联网鱼龙混杂、泥沙俱下，成为扰乱社会秩序的重要因素。

2. 网络非主流思潮对先进文化产生冲击

互联网作为现代最活跃的信息通道和载体，已成为各种意识形态对垒和争夺思想的重要阵地。网络传播弱化了发展中国家防御发达国家信息舆论传播的能力，信息基础设施的差异也进一步加大了“南北”间的信息鸿沟。当前互联网流通的信息中，80％以上的网络信息和95％以上的服务信息由美国提供。中国在整个互联网的信息输入和输出流量中，仅仅占0.1％和0.05％。美国等西方国家占据了互联网传播的制高点，关于西方国家的政治制度、价值观念和生活方式的各类信息恣意传播，冲击了社会主义主流价值。现代社会是一个思想多元化的社会，也是一个言论相对自由的社会，网上意识形态斗争和思想观点的争论不断，各种质疑马克思主义意识形态、共产主义道德和价值观的言论也层出不穷，对党和政府的公信力提出了挑战。网络时代，个别事件容易被无限放大，被别有用心的人利用以兴风作浪，引发人们对党和政府的信任危机。能否以先进技术传播先进文化，让互联网成为传播先进文化的有效载体，“关系到社会主义文化事业和文化产业的健康发展，关系到国家文化信息安全和国家长治久安，关系到中国特色社会主义事业的全局”。

3. 网络违法犯罪对社会安全带来现实危害

传统违法犯罪不断向网上发展蔓延，新型网络违法犯罪持续增多。以互联网为犯罪载体，利用网络实施淫秽色情、赌博等违法犯罪活动越发突出；以互联网为犯罪媒介，实施网络诈骗、非法集资等违法犯罪活动日趋增多；以互联网为活动场所，组织策划犯罪、教唆犯罪，以及日益逼近的恐怖主义等非传统安全因素也开始在网上凸现。特别是随着网上网下的日益融合，大量直接事关人民群众切身利益和安全的网上兜售假冒伪劣商品、贩卖枪支弹药等违法犯罪活动急剧增多。近二年来，江苏省公安机关查处网上违法犯罪案件 1.6 万多起，接报网络违法犯罪案件年均增长 33.9%，2010 年已达 8933 起。

4. 网络淫秽色情危害青少年身心健康

网络色情是社会的毒瘤，败坏社会风气，尤其是对青少年的身心健康、社会生存能力和行为模式选择造成了严重的不良影响。在表现形式上，网络色情由过去的建立色情网站，发布色情图片、文字、视频、音频、漫画等，拓展到色情视频聊天、BBS 论坛张贴色情图片及信息、电子邮件传播色情信息、手机传播、组织介绍卖淫嫖娼等。在已经步入信息化社会的今天，“上网”已经成为了一种时尚，而在庞大的网民群体中，青少年占了很大的比例，并且还在逐步增多。据调查，目前网民中 18～35 岁的青年占 85.8%，18 岁以下的占 2.4%。据不完全统计，在违法犯罪的青少年中，有 80%的青少年是因为受到网络色情、暴力等有害信息的诱导。

5. 网络信息安全面临现实威胁

网络本身的技术缺陷给黑客提供生存空间，黑客的攻击手段层出不穷，有的对网络设备进行信息轰炸，致使服务中断；有的入侵 Web 或其他文件服务器删除或篡改数据，致使系统瘫痪甚至完全崩溃等等，其攻击杀伤力强，危害极大。仅 2009 年我国有 52％的网民遭遇过网络安全事件，为此遭受的经济损失高达 153 亿元。网络病毒是网络的另一诟病。2009 年新增电脑病毒超过 2000 万，并且伴随着用户对网络安全问题的关注，病毒呈现多元化发展趋势，以猫癣下载器、宝马下载器、文件夹伪装者为代表的“隐蔽性”顽固病毒频繁出现，同时小范围、针对性强的木马、病毒也已成为新增病毒的主流，危害十分大。据不完全统计，有 59.2％的网民在使用互联网过程中遇到过病毒或木马攻击，遇到该类不安全事件的网民规模达到 2.5 亿人。

6. 网络管理缺乏整体合力

从国家和省级层面看，没有建立科学的互联网信息安全发展战略，许多涉及互联网信息安全的管理事项，大多带有浓厚的“部门色彩”或“行业特征”，缺乏对互联网信息安全管理的整体规划和统一标准，导致“头痛医头，脚痛医脚”，打的仍然是被动仗、滞后仗。其次，从部门管理看，中办、国办下发《关于加强和改进互联网管理工作的意见》，明确要求将此前分散在多个部门的互联网管理职责相对集中，形成以新闻宣传、通信管理、公安机关 3 个部门为主，分别主管互联网信息内容、互联网行业发展、打击网络违法犯罪的工作格局。但各管理部门掌握的技术资源、基础资源和信息资源充分整合还有一个过程，真正形成统一协调的信息安全监管机制，还有大量工作要做。此外，随着监管职能的相对集中，监管力量不足的问题更显突出。以公安机关为例，目前江苏省市两级公安机关共有负责信息网络安全保卫的专职网警 404 名，占网民比仅为万分之 0.12。按照公安部万名网民至少配备 1 名网警的标准要求，江苏省目前有网民 3300 多万，至少需配备网警 3300 名，即使加上县级公安机关的 300 多名兼职网警，缺口仍高达 2500 人。

7. 网络立法不适应发展需要

目前北京、广东、浙江 3 个省市均已出台了信息网络方面的地方立法，浙江省人民政府于 2006 年 9 月 30 日出台《浙江省信息安全等级保护管理办法》，对信息系统等级保护的原则、要求、具体实施、监督管理、法律责任作了进一步明确；北京市人大常委会于 2007 年 9 月 14 日通过《北京市信息化促进条例》，明确对网络和信息系统实行安全等级保护制度；广东省人大常委会于 2007 年 12 月 20 日通过《广东省计算机信息系统安全保护条例》，对信息系统运营使用单位的安全管理、安全秩序、安全监督、法律责任作了具体规定。其他一些省市也制定了相关法律法规，如重庆市人大常委会于 1998 年通过《重庆市计算机信息系统安全保护条例》，河南省人民政府于 1999 年 11 月 22 日出台《河南省计算机信息系统安全保护办法》。但就全国而言，互联网信息安全管理立法工作严重滞后于互联网的发展，迄今尚没有一部完整的信息网络安全法律。现行的信息网络安全法规、规章基本是国务院及下属部委通过的法规、规章，总体显得比较零杂，相互之间还存在重复、矛盾等问题，法律效力等级较低。特别是随着互联网的高速发展，信息安全管理出现了许多法律空白，已严重影响互联网信息安全管理工作的深入开展。

第二节　加强网络社会管理意义重大

当今世界，互联网已成为思想文化信息的集散地和社会舆论的放大器。高度重视互联网的建设、运用、管理，努力使其成为传播社会主义先进文化的前沿阵地、提供公共文化服务的有效平台、促进人们精神生活健康发展的广阔空间，将成为当前和今后一个时期社会管理的一个重要领域。胡锦涛同志在党的十八大报告中明确提出，要加强网络社会管理，推进网络依法规范有序运行。

一、加强网络社会管理，有助于加强和改善党和政府工作

历史上每一次技术革命都会引发新的生产关系的变革，进而带来政治上的变革，而信息网络技术无疑是人类一次重大技术革命，它必然会引发生产关系和上层建筑的变革。过去我们搞革命是靠喇叭靠嗓门来动员群众，新时代，我们可以利用互联网来动员组织群众。在汶川地震、玉树地震、西南地区旱灾等重大自然灾害发生后，中国网民更是利用网络传递救灾信息，发动救助行动，表达同情关爱，这充分展示了互联网不可替代的作用。网络的自由开放，使人们可以平等自由地表达自己的思想，增强了个体平等意识和公民意识，使每个人都可以用网络的手段表达自己的政治诉求和心声。网络同样有助于政府信息传播和反映社情民意。网络的存在为人们享有知情权、参与权、表达权和监督权提供了前所未有的便利条件和直接渠道，网络中所表达的民意其实是现实民意在网络上的延伸，网络传播这种方式对于推动中国公民参与政治、完善政府公关管理、促进民主政治进步具有积极的作用。

二、加强网络社会管理，有助于促进社会发展和提升公共服务水平

在经济快速发展的中国，互联网以及与此相关的信息技术和产业为经济高速增长做出了重要贡献。网络可以说是一种信息经济、虚拟经济。随着与实体经济的不断融合，互联网改造和提升了传统产业，并催生了很多信息产业的兴起。信息技术在加快自主创新和节能降耗，推动减排治污等方面的作用日益凸显。互联网已经成为中国发展低碳经济、绿色经济的新型战略性产业，为中国经济的发展提供了重要动力。网络促进了电子政务和电子商务的快速发展。电子政务的发展和运用对于建设服务型政府和转变政府职能起到了积极的作用。网络时代的到来，使得政府网站的内容和形式更加贴近公众需求，各级政府部门利用政府网站扩大信息公开，促进信息资源共享，推进政务协同，提高行政效率，改善公共服务，有效推进了政府职能的转变。网络在一定程度上促进了公共服务的标准化和均等化，网络的应用，更

有助于政府行使社会公共管理职能，通过网络，政府能够及时了解公民对于公共产品的需求和公共服务的要求，有助于政府按照公民的要求，为公民提供适合他们的公共产品和公共服务。同时电子商务为企业的发展创造了更加有利的条件，电子商务专业化服务体系正在逐步形成，数字认证、电子支付、物流配送等电子商务应用支撑体系也在形成和发展中。

三、加强网络社会管理，有助于文化产业发展和增加我国软实力

网络游戏、网络动漫、网络音乐、网络影视等产业迅速崛起，大大增强了中国文化产业的总体实力。网络文学、网络广播、网络电视等均呈快速发展态势，持续扩张的网络文化消费催生了一批新型产业，同时直接带动电信业务收入的增长。网络文化产业已经成为中国文化产业的重要组成部分，中国政府大力推动优秀民族文化的网络化传播，实施了一系列文化资源共享工程，初步构建起具有一定规模的文化信息资源库群，有效满足了人们多样化的精神文化需求。现今，我国经济发展取得了长足进步，但是社会建设、文化建设和文化创新相对薄弱，文化软实力和西方发达国家相比，还存在很大差距。在政府政策的支持下，中国的网络软实力还会一如既往地向前发展，加上中华民族悠久、独特的传统文化传承，未来中国软实力会在国际舞台上具有重要地位。一个国家、一个民族想要延续和传播自己的文化和价值理念，就必须重视对网络文化的管理和传播。我们要利用网络的这种特征，积极促进先进的网络文化的传播，积极引导网络文化和社会主义先进文化相结合，展现他们之间碰撞的思想火花，展现社会主义价值观。建设有中国特色的能“红遍中国、红遍世界”的网络，对于释放社会主义文化的魅力，展现社会主义文化的吸引力具有重大的意义。

四、加强网络社会管理，有助于强化国家安全

温家宝总理在十一届全国人大三次会议上的《政府工作报告》中指出，要“着力突破带动技术革命、促进产业振兴的关键科技问题，突破提高健康水平、保障改善民生的重大公益性科技问题，突破增强国际

竞争力、维护国家安全的战略高技术问题”。因此，促进网络管理的科学发展对国家的安全具有重要的战略意义。网络管理科学化，就是从技术层面来管理网络，通过科学技术改善网络环境，优化管理结构，达到维护信息安全目的的管理。2008 年北京奥运会的信息网络面临巨大的访问流量，黑客的恶意攻击和破坏，部分敌对政府、组织和机构的蓄意行为，其他物理环境及未知因素的挑战。面对挑战，我国通过借鉴他国经验，并进行信息安全保障体系建设，通过一系列的措施，确保了取得奥运信息网络安全的胜利。网络管理科学化可以促进全球互联网健康发展，各国应在平等互利的基础上，积极开展互联网领域的交流与合作，共同承担维护全球互联网安全的责任，促进互联网健康有序发展，分享互联网发展的机遇和成果。随着信息产业的发展，信息技术逐渐主导国民经济的社会发展过程，信息化、网络化正在全球范围内形成一场新的技术、产业和社会革命，与此同时，网络与信息安全问题已经成为一个涉及国家安全、社会和谐发展的战略性问题。

第三节　网络社会管理工作的基本原则

重视并研究驾驭网络社会管理之策，已成为当前各级党委、政府特别是领导干部的一项新课题和新任务。面对这一新的课题，正确把握网络管理的基本原则至关重要。

一、坚持党委、政府领导

坚持正确的舆论导向，牢牢掌握网上舆论主导权，占领互联网舆论传播的制高点，服务党和国家工作大局，充分发挥政府在互联网管理中的主导作用。政府有关部门根据法定职责，依法维护公民权益、公共利益和国家安全。国家通信管理部门负责互联网行业管理，包括对中国境内互联网域名、IP 地址等互联网基础资源的管理。依据《互联网信息服务管理办法》，中国对经营性互联网信息服务实行许可制度，对非经营性互联网信息服务实行备案制度。国家新闻、出版、教育、卫生等部门依据《互联网信息服务管理办法》，对“从事新闻、出版、教育、医疗保健、药品和医疗器械等互联网信息服务”实行许可制度。公安机关等国家执法部门负责互联网安全监督管理，依法查处打击各类网络违法犯罪活动。

二、坚持社会主义先进文化导向

为人民服务、为社会主义服务，大力发展中国特色网络文化，大力推进社会主义核心价值观建设，用科学思想和先进文化占领网上思想文化阵地。加强互联网法制和道德教育，全社会的法制和道德素养关系互联网的环境建设。政府支持开展互联网法制和道德教育工作，鼓励各类媒体和社会组织积极参与，积极推动把互联网法制和道德教育纳入中小学日常教学内容。重视青年组织、妇女组织等在提高全民网络素养中的作用，鼓励相关组织开展有利于普及互联网知识和正确使用互联网的公益活动。

三、坚持重在建设

立足加快发展，积极开发利用，加强宏观调控，优化网络应用结构，在建设中加强管理，以管理促发展，大力推动互联网的发展和繁荣，为经济发展、社会进步和丰富人民群众精神文化生活提供有力支持。主张合理运用技术手段遏制互联网上违法信息传播。根据互联网的特性，从有效管理互联网的实际需求出发，中国政府主张依据相关法律法规，参照国际通行做法，发挥技术手段的防范作用，遏制违法信息对国家安全、社会公共利益和未成年人等特殊人群的危害。《全国人民代表大会常务委员会关于维护互联网安全的决定》、《中华人民共和国电信条例》、《互联网信息服务管理办法》、《计算机信息网络国际联网安全保护管理办法》等法律法规明确规定，严禁传播含有颠覆国家政权、破坏国家统一、损害国家荣誉和利益、煽动民族仇恨、破坏民族团结、宣扬邪教以及淫秽色情、暴力、恐怖及侵害他人合法权益等内容的信息。根据这些法律法规，基础电信业务经营者、互联网信息服务提供者等应建立互联网安全管理制度，采取技术措施，阻止各类违法信息的传播。

四、坚持依法管理

加强法制建设，有法必依、执法必严、违法必究，严格规范网络信息传播秩序，保障公民合法权益，维护社会和谐稳定，确保国家安全。坚持依法管理、科学管理和有效管理互联网，努力完善法律规范、行政监管、行业自律、技术保障、公众监督和社会教育相结合的互联网管理体系。1994 年以来，中国颁布了一系列与互联网管理相关的法律法规，涉及互联网基础资源管理、信息传播规范、信息安全保障等主要方面，对基础电信业务经营者、互联网接入服务提供者、互联网信息服务提供者、政府管理部门及互联网用户等行为主体的责任与义务作出了规定。法律保障公民的通信自由和通信秘密，同时规定，公民在行使自由和权利的时候，不得损害国家、社会、集体的利益和其他公民的合法的自由和权利，任何组织或个人不得利用电信网络从事危害国家安全、社会公共利益或他人合法权益的活动。

五、坚持自律与他律相结合

运营企业要始终将社会效益放在首位，切实履行法律责任、社会责任、道德责任。监管部门要进一步强化监督，落实谁经营谁负责、谁接入谁负责、谁主管谁负责、谁审批谁监管，形成党委统一领导、政府严格管理、企业依法运营、行业加强自律、全社会共同监管的综合管理新格局。积极倡导行业自律和公众监督。2001 年 5 月，中国互联网协会成立，这是全国性互联网行业组织，其宗旨是服务于互联网行业发展、网民和政府的决策。该协会先后制定并发布了《中国互联网行业自律公约》、《互联网站禁止传播淫秽色情等不良信息自律规范》、《抵制恶意软件自律公约》、《博客服务自律公约》、《反网络病毒自律公约》、《中国互联网行业版权自律宣言》等一系列自律规范，促进了互联网的健康发展。

六、坚持分级管理与属地管理相结合

互联网的管理，既要引导互联网向健康、积极的方向发展，又不能管死，阻碍互联网产业的积极性和创造性。遵循互联网的特点和规律，结合我国互联网发展和管理的实际，在加强集中统一管理的同时，加大统筹协调力度，发挥各部门的积极作用，调动各方面积极性，各司其职、各负其责，加强协调、密切配合，上下联动、形成合力。2001 年 12 月，国家互联网信息办公室在江苏省镇江市召开网络文化建设和管理现场经验交流会。中央外宣办、国务院新闻办、国家互联网信息办主任王晨在会上传达了中央领导同志指示精神，强调网络文化建设和管理部门要深入贯彻落实党的十七届六中全会精神，以高度的文化自信和自觉，进一步加强网络文化建设和管理，大力发展健康向上的网络文化，学习和借鉴镇江经验，搞好互联网属地管理，推动社会主义文化大发展大繁荣。

第四节　加强网络社会管理的对策

按照积极利用、科学发展、依法管理、确保安全的方针，努力构建法律规范、行政监管、行业自律、技术保障、公众监督、社会教育相结合的互联网管理体系，提高网络社会管理水平。

一、加强网络安全管理

1. 坚持网络技术革新。加强互联网、新技术和信息安全技术研发，提高自主创新能力。掌握领先技术手段，为我国互联网发展和管理提供有力的技术支撑。积极研究开发具有过滤、探索、跟踪、报警、监控等功能的网络管理技术，以及证据收集等技术，进一步完善国家信息防护体系，提高网络安全的监管效能。研究开发具有过滤淫秽色情等有害信息功能的互联网安全软件，在学校、网吧、图书馆、社区电子阅览

室等公共信息服务场所推广使用，并投放市场，鼓励社会广泛使用。

2. 加强对网络“重点空间”的技术监控。采取技术措施，加强对网络“重点空间”的监控，及时阻止危害国家安全和社会公共利益的信息以及淫秽色情等各类有害信息的传播，建构“互联网综合管控平台”，对网上“重点人”实时动态的管控，明确他们的身份、地点和意图。加强网络技术手段和管理力量建设，完善网上有害信息监测和查处机制，提高发现和处置能力。统筹互联网、手机等新兴媒体和传统媒体管理，依法加强社交网络和即时通信工具管理，规范网络信息传播秩序。建立和完善投诉、查处和不良后果责任追究机制。依法打击、有效防范利用或针对信息网络进行的违法犯罪活动。

3. 建立技术协作机制。公安机关作为互联网的安全监管部门，应建立与网络开发商、运营商的技术协作机制，使公安机关及时掌握并跟进网络信息前沿技术发展动态，准确评估网络应用服务安全问题，并在管理和整治中获得必要的技术支持。协作应该是多方面的、广泛的，只要是一个部门或一个岗位实现承担的目标所必须得到的外界支援和配合，都应该成为协作的内容。一般包括资源、技术、配合、信息方面的协作。

4. 加强对境内外有害信息的封堵。为进一步推动互联网科学健康有序发展，建设一条具有中国特色的互联网发展和管理道路，应加大打击网上有害信息和网络违法犯罪活动的力度，加强对境内外网上政治性有害信息的监管，及时处置反对党的领导和党的基本路线、反对中国特色社会主义道路、危害社会稳定和国家安全的有害信息。完善互联网有害信息监控工作体系，有效防止境外有害信息通过互联网在境内传播扩散，抵御境外敌对势力的网上渗透；严格规范互联网信息传播秩序，提高网上有害信息处置效率，严防网上有害信息大范围传播扩散，维护社会和谐稳定。

二、加强网络舆情引导

1. 加强主流网络媒体建设。目前，以互联网为代表的新兴媒体在新闻传播领域的影响力日益凸显。在这样新的历史条件下，提高网络舆论引导能力，形成网上正面舆论的强势，是网络媒体必须担负的历史使命和社会责任。主流网络媒体具有权威性和品牌优势，其影响力、点击率都是其他网站无法比拟的。因此，引导好社会舆论，首先必须加强主流网络媒体建设。一是提高主流网站质量。网络作为新兴媒体，是公众言论表达的平台，也是政府智慧和能力的一块试金石。作为代表各种民意的网站，真正要做到去伪存真、获取真实的民意，必须提高主流网站建设水平。二是建立网上新闻发言人制度。网上新闻发言人必须准确及时地发布信息。网络信息传播速度快，如果在相关事件发生后不能及时发布信息就容易为各种负面的、不负责任的信息传播创造条件。因此，要适时组织网上信息发布，尤其是对突发性事件要抢占先机，及时准确发布权威信息，将事件的最新进展情况以及党和政府的政策主张、处理问题的态度、解决问题的措施以最快的速度告诉广大网民，以掌握舆论引导的先机和主动权，防止信息误读，避免小道消息和攻击性言论在网上的传播。三是抓好议题设置。网上信息纷繁芜杂、源源不断，要想通过舆论引导统一思想，必须主动培育舆论焦点，把握舆论主导权。通过有意识的设计主题或话题，突出宣传正面内容，营造主流强势，将网民的注意力引导到特定的方向上来，形成积极稳定的舆论氛围，让受众在潜移默化中获得启示，接受引导。四是开通网上交流沟通互动平台。网络媒体不仅仅为百姓服务，也为政府决策提供有益的参考。因此我们一方面要以正确的舆论引导人，为网民答疑解惑，以正面的新闻报道帮助群众理解政策；另一方面也要利用网络的互动功能，组织专家或有关领导与人民群众在线交流，对网民提出的问题进行有效解答，引导社会舆论沿着理智、建设性的轨道发展。五是搞好网络评论。网络评论反映舆情、汇聚民意，网民的思想情绪很容易受到网络评论的影响和左右。尤其是面对社会热点问题、突发性事件，网络评论往往能够对网民产生强大的导向作用。因此网络媒体要主动培育一批素质高、有影响力的网络评论员队伍，不仅要积极参与网上跟帖和讨论，还要把那些真正能够贴近实际、贴近生活、贴近群众的并且有深层思考的网络评论及时发布于网上，以有效提升网络媒体的影响力。六是加强与传统媒体的功能互补。不同媒体间的联合，可以形成多重声音协调、互为补充，齐心引导舆论的局面。网络媒体要主动和传统媒体联合，利用其公信力和影响力，与“网声”互补，从而取得正确引导舆论的效果。七是丰富舆论引导形式。网络舆论引导的主要对象是普通网民，只有贴近受众、吸引受众才有影响力和舆论引导力。网络媒体除了在新闻的数量和质量上下功夫外还要在宣传形式上创新，以生动活泼的形式吸引大家，使网民在娱乐中受到教育。

2. 正确引导网络民意表达。当前我国正处于经济转型期，30 多年经济增长和社会发展所积累的各种矛盾凸显，面对收入差距、劳资矛盾、城市拆迁、农村土地流转、环境污染、医疗教育、道德失范等问题，特别是政府施政缺失和司法不公，民众的很多不满情绪会通过个人行为表现出来，更多的网民会通过网络表达自我，这既是一种发泄也是减轻自我压力和痛苦的途径。因此，各级党委、政府在高度重视网络民意表达的同时要妥善处理、善待、善用、善管网络舆论，充分而稳妥的发挥其“社会排气阀”的作用，正确引导网络民意表达，及时排泄网民积累的不满情绪，从而使互联网在推进民主政治建设、促进和谐社会构建的进程中发挥更大的作用。从近年来的一系列重大事件中，已经初步形成政府与民众通过网络实现良性互动的模式。政府部门在进行决策时，必须高度重视网络民意表达，建立网络民意的收集机制，提高对网络民意进行分析、判断、梳理的水平，使网络民意最终在现实的公共决策和政策执行过程中有效展现出来。同时要对网络民意进行科学甄别，既不能一味删帖、屏蔽、过滤，甚至对举报人打击报复或变相打击报复，堵塞民意通道，也不能被所谓的“网络民意”所束缚甚至被挟持。政府要理性、冷静地对待各种社会热点事件，引导网民多角度、多维度地看待问题；对有谣言嫌疑的内容，要想法设法弄清真相；发现谣言要第一时间辟谣；平时要注意培养网民辨别谣言的能力，养成理性分析、看待事情的习惯，遇到网民情绪化压倒理性时，要旗帜鲜明地进行正确引导，并选择适当方式合理释放网民情绪。要建立公开透明、及时有效的政府信息发布制度，及时澄清不实传言和恶意猜测，取信于民。一些地方政府以怕引起当地百姓恐慌、维护社会稳定为由，千方百计用种种手段对真实信息进行压制、隐瞒。而在互联网时代，网络传言与官方消息在赛跑，政府失语和媒体缺位只会给谣言让路，导致事态进一步扩大。只有及时、真实、准确地公布事实真相，才能真正遏制住谣言的散播，争取工作的主动。地方政府要积极主动，“早说话、说实话、会说话”，及时准确发布权威信息，压缩虚假信息传播空间，提升舆论引导能力，将网络民意纳入主流舆论之中。

3. 畅通网络民意表达渠道。网络最大的特点是自由、平等，每个网民具有同等的话语权。在网上，主流媒体并没有天然的领导权，居高临下的说教方式往往会引起网民的反感，而一些在现实社会中名不见经传的平民百姓倒有可能成为左右网络舆论导向的“意见领袖”。因此，我们要注重网络的“平民化”功能，搭建平等沟通的平台，运用网民可以接受的形式与方法进行有效的、因势利导的教育引导，使网络成为政府与网民进行深度沟通的桥梁。此外，还要特别重视加强对网络语言的研究，主流网站的话语要接近网民，学会并善于运用网民的语言进行舆论引导，这也是对宣传思想工作者提出的更高要求。同时，要充分发挥专家学者、专业评论员、大学生、青年网民等在网络舆论引导工作中的作用，提高网络引导水平，特别是要注意在大学生中发现并培养网络“意见领袖”，提高舆论引导的有效性与实际影响力。各级政府要高度重视“网络民意”，加强相关制度建设，建立健全网络民意的监测、反馈和吸纳机制，打造网络信访服务平台。要积极实行政务信息公开，保障公民的知情权；通过论坛、新闻评论等网络渠道，利用微博、社交网站等新兴网络服务，保障公民在互联网上依法享有充分的言论自由，充分表达思想观点和利益诉求。要充分发挥互联网的监督作用，积极创造条件让社会公众监督政府行为。要探寻政府治理与网民政治参与良性互动的路径，构建网民政治参与的制度性保障，形成良好的协商机制，提升网民政治参与的组织化程度。

4. 建立网络舆情管理机制。具体说来，有六大机制：一是网络舆情信息搜集机制，实际上就是报送机制。二是网络舆情信息分析研判机制，分析哪些是重大信息，应引起高度重视；哪些是一般信息，可作一般批转处理。三是网络舆情信息处置机制。主要有三种方式：第一，责成相关部门和单位切实解决网络反映的具体问题；第二，做好媒体应对工作；第三，适时进行新闻发布，放大正面声音。四是网络舆情信息预警机制。凡是搜集到的重大网络舆情信息，一定要通报给相关单位并发出预警。五是网络舆情信息共享机制。宣传、公安、信访、网络等系统之间要建立网络舆情信息交换共享平台，除了公安部门涉及国家安全的机密信息外，其他网络舆情信息都可以交换。六是网络舆情信息联动机制。在某些网络舆情管理上，如果很难由某一部门单独完成，或者一个部门收集的信息不能满足管理需要，就要迅速进行综合比对，力求全面准确。

［**案例**］

湖南邵阳计生官员抢婴儿牟利

2011年5月9日，有媒体报道称，湖南省邵阳市隆回县计生部门为收取社会抚养费，将婴幼儿强行抱走，送入邵阳福利院，统一改姓“邵”，福利院则将这些婴幼儿送入涉外收养渠道，收取国外领养者费用。“邵氏弃儿”案由此引起社会关注。5月9日，邵阳市相关政府部门成立了联合调查组，对此事展开调查。“邵氏弃儿”案曝光后，湖南省和邵阳市委、市政府对此事的反应比较迅速，5月9日报道出来当天，邵阳方面成立了以纪委、监察局牵头，有关部门参加的联合调查组，全面展开调查工作。5月13日有媒体报道，湖南省委书记周强已批示全面彻查。然而，尽管省市县三级党委政府都有表态或行动，但从当地政府的种种举措来看，所有解决问题的具体行动都显得不够诚意，无论是计生部门还是邵阳市福利院，均有明显狡辩、推诿和应付调查的迹象；对舆论关心的问题，官方只是在接受记者采访过程中，有一些只言片语的回应，缺乏系统性、完整性，使得公众对此事的了解不足，并越来越怀疑。期间，官方不愿回应媒体的直接采访，两位维权家长杨理兵和周英和突因嫖娼被警方控制。种种举动，令公众陡生疑虑。直至7月14日，该案调查组牵头人、邵阳市监察局曾局长才透露，此前媒体报道的部分情况失实，“买卖婴儿”情况根本不存在，“邵氏弃儿”案详细调查结果将于近日统一对外公布。尽管案情公开有了一些进展，但无论是其反应速度，还是回应方式都有很大欠缺。纵观此事，在信息时代，积极主动的姿态、公开透明的信息、与公众良好的沟通都能促使事件朝着更有利于解决的方向发展，仅仅是埋头调查事件而不顾公众知情权，是不明智的，往往还会导致谣言的产生，干扰问题的解决。

湖北利川官员非正常死亡

2011年6月4日，湖北省利川市官员冉建新在巴东县人民检察院受审期间意外死亡，官方公布的死因与家属所见的“七窍流血、全身淤血、多处外伤、背部还有多处被烧烫伤痕”存在极大反差。家属要求查看审讯录像遭拒的消息，以及网络上的冉建新伤痕累累的尸身照片，使得此事件的舆情开始迅速蔓延扩大，引发大量网友关注。一个曾经在政法系统任职的人却在与政法系统接触期间意外死亡，这难免引发网民的种种猜测。在舆论压力面前，湖北省各级政府及相关部门的应对比较及时，在事件发生的第二天即6月5日，湖北省人民检察院调查组、湖北省联合调查组、恩施州纪委调查组先后分赴巴东、利川等地展开调查。巴东县召开会议要求有关部门高度重视犯罪嫌疑人冉建新死亡事件，迅速查明原因，依法处置，做好善后工作。随后，巴东县委宣传部在其官方网站发布新闻通稿，通报了该事件。客观地讲，地方政府的应对措施有可取之处，最主要的就是较为及时地介入调查，并严厉地处理了一批涉案官员，巴东县反贪局局长曾正平等7人被停职调查，巴东县人民检察院检察长郑雪松辞职。然而，从舆情监测的结果来看，事件并未因政府的及时应对而平息，利川当地大批民众自发前往参加冉建新的追悼会，该事件最终演变为群体性事件。究其原因，主要在于政府在舆情应对措施方面存在以下几个问题：首先，信息的不透明使传闻与谣言有了生存的空间。巴东县委宣传部虽然第一时间发布了通稿，但并未明确提及详细过程，官方描述的死因也与死者家属所见大相径庭，同时网上广为流传的冉建新遗体照片，使得舆情热度进一步走高。其次，对于多数网民普遍关注的一些案件细节，例如冉建新"棉衣传书"的绝笔、冉建新与利川市委书记李伟的私人恩怨等，政府没有进行公开的、正式的回应，从而失去了引导舆论的主动权。再次，政府在舆情应对过程中措施缺乏连续性，在处理了一批官员之后久久没有发布最新的调查结果，使得舆情的焦点从猜测案件细节，逐渐转向了对政府相关部门办案效率和力度的不信任。

三、加强网络文化建设

1. 加强网络文化阵地建设。将壮大网络文化阵地作为一项战略任务，努力建设一批综合实力强、在国内外有广泛影响的网站，逐步形成以重点新闻网站为骨干，各级政府网站、知名商业网站和专业文化类网站积极参与、共同推进网络文化建设的生动局面。积极推进重点新闻网站机制创新，加快转企改制步伐，不断增强竞争力、吸引力和影响力；充分调动知名商业网站的积极性、主动性、创造性，引导他们多提供健康向上的网络文化产品服务，在繁荣发展网络文化中发挥建设性作用；着力培养一批有影响的专业文化类网站，进一步鼓励扶持和规范引导社科网站、文学网站、艺术网站、教育网站、科技网站等各类专业网站的发展，以满足网民多样化多层次的精神文化需求；进一步增强政府网站权威信息发布、政策解读、公共信息服务功能，更好地发挥其宣传党和国家方针政策、服务人民群众的作用。

2. 提高网络文化产品和服务供给能力。构建覆盖广泛的网络公共文化服务体系，不断提高网络公共文化产品和服务供给能力，是加快网络文化发展、满足网民基本文化需求的重要途径。要把博大精深的中华文化作为网络文化建设的重要源泉，积极推动优秀传统文化瑰宝和当代文化精品的数字化、网络化传播，推动网上图书馆、网上博物馆、网上展览馆、网上剧场建设，形成丰富多彩的网络精神家园；拓宽网络文化服务渠道，整合现有文化资源，发挥图书馆、博物馆、文化馆等公共文化服务机构的作用，加快互联网公共信息服务点建设，着力构建面向广大群众的网络公共文化服务平台；继续抓好一批具有示范性、带动性的网络文化项目，重点实施好全国文化信息资源共享、中国数字图书馆、国家知识资源数据库等网络文化工程，使其发挥更大的社会效益。

3. 发展网络文化产业。繁荣发展网络文化，离不开网络文化产业的有力支撑，可从三方面入手推动网络文化产业加快发展：制定好网络文化产业发展规划，明确发展方向，重点推动民族网络影视产业、网络出版产业、网络娱乐产业发展，积极推动网络文化创意产业园区、动漫网络游戏产业基地建设，孕育一批具有自主知识产权的网络文化企业，努力提高网络文化产业的规模化、集约化、专业化水平；着力培育网络文化市场主体，支持有实力的网络文化企业跨地区、跨行业经营，鼓励大型网络文化企业的重大项目研发和国家市场开拓；打造网络文化品牌，大力实施网络文化精品战略，增强网络文化原创能力，努力打造一批具有中国气派、中国风格的网络文化品牌，充分利用各类文化博览会等平台，做好网络文化品牌的推介和营销，扩大网络文化产品的影响力和市场占有率。

4. 推动网络文化技术创新。网络文化是一种基于高技术的文化形态，技术与内容互为支撑、互相融合。建设中国特色网络文化，必须加强网络文化技术的自主创新，引领网络文化潮流，这是掌握网络文化发展主动权和提高文化国际传播能力的重要基础。要形成鼓励创新创造的法制保障、政策体系、激励机制和方法手段，不断激发人民群众的创造潜能，营造全民共建共享的良好创新环境；充分利用互联网新技术拓展新业务，支持重点新闻网站加大技术建设投入，增加技术研发力量，创新技术建设合作机制；加大技术攻关力度，加快互联网核心装备技术国产化，构建新一代网络文化平台；要充分利用我国市场潜力巨大的优势，推动相关自主知识产权技术成为国际标准，扩大技术话语权，抢占未来互联网发展技术制高点。

5. 加强网络文化管理。建设中国特色网络文化，必须通过科学有效管理，确保网络文化健康发展方向，为网络文化实现又好又快发展提供保障和基础。要按照“法律规范、行政监管、行业自律、技术保障、公众监督、社会教育”相结合的要求，坚持依法管理、科学管理和有效管理，以管理保障和促进网络文化的繁荣发展。加快推进网络文化管理的法制化，研究现行法律法规对互联网的适用和延伸，充分发挥互联网法律法规的作用，严格规范网络文化信息传播秩序，依法规范网络文化的发展，加大违法违规网络传播行为查处力度，深入整治网络淫秽色情和低俗信息，坚决切断违法有害信息传播利益链，为未成年人健康成长营造良好的网络文化环境；进一步加强行业自律和公众监督，充分发挥行业组织作用，探索建立网络文化信息服务企业信誉公示制度，引导基础运营商、接入服务商、内容提供商履行社会责任，文明办网，依法经营；广泛开展网络法制道德教育，把互联网法制和道德宣传教育纳入社会主义精神文明建设总体布局，继续深化“文明办网、文明上网”活动，在全社会树立良好的网络道德风尚，使互联网成为全社会共建共享的健康精神文化家园。

四、完善网络管理法律法规

1. 加快网络管理立法。目前我国关于网络安全立法存在的主要问题还包括立法主体多，层次低，缺乏权威性、系统性和协调性。尤其是涉及反网络攻击、治理淫秽色情网络信息和保护数字版权的法律还不够完善。多头立法以及多头监管又造成了交叉和重叠监管，严重影响了执法的效率。执法过程中，执法机构往往对违法违规行为直接做出处罚，缺乏配套的预防和治理措施，难以做到标本兼治。因此，应尽快将我国网络立法问题作通盘考虑，借鉴国外先进的立法模式、立法经验，在人大统一立法的前提下，授权相关部门制定部门法。并根据我国《立法法》来解决各法律部门之间的冲突问题。执法部门要严格执法，注重执法的方式和部门的协调，在严惩网络不法行为的同时，建立与相关问题相配套的预防和治理机制，做到标本兼治。另外，在立法和执法的内容和范围上，重点应是公共信息，对于个人正常的网络信息，政府不应随意越界干涉。公共信息和个人信息的边界在于接收对象的属性，如果信息发出前接收对象不明确，那么该信息为公共信息，反之则是个人信息。有关立法部门应结合我国网络发展的实际情况，尽快制定《网络安全法》等互联网管理法律法规。同时应根据信息技术的发展趋势和特点，修订现行法律的相关条款，扩大其适用范围和调整对象，使之适应信息技术发展的需要。

2. 加强信息网络监管。网络监管职能部门要严格执法，依法对用户在网站上发布的信息进行监督，确保网络信息内容的合法与健康。互联网行业主管部门要积极与执法部门密切配合，并建立长效的网上监管体系。要落实好互联网视听节目服务管理规定，严格执行法人和产品准入制度，集中清理违规视听节目服务；大力开展净化网络环境整治活动，严厉打击危害国家安全、网络淫秽色情等违规行为；严格查处互联网信息服务单位超范围经营、接受未成年人上网等违法行为。同时还要强化网络接入服务商的监管责任，以及斩断淫秽色情网站赖以生存的利益链等。强化各网络运营机构的监管连带责任，强化其提供接入服务商的事先责任和代网站进行报备责任，实现“以少管多”。任何接入网络运营商，不得为未经批准和登记备案的网络内容服务者提供网络接入服务；任何网络内容服务提供者不得向未经批准的机构和个人出租网络空间；任何网络内容服务提供商对用户在其网站发布的言论和信息负有监督管理责任。违反这些义务的经营者，均应承担连带法律责任。政府在追究相关直接行为人的法律责任的同时，应当同时追究违规向行为人提供服务的服务商的连带法律责任，强化互联网服务市场主体的责任意识和法律意识,规范互联网秩序。严格市场准入,限制网络信息的内容和范围。为了净化网络环境,严格市场准入和对网络信息的内容和范围进行限制是完全必要的。从国际经验做法看,限制手段主要有立法以及黑名单制度、分级制度和技术手段等。在具体的做法中,网络信息的限制程度应根据对象而定,对青少年应严格限制,对于其他民众,应以分级制度作为主要的限制手段,在对网络非法信息进行严格限制的同时,对不违法但可能引起民众反感的信息,应该通过出标注等技术处理,由民众自行决定做出取舍。

3. 开展网络法治宣传。教育人们特别是网民牢固树立法律观念,提倡文明上网、上网守法的良好风尚,使社会主义法治精神转化为网民的实际行动。要加大对重点上网群体的法治宣传和教育,尤其是要加强对青少年群体的法制教育,并动员督促相关责任部门和社会各界,采取多种措施正确引导青少年网络文化健康有序发展。法治已经渗透到社会生活的各个方面,任何领域都有大量的涉法事件,网络媒体可以用以开展法制宣传教育的题材是非常广泛的,关键是要处理好题材。在收集题材时把握好广度,在国家建设、社会发展的广阔空间内选择题材,而不是仅仅抓取个别特殊事件重复炒作;在挖掘题材内容时,把握好角度,一个事件或案件可以从多个角度讲解法理,反映不同的法律点,要本着正面引导的原则选好阐释法律的角度;在以案释法时,要有深度,对题材的处理如果仅仅流于一般的介绍和报道,法制宣传的效果就弱,如果深入挖掘,找出深层次的法律问题和法律原因,就能取得更好的法制宣传教育效果。舆论导向正确,就能发挥好网络法治宣传的作用,引导相关网络媒体正确开展法制宣传活动,提高主流媒体的宣传声势和力度,起到法制宣传教育的重要作用,为经济发展、社会进步营造良好社会氛围,为构建和谐社会作出应有的贡献。

4. 加大对不良信息的查处力度。及时发现、有效查处网上不良信息,是净化网络环境、维护网络秩序的重要手段。建立网上举报机制,充分利用微博举报、短信举报、飞信举报、QQ 举报等途径,设置网络安全的“烽火台”，让广大网民充当“前沿哨兵”。加大举报受理途径、举报办理成果、举报奖励、举报有关法律法规的宣传，健全举报保障机制。举报保障机制是保障公民举报权利实现的机制，有了网络不良信息举报保障机制，广大网民才可能放心大胆地进行举报。网络不良信息举报保障机制主要包括三个方面的内容：一是严格的保密制度，举报受理部门在举报工作的各个环节都要替举报人保守秘密；二是严肃处理打击和报复举报人的行为；三是规定举报补偿和赔偿制度，对因举报网络不良信息而受到打击报复的举报人给予补偿和赔偿。举报激励机制是举报机制的重要动力。举报激励分为物质激励和精神激励。目前，举报受理部门对举报有功人员主要是进行物质激励，欠缺对精神激励手段的使用。物质激励手段也要多样化，除了发奖金形式外，还可以采取其他物质激励方式，比如 12321 举报中心就开始对飞信举报用户进行积分奖励，这就是一种很好的尝试。奖励要加大力度，扩大覆盖面，调动积极性，应根据举报信息的价值程度、查处案件的社会危害程度、罚没收入等标准灵活确定奖励金额并对其不设上限。

五、加强行业自律

行业自律和网民道德自律，也是发达国家互联网治理普遍采用的一种手段。行业自律包括两个方面：一方面是行业内对国家法律，法规政策的遵守和贯彻；另一方面是行业内的行规，约束自己的行为。行业自律能够规范行业行为，协调同行利益关系，维护行业间的公平竞争和正当利益，促进行业发展。

行业自律是构建完善的网络监管体系的必要组成部分。加强行业自律应从以下几个方面入手。一是由政府牵头建立健全行业法规和标准，提高网络供应商的责任意识。二是完善行业组织主要成员的任用机制，最大限度地确保全社会对网络监管的参与和平衡。行业组织除了负责监督行业法规和准则的实施外，还应注重与政府监管机构和社会民众的沟通协调，支持政府各种监管措施的实施，并广泛接受社会各界监督。三是应促进网络行业内部的公平竞争，避免网络提供商为了谋取私利，提供非法网络信息和为不法分子提供从事网络犯罪的网络空间。要充分发挥中国互联网协会、中国网络文化协会等行业组织的积极作用，大力开展行业自律。2002 年 11 月 15 日文化部出台的《中国互联网行业自律公约》，互联网协会 2004 年 6 月 10 日公布的《互联网站禁止传播淫秽、色情等不良信息自律规范》均使互联网行业自律有了方向。关键是要真正地将这些制度落到实处。此外，媒体不能只求“轰动效应”，新闻记者要有一种清醒的“角色意识”，不能动辄以“包青天”自居，干预法院等的审判活动，要增强媒体意识和道德意识。

六、整合管理资源

1. 整合管理力量。目前网络治理仍然是由多个部门分散管理，一定程度上阻碍了其协调有序健康发展。因此，要充分认识网络的跨平台、跨行业的特性，逐步加大多部门联合发文、一致行动的力度，西方国家在实践中已经认识到这样做的必要性，有些国家也已经采取实际步骤，成立专门部门，进行管理体制的相应改革。我们要整合过于分散的网络管理部门，把职能相对集中地集中在几个部门，明确主导者和协作者，同时完善地方网络管理部门的管理机制。针对网络管理中的地方过度干预和封堵网络的舆论监督权利及公众的表达权、知情权与参与权，要把网络管控运营的权力由中央统一管理。例如 2009 年 12 月到 2010 年 5 月底，中央外宣办、全国“扫黄打非”办、工业和信息化部、公安部、新闻出版总署等九部门在全国范围内联合开展深入整治互联网和手机媒体淫秽色情及低俗信息专项行动。对诸如此类治理活动，应该加以研究，不搞运动式，要实现制度化、常态化。

2. 健全监管体系。一是发挥群众和相关监督机构的作用。充分发挥互联网违法和不良信息举报中心等网络举报受理机构的作用，并设置投诉与举报热线电话，开办监督网站。我国已成立了互联网违法和不良信息举报中心及网络违法犯罪举报网站等投诉机构，但由于宣传力度和激励机制不够，这些机构的作用并没有充分显现。为此，应加强对该机构的宣传，尤其是网络宣传，并加强对举报行为的激励。纪检部门也在关注网民举报的腐败案件。党政干部是生活在群众当中的，群众的眼睛是雪亮的。网络民主监督无处不在，能够促使党政干部更清廉、更守法、更称职。例如“躲猫猫”事件、浙江出国费用清单事件、深圳林嘉祥事件等等就是有力的证明。同时，广泛发动社会公众举报互联网涉及违法有害信息、虚假信息的情况，倡导网民文明上网、抵制不文明行为，提高民众自我保护意识和网络监督意识，形成健康向上的网络文明新风。二是政府应增加公共支出，支持学校及非政府组织积极加入网络监管的队伍，并通过举办社会公共培训等方式，指导学校和家长对青少年进行防毒保护。网络管理显然不只是政府和行业的事情，其与社会各界息息相关，必须让个人、企业等社会各界都参与进来，共同管理。根据国际经验和我国国情，通过完善法律确定网络自由与监管的合理边界，建立由政府主导、社团跟进、行业自律和协作的管理体系应是我国网络管理的最优选择。三是增加政府投入，鼓励技术创新，加强技术研发和新技术手段建设。行政手段也是各国管理互联网的重要手段，比较常见的包括信息过滤与封堵、内容分级制、内容审查制、网站注册制、税收优惠制等。其中借助于技术手段运用的进步和发展，促成更加有效地的政策选择，通过技术手段实现对危害青少年的不良信息、危害国家安全的反动言论、电脑犯罪行为的攻击等进行有效地防护和保障。特别是要探索建立覆盖手机等新兴媒体和论坛、博客、视频等互联网信息内容监测指挥系统，与其他相关部门资源共享、平台对接，更有效地全面地监测管理。

七、逐步推进网络实名制

积极探索把网站当公共场所管，把论坛版主当业主管理，把 IDC 当出租屋管理，把网民当现实人口管理，把偏激网民当重点人头管理，把网络群体当重点组织管理，落实网上网下联管联控措施，确保互联网安全有序。依法推动实行网络实名制管理，进一步推动建立网上论坛版主、发帖网民、网络 IP 地址分配、主机托管和虚拟空间出租以及经营性、非经营性上网场所等网络服务实名登记制度，大力倡导互联网行业自律，建立互联网信息服务、互联网上网服务“黑名单”制度，大力宣传互联网信息安全法制理念，努力增强互联网从业人员和广大网民的职业道德、守法责任和自律意识，推动建立公民上网行为诚信体系，形成自我约束、行业自律、社会监督、责任追究相结合的新型互联网监管机制。

第八章　基层基础建设

基层是促进社会和谐稳定的前沿，是联系群众的纽带，是服务社会的窗口，是社会管理的根基所在。加强和创新社会管理，重心在基层，难点也在基层。加强基层基础建设，是推进社会管理创新可持续发展的必然要求，是维护社会和谐稳定的重要保障。只有切实加强基层基础建设，才能把社会管理创新工程的各项部署要求落到实处，维护社会稳定才具有坚实基础。

第一节　基层基础建设的地位和作用

一、基层基础建设的概念

基层通常指各种组织中最低的一层。在中央综治委《关于加强社会治安综合治理基层基础工作的意见》中，对综治工作的“基层”定义为：乡镇、街道、村（居）委会、机关团体、企事业单位。社会管理的基层主要包括基层党政组织和基层社会管理综合治理组织。

基础本指建筑物的根脚，泛指事物发展的根本或起点。社会管理的基础主要指涉及社会管理的制度性、规范性、源头性以及经常性、长效化的工作，是支撑社会管理的根基，是加强社会管理的重中之重。社会管理综合治理基层基础建设就是指基层党政组织、基层社会管理综合治理组织建设，以及社会管理综合治理工作中具有前提性、整体性、长期性作用的工作。

二、江苏基层基础建设的实践

江苏历来高度重视基层基础建设，始终坚持注重基层、着重基础，不断夯实平安稳定根基，为综治工作深化发展输送源源不断的“活水”。

1. 坚持强基层打基础，不断强化基层基础工作。“基层稳则全局安”、“基层基础是平安稳定之本”，这些理念在江苏各级领导干部思想中深深扎根。开展综合治理之初，江苏省委就明确要求各地、各部门把基层基础建设作为综治工作长远发展的关键，放在战略的、全局的高度持续推进。各级党政领导亲自过问，做到“书记常记、常委常议”，改变了过去那种“精力顾不上、位置排不上、时间插不上”的消极被动局面。1992 年，全省绝大多数市、县实行综治工作目标管理责任制，层层签订责任书，“合同一签、责任上肩”。为提升平安建设在大局工作中的地位，2004 年，进一步规定党政综合考核中平安建设占比达到 10%以上，把平安建设特别是综治基层基础工作由软任务变成了硬要求。

省委、省政府和省综治委多次对加强基层基础建设作出部署，历次全省性综治和平安建设会议都提出新的要求。1996 年，省综治委专门召开了全省综治基层基础工作会议。2006 年和 2009 年，省“两办”先后两次下发关于进一步加强综治基层基础建设的意见。2007 年，提出了推进“三大建设”的新要求，其中一项就是加强基层基础建设。在推进基层基础工作的重点措施上，年年都有新目标、新举措。各地党委、政府每年都确定一批基层基础工作中的重点难点问题作为为民办的实事。

各级综治委大力开展联系点结对帮扶活动，帮助基层解决工作中的问题和困难。坚持把不断完善考核奖惩机制作为促进基层基础工作落到实处的重要手段，把考核重点倾向基层，基层基础工作的比重占综治工作考核分值的 64%。省、市、县、乡四级定期组织暗访，随机抽查乡镇（街道）和村（社区）及基层单位，对发现的问题实名通报、限期整改。对基层平安建设实行动态考核机制，对工作滑坡或发生重大问题的地方实行平安建设摘牌制度。各级政府和财政部门加大公共财政对基层政法综治工作的保障力度，县(市、区)综治办专项经费40—80万元，乡镇(街道)综治经费按辖区实有人口计算人均1—4元。2003年以来，全省用于基层组织建设和基层基础工作的经费达100多亿元，为基层基础工作不断深化提供了坚实保障。

2. 坚持重心下移，不断加强基层组织建设。早在1984年底，江苏省委综合治理领导小组总结推广常熟市浒浦镇组建综治办的经验，陆续在全省乡镇(街道)建立综治办。1991年，中共中央、国务院和全国人大常委会关于加强社会治安综合治理的两个《决定》颁布以后，江苏在全省加快了基层综治组织建设步伐。当年全省80%以上的乡镇(街道)建立综治办并挂牌办公。1992年，召开了全省乡镇(街道)综治办工作座谈会，研究乡镇(街道)综治办加强自身建设、充分发挥作用的问题。1993年，全省乡镇(街道)普遍建立综治办。2003年，省综治委制定下发了《关于进一步加强乡镇(街道)社会治安综合治理委员会及其办公室规范化建设的意见》，至年底，全省乡镇(街道)全部成立了综治委。目前，全省乡镇(街道)平均配备4名以上专职综治工作人员，建立健全了工作例会、情况报告、资料台账、检查考核等各项工作制度和机制。2006年起，在加强基层政法综治组织建设的同时，在全省推广建立乡镇(街道)政法综治工作中心，作为乡镇(街道)党委政法委和综治委的具体工作实体，整合基层政法综治和维稳工作力量，形成维护基层社会稳定的“大稳定”工作格局。

江苏坚持把加强以党支部为核心的农村基层组织建设，作为实现化解在小、处置在早的关键。改革开放之初，全省各地根据农村的新情况，大胆启用经济工作的实干家和各类能人，建设一支能打经济工作硬仗、带领群众走共同富裕道路的干部队伍，在乡镇企业中建立党的基层组织，在村一级实行以厂带村、厂村合一等多种党组织设置形式，健全群众性的治保、调解组织。1991年，各地相继组建村级联防队，推行村厂联防活动。一些地方在治安复杂地段和边缘结合部设立治安办公室，加强联防和控制。2004 年，省综治委在全省总结推广了昆山市周市镇集治保、调解、社区警务、区域联防、外来人员管理于一体的“五位一体”村级综治办。目前，全省 2 万多个村（社区）全部建立了实战型村级综治办，有效地整合了最基层的综治和平安建设资源，确保了综治各项基础工作有人抓有人管，增强了村（社区）党组织、群众自治组织的凝聚力和战斗力，筑牢了维护社会稳定的第一道防线。

针对警力紧缺而综治工作任务重的实际，江苏坚持专群结合，依靠群众，大力发展专职和义务群防群治力量。全省城市按照人口万分之十至十五，农村按照人口万分之八至十的比例，组建了用于社会面巡逻防范的专职保安队伍。按照外来人口 300—500∶1 的标准配备外来人口协管员。通过政府买岗等形式，建立了专职综治社工队伍。通过预约巡逻、联户联防、治安志愿者协会等载体和形式，建立义务治安群防群治队伍。2008 年起，在全省组织开展“红袖标工程建设”，进一步整合群防群治力量，形成了众志成城保平安的工作格局。

3. 坚持重点前移，不断夯实基础工作。加强基层矛盾纠纷调处机制建设。在巩固传统矛盾纠纷调解阵地的同时，江苏不断开拓新的领域，多层面搭建调解组织网络平台。针对随着经济快速发展、各类社会矛盾大量增加的新形势，2003 年，南通市率先探索建立了融人民调解、诉讼调解、行政调解于一体的“大调解”工作机制，省综治委及时召开会议进行推广。目前，全省所有县（市、区）、乡镇（街道）全部建立社会矛盾纠纷调处服务中心，在乡镇（街道）、行政村和城镇社区以及大中型企事业单位建立人民调解委员会，在部分区划交界地带和行业协会、流动人口聚居区、集贸市场中建立了联调组织以及医患纠纷、劳资纠纷、行业性人民调解组织。各地在实践中不断创新完善“诉调对接”、“公调对接”、“访调对接”等衔接机制。实践证明，这一创新举措破解了新时期化解社会矛盾的难题，有效维护了社会稳定。2010 年，全省全面推行重大事项社会稳定风险预测评估化解制度，进一步从源头上减少矛盾纠纷的发生。

加强基层治安防控体系建设。改革开放之初,一些地方在治安防范的实践中探索了对居民新村实行公寓式、全封闭管理,财政补贴推广安装住宅防盗门,建立以“人防、技防、设施防”为主要内容的整体防范体系等创新做法。1993年,江苏在全国率先提出建立社会治安防控体系的构想,此后于1994年首先启动了治安卡口建设。1997年全面建成市县110自动报警服务台,形成以110为龙头的实战指挥体系和快速反应机制。1999年开始实施社区警务战略,并逐步向农村拓展延伸,全省城市社区和重点复杂村全部建立警务室。2004年开始,要求新建居民住宅小区做到专职保安巡逻和技防、设施防措施一步到位,并加大对治安防范薄弱的居民住宅小区和散居居民楼、院的技防、设施防改造和建设力度。2005年底,开展社会面巡防机制改革,实行“红橙黄绿”四色布警和四班三运转勤务制度。2007年,在全省城区和县城全部建立由民警带队巡逻的百人以上专职巡防大队,乡镇(街道)建立专职巡防中队。2009年,在全国率先提出“技防是第一防范力”,确立了用5年时间,把江苏建设成为技防省份的目标。同时在全省大力推进“小技防”进村入户,使科技防范进入千家万户。目前,江苏已基本形成以城市5分钟处警、15分钟支援、半小时包围和全省1小时联动的应急反应“四道防线”为屏障,以街面路面巡防网、社区村庄防控网、治安卡口堵控网、单位内部防范网、现代科技防控网等五张防控网络为根基的社会治安防控体系,江苏已成为犯罪分子的高风险区、高代价区和人民群众的安全区、放心区。

加强重点人群服务管理机制建设。苏南地区外来工较多,较早提出对外来工做到“四知”,即知籍贯、知身份、知现实表现、知有无前科。各地学校开法制课,厂矿企事业单位举办职工业余学校,对待业青年加强就业培训,不放任他们在社会上游荡。一些地方采取家庭包教、社会帮教等多种形式,努力减少和杜绝“单位(学校)推出门、家长打出门、坏人领进门”现象的发生。近年来,江苏进一步树立服务在先、管在其中的理念，把工作成效更多更直接体现在保障民生、促进和谐上。目前，全省外来人口达千人以上的乡镇（街道）全部建立了外来人口管理站，外来人口信息社会化采集率达到90%以上，外来人员集中住宿、集中服务、集中管理率超过40%，部分县（市、区）超过60%，大多数农民工子女解决入学问题，75%以上在公办学校就读。全省建立健全了刑释解教人员、“法轮功”等邪教人员、吸毒人员、社区矫正对象、社会闲散青少年等重点人群中可能违法犯罪的人员，以及其他可能铤而走险的人员排查教育管控机制，把帮扶教育作为预防和减少违法犯罪的根本性措施。对重点人群持续开展深入扎实的普法教育和多种形式的针对性教育，动员社团组织和企事业单位“看好自己的门、管好自己的人、办好自己的事”，切实增强社会责任感，加强对行业、单位内部人员的教育管理。动员基层组织，通过结对帮教、捐赠助教等方式，积极配合有关部门加强对流动人口的服务管理。

4. 坚持积小安为大安，不断深化基层创建。1992年，江苏一些地方在农村因地制宜开展了创建安全村活动。1997年初，全省政法工作会议把开展创建安全文明小区、安全文明村镇、安全文明单位活动（简称“创三安”活动）作为全省综合治理工作的重点进行部署。各地把“创三安”活动列入两个文明建设的总体规划，与精神文明建设、治安防控体系建设、加强人口管理紧密结合起来，实行安全与文明共建，治标与治本并举。经过3年努力，全省80%的村（居）、85%的单位达到了“创三安”工作标准。2003年起，江苏在全国率先组织开展了平安创建活动，各地按照省委、省政府的统一部署，组织开展了社会治安安全乡镇（街道）、村（社区）等基层区域平安创建活动。2008年，省综治委出台了《关于深入开展系列平安创建活动的意见》，对省直部门负责牵头开展的系列平安创建活动进行了规范和拓展，明确了平安企业、平安市场、平安校园、平安工地等系列创建活动，进一步扩大基层平安创建覆盖面。2009年，省综治委在总结前期开展的工作经验的基础上，对深入开展系列平安创建进行了再动员再部署。各地、各部门进一步完善系列平安创建的体制机制，进一步创新系列平安创建的工作措施，把所有机关、团体、企事业单位以及家庭纳入创建范围，实现基层系列平安创建的全覆盖。各相关部门在深入开展基层系列创建活动中，更加注重强化服务管理，推动创建工作不断走入基层、融入群众，有力地促进了综治工作和平安江苏建设各项措施的落实，形成了“部门协作、条块结合、齐抓共创”的局面，为江苏社会持续稳定打下了良好的基础。

三、基层基础建设的地位和作用

历史经验证明，基层基础建设在加强和创新社会管理中具有极为重要的地位和作用。

1. 加强基层基础建设是巩固党的执政基础、提高党的执政能力的必然要求。党的执政基础在基层，党的全部工作和战斗力的基础也在基层，只有把基层组织做强，把基层工作做实，党的执政地位才能得到巩固。维护社会稳定的能力是新形势下党的执政能力的重要内容，只有真正把维护社会稳定的方针、政策和各项工作措施贯彻落实到基层，把一切不安定因素化解在基层，才能确保社会大局的稳定。

多年来，江苏在经济社会快速发展的同时，持续保持了社会大局和谐稳定，最根本的一条经验就是始终坚持强基层、打基础。社会管理重点在基层，关键在基础，没有扎实的基层基础工作，促进社会和谐、维护社会稳定的各项措施就成了空中楼阁。全面加强社会管理基层基础工作，切实把基层局面稳定好，是江苏科学发展、率先发展、和谐发展的需要，也是巩固党的执政基础、提高党的执政能力的必然要求，基层基础工作在任何时候都只能加强，不能削弱。同时，“稳定”、“平安”的动态性发展过程，也决定了基层基础建设是一个动态的、不断变化的过程，形势变化了，就必须确立新的标准、增加新的要求。因此，必须把基层基础建设作为社会管理创新的永恒主题，始终不渝、坚持不懈地推进和加强。

2. 加强基层基础建设是实现“两个率先”、构建和谐社会的重要保障。实现“两个率先”、构建和谐社会，离不开稳定的社会环境。基础不牢，地动山摇，没有扎实的基层基础工作，社会稳定就失去了最根本的保证。只有不断把基层基础工作做深做细做实，把影响社会和谐稳定的各种隐患和问题排除、化解在萌芽状态，才能牢牢把握维护稳定工作主动权，为加快推进“两个率先”、构建和谐社会提供有力保障。

当前，江苏经济社会发展正处在重要的战略关口。2011 年，全省实现生产总值 48604.3 亿元，人均 GDP 首次突破 6 万元，达到 9545 美元。在经济连续 20 年保持两位数增长的同时，维护社会稳定工作面临着许多新情况、新挑战，社会矛盾凸显、刑事犯罪高发、对敌斗争复杂，维护社会平安稳定面临的形势异常严峻复杂，任务异常繁重艰巨。如果不在强化基层基础建设上下功夫，各项工作部署就不能落实到位，如果不从源头上去防范，就不能从根本上解决问题。越是形势严峻复杂，越要把加强基层基础工作作为应对的有效措施；越是任务繁重艰巨，越要把加强基层基础工作作为落实目标任务的重要保障。要通过强化基层组织建设，确保基层工作有人抓有人管；通过强化基层调处机制和治安防控体系建设，预防在先，关口前移，努力从源头上减少不安定、不安全因素；通过强化基层工作机制建设，落实管理措施，最大限度地预防和减少犯罪，构筑起维护社会平安稳定的坚实防线。

3. 加强基层基础建设是提升社会管理整体水平的关键所在。社会管理和服务的重心在基层。健全基层管理和服务体系，可以有效发挥基层群众组织的作用，提高城乡社区自治和服务功能，形成社会管理和服务的合力。党的十八大对加强基层社会管理和服务体系建设进一步提出了新的明确要求，将其作为加快构建有中国特色社会主义社会管理体系的重要组成部分。贯彻落实党的十八大精神，迫切要求我们积极顺应时代发展的新要求和人民群众的新期待，切实加强基层基础工作，以基层基础的不断夯实推动社会管理整体水平的不断提升。

在改革不断向纵深发展的今天，许多利益关系和社会矛盾往往汇集在基层，社会管理的薄弱环节也主要表现在基层：基层社会管理主体不健全，基层党政组织社会管理职能有待增强，群众组织、社区组织建设滞后，企事业单位社会管理责任不清，公民参与社会管理渠道不畅；基层社区还普遍面临资源匮乏、配套支持难以满足社区治理需要的难题；社会管理尚未实现空间全覆盖，一些区域如城市商务楼宇、集体宿舍、城乡家庭出租屋及城乡结合部等存在管理“死角”或盲区。

近年来，江苏社会管理工作一直走在全国前列，创造了平安建设、“大调解”、技防省、“五位一体”村级综治办等一批引以为傲的经验。但是必须看到，与形势发展的要求相比，工作中还存在着不相适应的状况，存在的问题和薄弱环节仍然比较突出。特别是以在新的起点上推进“两个率先”的内在要求来衡量，还有明显差距。在新的起点上推进“两个率先”需要更加牢固的基层基础，需要以基层基础的进一步强化，解决工作中的薄弱环节和突出问题。

第二节　基层组织建设

基层组织是社会管理全部工作的基础，是提高维护稳定、促进和谐能力的基础。基层组织的状况如何，直接决定着社会管理创新的成效。

一、县级社会管理服务中心

县（市、区）社会管理服务中心指，在县（市、区）全面整合部门资源，建立社会管理服务核心部门集中办公，其他部门紧密协作，各部门整体联动，面向社会、面向基层、面向群众的社会管理服务综合性实体平台。该平台以社会管理服务综合信息系统为支撑，充分发挥部门职能，统一设立服务窗口，实行“一站式”服务，实现社会管理服务职能聚合、服务集约、关口前移、有机衔接、联动有力、齐抓共管。形象地说，建立社会管理服务中心，就是让几十个电话变成一个电话、几十个部门变成一个部门，有效解决“矛盾发生在块上、权力配置却在条上”，“看得见的管不了、管得了的看不见”等弊端。

目前，我省已经运作的社会管理服务中心普遍建立了综治办牵头协调，设立统一窗口，实行“一站式”服务，综治委各专门工作领导小组办公室实行实体化运作的组织架构。中心围绕维护社会稳定这一条主线，发挥统揽调度、化解矛盾、分析研判、督查督办、服务群众等职能作用，最大限度地整合资源、提高效能，建立集社会矛盾联调、社会治安联动、公共安全管理、特殊人群管理、网络舆情应对等功能于一体的社会管理组织协调管理工作机制，构建现代化综合性社会管理系统。中心建筑面积一般在3000平方米以上，综治办、司法局、信访局、维稳办等整体入驻中心办公，其他综治委成员单位部分职能进驻中心。

二、乡镇（街道）社会管理组织

1. 乡镇（街道）党政组织

乡镇（街道）是党和国家政权组织体系中最贴近群众、最侧重执行的重要层次，在管理社会事务中承担着极其重要的职能。《中共中央、国务院关于加强和创新社会管理的意见》明确指出，要强化乡镇（街道）社会管理服务职责。加强乡镇（街道）党政组织建设，在促进社会和谐以及强化党和政府与人民群众联系等方面发挥着举足轻重的作用。

乡镇（街道）党（工）委、政府（办事处）应把工作重心转到社会管理和服务上来，为人民群众提供面对面的综合服务，充分发挥基层组织引领群众、反映群众诉求、化解社会矛盾的重要作用。如，南京市建邺区从2010年底全部剥离所有街道经济职能，对街道进行“大科制”改革，成立“一办三科”，主要承担综合管理、公共服务、维护稳定和指导自治等四项民生职能，与社区实现无缝对接和良性互动，从而将街道工作从以发展经济为中心转移到社区管理和公共服务上来。

要提高服务和管理水平。牢固树立管理就是服务的观念，在服务中实施管理，在管理中体现服务。基层党组织和基层政府要创建服务平台，构建服务群众的网络体系。以党组织为核心，逐步建立行政功能与社会自治功能互补、政府管理力量与社会力量互动的管理、服务网络，形成基层社会管理和服务的合力。做好党员联系和服务群众的工作，健全和落实党员结对帮扶困难群众、基层干部接待和联系群众等制度，促进基层党组织管理社会、服务群众制度化、规范化水平的不断提高。

2. 乡镇(街道)社会管理机构和服务平台

(1) 乡镇(街道)综治办

乡镇(街道)综治办是乡镇(街道)社会管理综合治理委员会常设的办事机构，是协助乡镇(街道)党委、政府维护社会稳定、创新社会管理的职能部门。在基层综治组织和综治工作中，具有龙头的地位和作用。

加强乡镇(街道)综治办规范化建设主要包括以下内容：

一是明确职责。乡镇(街道)综治办的主要职责是：排查化解辖区内矛盾纠纷和不和谐不稳定因素；开展治安混乱地区、突出治安问题、安全隐患排查整治，积极开展并参与有关专项行动；协调落实流动人口服务和管理措施；统一组织开展刑释解教人员安置帮教和对社区矫正人员、吸毒人员、“法轮功”人员等重点人员的帮教管控；加强对社区闲散青少年、服刑在教人员未成年子女、流浪儿童、农村留守儿童等青少年群体的教育、服务、救助和管理工作；协同做好法制教育宣传、国家安全宣传教育、法律援助、安全生产监管、交通管理、消防管理等工作；全面掌握辖区社会治安和社会稳定形势，当好党委、政府的参谋助手。

二是配齐配强工作力量。乡镇(街道)综治委主任由乡镇(街道)党(工)委书记担任，综治办主任由乡镇(街道)党(工)委副书记或政法委书记担任。按照政治素质好、业务能力强、组织协调水平高、善于做群众工作的标准选配专职副主任。实有人口在5万人以下的乡镇(街道)要配备2名以上工作人员，5万人以上的配备3名以上工作人员。

三是加强业务建设。建立健全工作例会、工作报告、资料台账、检查督办等一系列制度，加大对基层综治干部的教育培训力度，进一步提高能力水平，增强工作权威。

四是强化保障。按照符合信息化、现代化的要求，进一步加强乡镇

(街道)综治办基础设施建设。按照有关文件要求,切实保障乡镇(街道)综治工作经费,确保乡镇(街道)综治工作正常开展。各地可根据当地经济发展水平和人口状况,从确保实际需要的原则出发,适当提高标准。有条件的地方,可以给予综治工作人员适当的岗位补贴。

(2) 乡镇(街道)政法综治工作中心

政法综治工作中心是在乡镇(街道)党(工)委、政府(办事处)和综治委领导下,由综治办牵头组织协调,整合有关部门在基层的力量,通过集中办公建立起来的协作配合、精干高效、便民利民的工作平台,其组成部门包括乡镇(街道)综治办、基层政法单位、信访办、610办、流动人口管理办公室、社会矛盾纠纷调处中心以及其他综治委成员单位,可根据实际情况吸纳辖区内大中型企业、重点单位参加。政法综治工作中心不列入乡镇(街道)党政机关和事业单位序列,中心组成部门机构性质、人员编制、管理体制、隶属关系不变。

政法综治工作中心主任由乡镇(街道)综治办主任担任,主持全面工作;副主任由综治办专职副主任担任并负责日常工作,主要组成部门负责人兼任副主任,其他组成部门负责人为中心成员,各组成部门和单位要明确专人参与中心工作。主要组成部门由各地根据组成部门与中心职能结合紧密程度加以确定。

政法综治工作中心的办公形式,采取主要组成部门集中办公和主要部门相对集中办公两种模式。无论采取何种办公形式,都必须设立办事大厅(面积在80平方米以上),中心各组成部门和单位根据工作需要设立窗口,为基层群众提供集中服务。

政法综治工作中心通过发挥平台作用和综治体制机制优势,组织协调、优化整合、督促指导辖区内党政机关、企事业单位、群团组织、学校及人民群众等资源和力量,落实创新社会管理、维护社会稳定工作任务,实现辖区社会和谐稳定。具体职能任务主要包括:一是贯彻执行上级有关创新社会管理、维护社会稳定和平安建设、法治建设工作的方针、政策和部署,研究提出工作措施;二是督促、指导辖区内各部门、各单位和村(社区)扎实开展平安建设、法治建设活动,推动各项工作措施落实;三是督促检查社会管理创新和维护稳定工作目标管理责任制执行情况,兑现考核奖惩;四是定期分析辖区内社会稳定和社会治安形势,采取有针对性的工作措施;五是建立应急机制,协助党委、政府和有关部门依法妥善处置突发事件;六是牵头协调调处跨部门和疑难复杂的重大社会矛盾纠纷和信访案件;七是督促、指导各部门、各单位落实治安防范措施,组织整治突出治安问题和治安混乱地区,维护辖区治安稳定;八是建立健全各项基础工作机制,从源头上预防影响稳定事件的发生,从根本上减少违法犯罪;九是办理党委、政府交办的涉及社会稳定和社会治安需要牵头协调处理的其他工作。

推进政法综治工作中心规范化建设,应把重点放在完善工作机制、加强协作联动、发挥职能作用、务求取得实效上,做到一个体系领导、一个平台统揽、一个机制运行、一个窗口服务,协调配合,高效便捷,规范有序。

一是矛盾纠纷联调机制。中心组织各组成部门,采取日常排查、集中排查、重点排查和专项排查相结合方式,对矛盾纠纷和不安全、不稳定因素早发现、早控制、早解决,对排查出来的矛盾纠纷和群众来信来访统一受理、集中梳理、归口管理、依法处理、限期办理,落实登记、交办、承办、销案各个衔接环节。综合运用人民调解、行政调解、司法调解等多种调解力量和调解方法,认真做好矛盾纠纷化解工作。对重大疑难或涉及两个以上部门、单位的纠纷,由中心直接调处或组织有关部门、单位共同解决。

二是社会治安联防机制。中心定期开展治安形势分析,及时发布治安预警预报,落实治安防控措施。整合群防群治队伍,建立健全以公安为主体、专职治安防范力量为骨干、专群结合的治安防范工作网络,组织开展多种形式的治安巡逻活动,推广经济适用的物防技防手段。指导督促辖区机关、团体、学校、企事业单位落实内部安全保卫制度,参与区域联防、协防工作。

三是重点工作联动机制。依据组成部门赋予中心的管理权限，根据阶段性重点工作需要，由中心统一调配使用各组成部门工作力量，统筹安排各项工作任务。中心负责制定完善应急处置工作预案，组织协调有关部门，在乡镇（街道）党（工）委、政府（办事处）统一领导下，依法妥善处置突发性、群体性事件，协助有关部门处置治安灾害事故和重大刑事案件。

四是突出问题联治机制。中心按照上级部署，动员和组织各部门、各单位及辖区群众积极参与严打斗争和各项集中整治行动。组织各组成部门对辖区社会治安重点地区和突出治安问题定期排摸、梳理，集中开展专项整治行动，多方参与，综合施策，严厉打击严重违法犯罪活动，推动解决社会管理滞后、公共服务缺失、基础工作薄弱等突出问题。

五是平安建设联创机制。中心研究制定辖区平安创建总体目标，发挥各部门职能优势，组织发动广大群众，广泛开展平安单位、平安村（社区）、平安家庭、平安企业、平安校园、平安医院等各种形式的基层平安创建活动，积极开展各种宣传教育活动，丰富创建内涵，提高创建实效。

六是社会管理联抓机制。以政法综治工作中心为平台，发挥部门、单位、社区和家庭作用，落实流动人口服务管理、刑释解教人员安置帮教、闲散青少年服务管理、易肇事肇祸精神病人救治管控、吸毒人员、“法轮功”分子帮教转化工作，对违法犯罪高危人员严密管控措施。与群众生活密切相关的部门在政法综治中心设立窗口或相对集中办公，为群众提供“一站式”服务，着力提高服务管理水平。

三、城乡社区社会管理组织

城乡社区是社会管理的基础。在城乡基层社会结构发生深刻变化的新形势下，社区在社会建设和党的组织建设中的基础性作用更加显著，承担的社会服务和管理任务更加繁重，维护社会和谐稳定的功能更加突出。

1. 我国社区现状

我国的社区建设是在20世纪90年代末期适应深化经济和政治体制改革的需要自上而下"催生"的新事物,根据社区居民委员会组织法,"社区是指聚居在一定地域范围内的人们所组成的社会生活共同体。"社区以促进居民利益为宗旨、提高生活质量为目标,以社区共同体为载体而开展工作。"服务居民,管理社会"是社区的基本功能定位。从我国各地的具体实践来看,目前已经建立起来的社区有以下五种模式:

第一,居委会创新型。就是以原来的居委会为基础,按照新的标准和原则,适当扩大规模、调整范围而形成的社区居委会。这类社区在目前现有的社区中占较大比重,由于过去基础好,居民认同感强,参与意识较为浓厚,社区内活动开展较好,有成型的管理方式方法。通过社区建设,社区居委会加强了基础设施建设,改善了办公条件,优化了干部队伍结构,福利待遇也得到较大改善,工作也比较规范。但相对而言,社区新型娱乐设施、活动场所、广场以及绿化场地等建设改造难度较大。

第二,企业分解型。就是企业在改制、重组过程中,由过去的一种体制变为几种体制并存,或者分解为几个独立的实体,原先由企业兴办管理的家属委员会也随之移交到地方,改制为社区居委会,原先由企业所承担的各项社会管理与服务职能也随之移交给了社区。这类社区集中在工业城区以及厂矿企业驻地。其管理服务的对象比较单一,各项工作开展起来相对容易。加上企业有一定房产、场地等闲置资产,可为社区广为利用,为社区的工作带来方便。不足之处在于居委会自身建设差,职能到位相对较慢。

第三,小区转换型。随着城市建设的发展,一座座住宅小区雨后春笋般地出现。这些小区在建设初期一般没有成立居委会,多是由业主委员会或物业公司承担小区的日常管理工作。在社区建设中,大部分小区按照要求,经过民主选举,建立了社区居委会,由小区转换为社区。这类社区基础设施较为完善,文明程度较高,但由于社区成立较晚,再加上居民来自五湖四海，人员结构复杂，管理的基础薄弱，居民参与意识较差，社区居委会干部大多没有从事过基层社会管理工作，给管理带来诸多困难。尤其是有些开发商对居民自治组织缺乏应有的认识，以物业管理取代或者削弱居委会的管理，给社区建设带来了不利影响。

第四，村组改造型。随着城市的发展和城镇化进程的加快，原先的一些城市郊区已发展为城区或城镇，尤其是城郊地带和经济发展较快的城镇，出现了"村中城"或"城中村"，过去的"农村人"变为了"城市（镇）人"。为解决管理的矛盾，在社区建设中，将有关的村组撤销，改建为社区居委会。这类社区的最大特点是改变了原有组织和人群的属性，居民素质参差不齐，有些活动难以开展，特别是现有居民原先作为村民所拥有的经济利益被分割。因此在"村改居"的过程中，要处理好一系列问题，比如有的实行村居合一的过渡体制，或在村改居时试行一个过渡期，实行土地、财产的所有权和使用权不变等一系列政策，都是可以借鉴的做法。

第五，机关单位过渡型。过去，一些大型的机关和事业单位承担着大量的社会事务管理和服务职能，有的是垂直管的，有的是系统管的。现在，通过体制、机构改革，这些机关单位将这部分职能剥离出来，交给了社区，原先由机关或单位直接管理的干部职工及其家属也相应转移到了社区，实现了由"单位人"向"社区人"的转化。这类社区资源富集，人才多，具有活力基础，但基础设施不配套，共建意识差，关键在于原有机关单位要解放思想，转变观念，把不该自己管的事、管不好也管不了的事主动交给社区，并积极帮助社区改善条件，提升功能，以便社区更好地为居民服务。

2. 加强城乡社区社会管理组织建设的基本原则

第一，坚持党的领导，把握正确方向。坚持党的领导、人民当家作主、依法治国有机统一，充分发挥党组织在社区建设中的领导核心和战斗堡垒作用。切实加强社区党组织建设，坚持以党的建设带动社区建设，不断巩固党在基层的执政基础。

第二，坚持依法自治，发展基层民主。深入推进社区居民自治，健全社区党组织领导的充满活力的基层群众自治机制。探索建立符合国情省情、尊重群众合理意愿的基层民主制度，提高民主选举、民主决策、民主管理和民主监督水平。

第三，坚持以人为本，强化服务管理。牢固树立服务为先的理念，以群众需求为导向，以群众满意为标准，大力提升社区为民服务水平。寓管理于服务之中，不断提高社区教育引导群众、化解社会矛盾的能力，促进社会和谐稳定。

第四，坚持分类指导，促进协调发展。按照统筹城乡发展的要求，切实加大对农村社区建设的指导和支持力度。针对不同类型社区的特点，加强分类指导，着力解决制约社区发展和影响社区和谐稳定的突出问题，不断增强社区服务管理能力。

第五，坚持政府主导，社会共同参与。切实转变政府职能，理顺工作关系，充分发挥各级政府在城乡社区建设中的主导作用。强化群众观念，尊重社区居民主体地位，提高居民群众参与热情。整合社区资源，推进共驻共建，形成加强社区建设整体合力。

3. 创新城乡社区管理的组织架构

2011 年 6 月，江苏省委、省政府制定下发了《关于加强新形势下城乡社区建设的意见》，明确以社区党组织为核心，以社区居委会推进居民自治、自我管理，以社区管理服务站承接公共服务，以社区综治办负责维护稳定，全面推行“一委一居一站一办”城乡社区服务管理新模式，提出到 2015 年，全省 90％的城市社区、80％的农村社区将达到省级和谐社区标准，其中城乡社区“一委一居一站一办”覆盖率将达 90％以上，有条件的地方将实现全覆盖。

“一委一居一站一办”，一委即党委或党支部委员会，一居即居委会，一站即管理服务站，一办即综合治理办公室。这一组织架构的作用主要体现在四个方面：一是强化了党在基层执政基础，并以党内民主带动社会民主；二是强化了社区的民主自治，社区居委会作为群众的自治组织，可以集中精力依法组织居民自治；三是强化了公共服务向基层的延伸；四是强化了基层的综合治理与平安建设工作。

(1) 社区(村)党组织

社区党组织是党在社区全部工作和战斗力的基础，是社区各类组织和各项工作的核心。城乡社区党组织要积极宣传和贯彻党的路线方针政策，执行上级党组织的决议；领导社区居民自治组织，推进社区居民自治；领导社区群众组织，支持和保证其依照各自章程开展工作；领导社区管理服务站和各类社区服务组织，开展社区服务管理工作；密切联系群众，及时反映群众的意见和要求，化解社会矛盾，维护社区稳定；指导社区非公有制经济组织、新社会组织中的党组织开展党建工作，组织协调辖区单位党组织开展区域性党建工作；加强自身建设，做好社区党员的教育管理和发展党员工作。

社区党组织要切实加强自身建设、改进工作方式，深入开展创先争优活动，做好社区党员的教育管理和服务工作，充分发挥广大党员在和谐社区建设中的先锋模范作用。全面推进社区党务公开，健全社区党员代表议事制度，引导党员参与民主实践，积极探索扩大党内基层民主的实现形式。完善社区党建工作体系，把党的组织网络覆盖到每个小区、楼栋、居(村)民小组、社会组织和物管企业。通过与驻区单位党组织协商，推选部分单位的党组织负责人或党员干部兼任社区党组织副书记或委员。建立健全驻区单位党组织参与的社区党建工作联席会制度，定期研究工作和通报情况，联合开展党组织活动，协商解决重大问题。

(2) 社区居(村)委会

社区居(村)委会是居(村)民自我管理、自我教育、自我服务的基层群众性自治组织。其主要职能包括：组织居民依法开展自治，宣传宪法、法律、法规和国家政策，开展社会主义精神文明建设，教育居民遵守社会公德和居(村)民公约，依法履行应尽义务；召集社区居(村)民会议或居(村)民代表会议，办理本社区公共事务和公益事业；兴办各类服务事业，开展社区便民利民服务和社区互助、志愿服务；组织居民积极参与社会治安综合治理，及时化解社区矛盾，促进家庭和睦、邻里和谐、民族团结、社会稳定；管理本社区居(村)委会财产，推行居(村)务公开；依法协助基层政府或其派出机构开展工作，及时反映居民的意见、要求，提出相关建议；组织居民有序参与涉及切身利益的公共政策听证活动，对政府机关及其工作人员、驻社区单位以及公共事业单位的服务情况进行评议和监督。

(3) 社区(村)管理服务站

社区管理服务站是社区居(村)委会的工作机构和综合服务平台，按照专干不单干、分工不分家的原则，在社区党组织、社区居(村)委会统一领导和管理下开展工作。社区管理服务站遵循“居行自治、站司事务”的要求，积极承接公共服务和公益服务事项。对 2 万人以上的超大型社区，可实行“一居多站”运作体制。

(4) 社区(村)综治办

社区综治办是社区新型服务管理体系的重要依托，主要负责社区社会管理综合治理和维稳工作。社区综治办在社区党组织统一领导下开展工作，牵头协调社区警务治安、信访调解、帮教服务、流动人口管理与服务等事务，形成工作合力。综治办主任一般由社区党组织或社区居(村)委会负责人兼任。

加强村(社区)综治办建设，主要解决两大问题：

一是解决“有人抓”的问题。村(社区)要明确 1 名负责人主管综治工作，有抓综治和平安建设的专职人员。要按标准配齐配强治保会、调委会组成人员和村级专职保安，推进警务进村(社区)，确保综治各项基础工作有人抓有人管。

二是解决“怎么抓”的问题。村(社区)综治办建设要与基层党组织建设、基层政权建设紧密结合起来，在机构体制上，要实行综治办、治保会、警务室、调委会、治安巡逻队、流动人口服务管理工作站一体化运行，有机整合综治工作力量；在力量调配上，要实行驻村(社区)民警、治保人员、调解人员、联防队员、流动人口协管员、治安志愿者等一体化管理，共同落实平安建设任务；在目标任务上，要实行治安防范、纠纷调解、流动人口管理、社区矫正、安置帮教、预防青少年违法犯罪、法制宣传、禁毒、反邪教等业务一体化安排，统一部署、协调推进。

4. 强化城乡社区社会管理工作保障

一是建立政府投入和社会投入相结合的经费保障机制。加大对社区建设投入力度，将城乡社区党组织、居（村）委会和社区管理服务站、综治办的工作经费、培训经费、人员报酬、服务设施以及社区信息化建设等项经费纳入同级财政预算，完善城乡社区经费保障机制。建立省级财政城乡社区建设项目引导资金，采取以奖代补形式，对社区建设成绩突出的地方给予适当奖励。积极争取驻区单位和社会各界对社区建设的支持，引入民间资本，利用社会力量，发展社区社会化服务，逐步形成城乡社区建设多元化投入格局。加强社区经费管理，实行专款专用，坚决杜绝挪用、挤占、截留，并定期向居民公开使用情况，接受居民监督。

二是加强社区工作用房和居民公益性服务设施建设。将社区工作用房和服务设施纳入城乡建设规划、土地利用规划和社区发展专项规划，加大建设力度，完善服务功能。每个社区应建设社区服务中心，为城乡居民提供生产生活服务。县（市、区）和街道（乡镇）应按照一定标准建设综合性社区服务中心，由有关部门统一设立服务窗口，实行“一站式”服务。城乡规划、住房建设等有关部门应把好规划设计、建设审批和工程验收等关口。民政部门和街道（乡镇）全程参与社区用房的规划、建设和验收。商品房销售前，应将社区工作用房和居民公益性服务设施配套到位，经社区属地的县（市、区）民政局和街道（乡镇）签章同意后方可进行销售。经验收合格后，建设单位要根据规定将社区办公用房和居民公益性服务设施交给所在地街道（乡镇）管理，归社区使用，任何单位和个人不得侵占、挪用、出租或改作他用。对社区没有工作用房和服务设施或者不达标的，应由当地政府通过新建、购买、置换、改造、扩建等方式予以解决。

三是积极推进社区信息化建设。将社区信息化纳入当地信息化建设总体规划，充分利用现有信息网络资源，按照“一处固定场所、一套信息设备、一名信息员、一套管理制度、一个长效机制”的基本要求，建立覆盖城乡社区的综合服务管理信息平台。整合县(市、区)、街道(乡镇)、社区面向居民群众、驻区单位服务的内容和流程，及时为居民提供全方位、多层次的公共信息服务。

四是落实社区人员待遇。城市社区党组织、居委会成员及社区专职工作人员报酬，应由县级以上地方政府统筹解决。城市社区党组织、居委会成员报酬应不低于上年当地城镇单位在岗职工平均工资水平；其他社区工作人员报酬，按照社区党组织、居委会成员报酬的一定比例确定。农村社区党组织书记报酬一般由基本报酬、考核报酬等构成，基本报酬应不低于所在县(市、区)上年农村劳动力平均收入水平。其他农村社区干部的报酬，由乡镇党委、政府按照党组织书记报酬的一定比例确定。所有城乡社区工作人员都应按照国家和省有关规定享受社会保障政策待遇。

四、社区社会工作者队伍

社会管理和群众工作政策性、专业性强，工作难度大，要求高。目前，江苏社区专职工作者中经过专业培训、具有丰富社区工作经验的专业社会工作人才偏少。加强社会管理专业队伍建设已成为加强和创新基层社会管理的迫切任务。

1. 加强社区工作力量配备。严格按照《城市居民委员会组织法》和《村民委员会组织法》配备居(村)委会成员，城市社区由 5 至 9 人、农村社区由 3 至 7 人组成。对辖区人口较多、服务管理任务较重的社区，可根据实际需要适当增加社区工作人员。

2. 创新社区用人机制。提倡社区党组织班子成员与居(村)委会成员交叉任职。党政机关、企事业单位在职或退休党员干部、社区民警、群团组织负责人、社会知名人士以及社区专职工作人员，可以根据个人意愿、经过民主程序，担任社区党组织、居(村)委会成员。鼓励党政机关和企事业单位优秀年轻干部到社区帮助工作，鼓励高校毕业生、复转军人等优秀人才到社区担任专职工作人员。

3. 提高社区工作者综合素质。积极吸纳社会工作专业人才从事社区工作，鼓励社区工作者参加统一考试，取得社会工作师资格证书，不断提高专业化水平。依托党校(行政学院)和高等院校建立培训基地，加大对社区工作者的培训力度。省、市每两年至少对县(市、区)、街道(乡镇)分管负责同志培训一次，县(市、区)、街道(乡镇)每年至少对社区党组织书记、居(村)委会主任培训一次，对其他工作人员每两年至少培训一次，切实提高他们的能力和水平。

4. 关心社区工作者成长进步。积极从优秀社区工作者中培养发展党员，推选符合条件的优秀社区党组织、居(村)委会成员担任各级党代会代表、人大代表、政协委员，加大从优秀社区党组织、居(村)委会成员和社区专职工作者中，考录公务员和选任街道(乡镇)机关、事业单位领导干部的力度。

第三节　基础工作

加强和创新社会管理的目标任务，最终要靠基础工作得到落实。要紧跟改革开放的时代步伐，以改革创新的思路和办法，积极破解体制性障碍、机制性困扰，努力把基础工作做实做优，实现防范关口前移，把社会管理创新各项措施落实到社会的方方面面。

一、社情民意收集工作

关注民生，了解和反映社情民意是贯彻落实科学发展观，密切联系群众的具体体现，是加强和创新社会管理的重要基础和关键环节。及时收集并反映社情民意，对于调动人民群众和社会各界的积极性，发挥人民群众和社会各界在社会管理创新中的作用，具有非常重要的意义。

基层综治组织应将社情民意收集工作作为重要工作内容，依托现有的综治组织网络、调解组织网络、治安防控网络，全面收集社情民意，收集影响社会稳定和治安稳定的各类情况，及时准确地把握全局性、苗头性、倾向性问题，为党委、政府决策提供重要依据。

在收集、反映社情民意过程中，要着重把握好以下几点要求：

1. 重点突出。着重收集和报送群众与社会各界关注的热点问题以及本地政治、经济、文化和社会生活中带倾向性、普遍性的重要情况、意见和建议。

2. 实事求是。坚持实事求是，有喜报喜，有忧报忧，原汁原味地反映群众和各界人士的意见、建议。

3. 着眼大局。做好社情民意的综合、整理和分析，充分反映需要党政领导了解的有价值的信息。

4. 注重时效。及时做好社情民意的收集、整理和报送工作，对重大事件、重要情况的社情民意要一事一报，急事急报，必要时跟踪续报。

二、基层平安创建

基层平安创建是平安江苏建设的重要组成部分。基层是区域平安创建和系列平安创建的结合部，既要抓好平安乡村、平安社区等区域平安创建，又要抓好平安市场、企业、医院、校园等系列平安创建。市级综治办要加强对基层平安创建活动的检查指导，培植推广典型，推动工作发展。县级综治办要对本地创建活动进行科学规划、统筹安排、协调推进。乡镇（街道）综治办要按照属地管理原则，具体抓好组织实施，所有机关、团体、企事业单位，所有家庭，都要纳入创建范围，都要开展创建活动，实现基层平安创建的全覆盖。各类社会单元的平安创建活动，原则上由乡镇（街道）综治办管理，特殊的由县（市、区）综治办管理。各地要在创建活动的实践中，不断创新创建方法，完善创建机制，提高创建实效，以社会基本单元的平安创建基层区域平安，以基层区域平安创建全省平安。

三、信息化建设

目前，江苏社会管理信息化建设存在的突出问题是，部门、系统之间缺乏资源共享的平台和机制，社会管理信息不能互联互通，既造成重复建设，又难以实现资源共享和流程化应用。目前，省委政法委已经牵头在政法系统开展试点，围绕社会管理工作业务需求，整合政法综治各部门的信息，这是规划设计综合管理平台建设应用的第一步。在此基础上，下一步将借鉴新加坡“电子公民中心”的模式，围绕人的管理和服务，逐步整合人口、教育、就业、医疗、住房、安全、工商、金融、交通、诚信等方方面面的基础信息和管理服务信息，不断拓展社会管理信息化的应用领域，最终形成覆盖全面、功能齐全、动态管理、联通共享、实战性强的社会管理“大平台”。“大平台”建设的具体思路为“五个一”：一是出台一份指导意见，对开展全省社会管理信息化建设作出总体规划。二是搭建一个共享平台。依托现有省政府电子政务网，搭建社会管理信息综合平台，实现中心平台和相关部门的数据交换、整合和共享。三是建立一套管理机制。建立社会管理信息采集、传输共享、联动应用、管理考核、服务保障机制及协调会商制度，保证各项工作规范有序开展。四是组建一支维护队伍，落实有关配套技术和业务力量。五是制定一系列保障措施，协调解决项目立项、建设经费、机构人员等问题。

［案例］

常州市社会管理综合信息平台建设

常州市从2010年开始规划建设社会管理信息系统，目前已初步建成实战性较强的社会管理综合信息平台，实现了基础信息网上采集、办事服务网上流转、工作过程网上监督、责任目标网上考核。该平台的特点和优势是：一是点线面全覆盖。该平台基于先进的网络技术，覆盖市、区、镇、社区、企事业单位五个层面，总规划用户超过1万个，实现点

(单位)、线(部门)、面(层级)的全覆盖。二是信息完整统一。将各级、各部门采集的各类信息统一纳入社会管理基础信息平台,互为验证、互为补充,形成统一的最终基础数据,使各级、各部门信息资源和工作成果得到充分应用,避免重复建设和产生信息孤岛。三是实现动态化管理。平台在数据关联上重点突出人、屋、企、证、事、地点、时序等信息元素间的关联,实现了"人证对应、人房对应、人岗对应、人时对应、人事对应"的动态实时管理。四是提供一站式服务。一个平台即可完成社会管理综合治理指挥调度、工作部署、信息查询、分析研判、动态巡查、绩效评价、电子台账等业务,推动多层面信息共享、多部门工作联动、多工作齐抓共管,实现第一时间掌握情况、作出评估、采取措施,极大提高党委、政府服务管理的效能。

四、社会管理网格化

网格化社会服务管理模式,是针对当前社会服务管理中存在的薄弱环节和重点难点问题,充分运用网格理念和现代信息技术,合理划分网格单元,以责任制为依托,全面覆盖人、地、事、物、情、组织等各种要素,进行精细化服务管理的一种社会管理常态化方式,主要特征是精细化管理、人性化服务、多元化参与、信息化支撑。

1. 合理划分社会服务管理网格单元。按照完整性、便利性、均衡性、差异性原则,将一个行政区域划分为若干个社会管理网格。网格可根据人、地、事、物、情、组织等基本情况,分为住宅、商务商业、企事业单位、人员密集场所等多种类型;可根据社会管理秩序、治安环境状况,划分为日常管理、一般防范、重点关注、综合治理等多种等级。以网格为单位,围绕社会服务管理的具体工作,逐人、逐地、逐事明确工作任务,责任到人,做到精确定位、精选定人、精准定责,实现网格全覆盖、工作零缝隙。

2. 科学构建社会服务管理组织体系。对现有社会管理流程进行再造和优化,搭建"三级平台(即区、街道、社区三级行政体系)、四级服务管理(即区、街道、社区、网格四级工作体系)”的组织体系,明确网格单元的社会管理对象、工作职责、办事流程和时效,为精细化管理、零距离服务打下坚实基础。

3. 系统优化社会服务管理力量配置。对社区工作者、街道干部、政法综治队伍等按网格化服务管理要求进行重新整合与配置,在每个网格内配置网格管理员、网格助理员、网格警员、网格督导员、网格司法员、网格消防员和网格党支部书记等力量。将区域党建、社会保障、计划生育、统战、工会、妇联等工作逐步充实、整合到网格中,形成一格多员、一员多能、一岗多责的工作机制。构建专群(专业力量与社区群众)结合、条块(职能部门与属地)结合、社群(社会力量与社区群众)结合的社会服务管理工作格局,实现社会服务管理政策集成、资源集聚、力量集合,发挥“单兵是尖刀、整合是拳头”的工作效果。

4. 全面创新基层党组织设置模式。按照“党组织建在格上”的原则,把社区党员调整划分到网格中,逐格建立党支部,选举产生支部书记。建立“四级体系、两个确保”工作机制,即:构建“县(市、区)党委—街道工委—社区党组织—网格党组织”四级党组织网络体系,确保每个网格都有党组织、确保每名党员都在网格中,充分发挥党员的先锋模范作用和网格党组织的领导核心作用。

5. 充分发挥现代信息技术在网格化社会管理工作中的作用。通过社会管理信息系统,网格管理员及时将发现的情况分类上报并进行处理,规范社会服务管理工作流程,明细各环节工作职责,提高社会管理的效能和服务质量。

[**案例**]

无锡市滨湖区社区网格化管理

无锡市滨湖区以实现社区服务管理“联系无缝隙、管理无盲点、服务无遗漏、安全无隐患、和谐有保障”为目标,大力推进社区管理网格化,取得了良好的综合效益。一是把管理划分成片。按照“符合实际、任务适当、便于联系”以及“分色管理、分类服务”的原则，将城乡社区划分为若干个管理片区，每个片区划分为若干个格，格中住户又划分为常住户、租住户、空挂户以及重点特殊关注户等不同类型。二是把人员确定到格。“两委”成员任片长，社区工作人员任格长，每个格里有若干楼(组)长和保安、户口协管员、义务巡防人员，负责矛盾纠纷调解、治安防范、便民服务、信息搜集等工作，全区网格管理服务力量达2.5万人。三是把责任落实到人。坚持有统有分、统分结合，一岗多责、一专多能，严格落实网格管理责任。每月召开片长会，每周召开格长会，及时研判社情民意、布置工作。实行首问负责制，绝不让群众“问第二句话、跑第二遍路”。按照工作绩效、群众满意度等标准对工作人员进行考核，按考核结果进行补助奖励。三是把防范编织成网。按照“小事不出楼道、难事不出社区”的要求，织密“社区治安网、社区调解网、社区管控网”等三张网，维护社区治安管理秩序，开展矛盾纠纷调处化解，做好重点特殊人群尤其是精神偏执等人员的帮扶、疏导以及管控。四是把服务送上门。网格管理人员用一半工作时间走门串户，格长每月至少走访30户群众。明确物业管理、民政事务等事关居民群众切实利益的问题“最快办时限”，落实“月结月清”制度，不断提升社区服务管理的水平。建立社区综合服务机制，发动社会组织、专业组织、辖区单位积极开展组团式服务，有序促进社区管理质效的提升。

五、社会诚信体系建设

加快推进社会诚信体系建设，提升社会诚信水平，既是确保经济和社会持续健康发展的重要条件，也是加强思想道德建设、推进社会管理创新刻不容缓的任务。诚信体系建设要坚持内外并举、软硬齐抓，既注重社会道德的倡导和个体的道德自觉，也要注重政策的引导、制度的保证和法律的支持。完善社会诚信体系和行为规范，营造诚信社会氛围，促进公民、法人和其他组织的行为符合社会共同行为规范。

市场经济是建立在以诚信为核心道德基础之上的，市场经济就是

“信用经济”。因而，建立规范的社会信用管理体系，包括信息共享的个人和企业诚信档案体系，以及诚信评估和信用奖惩机制等，用制度和法规约束失信行为，就成为推进社会诚信体系建设的主要内容。要利用现代化的技术手段，动员社会力量，在严格依法采集个人信息、保守个人隐私的前提下，准确记录和反映人们在经济社会生活中的信用情况，评定信用等级，把社会信用水平与人们的经济社会发展机会联系起来。以守信受益、失信惩戒为导向，围绕重点领域信用体系建设、信用奖惩机制、信用服务能力、诚信创建和区域合作等方面，加强创新示范。建立完善的诚信监督体系，对诚信缺失进行公平公正的处理，依法惩处不诚信的行为，加强诚信道德教育，培养公民的诚信品德。在全社会大力倡导“爱国守法、明礼诚信、团结友善、勤俭自强、敬业奉献”的基本道德规范，做到说话要守信，做人要诚实，做事要诚信，使诚信观念成为人们的内在觉悟，约束和规范自己的言行，强化诚实守信的道德自觉，并形成诚信的舆论氛围和道德风尚。推进诚信政府建设，强化行政机关和行政人员的诚信意识。继续深入推进行政体制改革，严格落实依法行政，规范政府行为。加大政务公开力度，解决公共信息依法公开和共享问题，实现“阳光行政”。重点加强公务员队伍的诚信教育，倡导廉洁自律的风气，使其成为社会的表率。通过政府诚信建设，为提升社会诚信树立起标杆，夯实社会诚信建设的先导和基础工程。

六、法制宣传教育

加强法制宣传教育、增强公民法治意识，是法治江苏建设的基础性工程。认真抓好“六五”普法规划的实施，着力提升法制宣传教育的针对性、实效性。加强对领导干部学法用法的组织和督查，引导其不断提升依法决策、依法行政的意识和能力。抓好执法人员的理论武装工作，深入开展以“八荣八耻”为主要内容的社会主义荣辱观教育、社会主义法治理念教育，切实加强业务培训，引导执法人员正确认识手中的权力，牢固树立科学的世界观、人生观、价值观和正确的权力观、地位观、利益观，夯实“公正执法、执法为民”的思想基础，不断提高规范执法、公正执法、文明执法的能力和水平。注重加强法治文化建设，在潜移默化中提升全民法律素质，养成信法守法的良好习惯。大力推动全民守法，提高公民法律素质，特别是要加强与人民群众生产生活密切相关的法律法规宣传，引导群众以理性合法方式表达诉求、化解矛盾，使知法守法、依法办事成为每一位公民的行为准则。

第九章　社会管理的综合治理

2011 年 8 月，中央决定将中央社会治安综合治理委员会更名为中央社会管理综合治理委员会，赋予协调和指导社会管理工作的重要职能。综治委更名，从“治安”到“管理”，变的不仅仅是两个字。这一方面表明综治工作开展 20 年来取得的成绩得到了中央的高度肯定，另一方面也是对综治工作“党委统一领导、党政共抓，综治机构具体指导协调，各部门、各单位各负其责”的领导体制和机制的充分认可。同时，对综治工作在工作理念、工作思路、工作内容、工作方式上也提出了新的更高要求。

第一节　综治工作的历史沿革

中共中央、国务院和全国人大常委会《关于加强社会治安综合治理的决定》虽然是 1991 年才颁布的，但综治工作的历程却可追溯较远。综治工作的发展历程大致可分为四个阶段。

一、综治工作思想的形成、方针的提出和实际探索阶段（1979～1990 年）

这一阶段的基本情况和主要是特点是：伴随党和国家工作重心的转移，适应改革开放和中国特色社会主义现代化事业的客观要求，逐步形成了具有中国特色社会治安综合治理思想，明确提出了解决我国社会治安问题综合治理方针;全国许多地方建立了不同形式的综治工作领导体制,设立了组织领导和办事机构,开展了工作探索,初步总结了一些综治工作的典型经验;许多部门单位和社会各界逐步关心、支持并积极参与综治工作,配合政法部门做了大量工作;政法部门在充分发挥职能作用持续开展“严打”斗争的同时,注意结合自身业务开展综治工作,较好地发挥发了综治工作的主力军作用;理论界对综治工作的必要性、可行性等一系列问题进行了研究探讨,从而为全面开展综治工作奠定了坚实的理论和实践基础。

综治工作的思路最先是针对青少年违法犯罪问题提出的。1979年,针对改革开放之初青少年违法犯罪比较突出的问题,中共中央转发了中宣部等8个部门《关于提请全党重视解决青少年违法犯罪问题的报告》,要求全党动员,书记动手,依靠学校、工厂、机关、部队、街道、农村社队等城乡基层组织以及全社会的力量,加强对青少年的教育。这里虽然没有提到综合治理一词,但体现了对青少年违法犯罪实行综合治理的思想。

1981年,中共中央批转的中央政法委《京、津、沪、穗、汉五大城市治安座谈纪要》,提出综合治理社会治安的任务,强调“争取社会治安根本好转,必须各级党委来抓,全党动手,实行全面综合治理”。这里第一次正式提出了“综合治理”一词来概括我国社会治安工作的总方针。1982年,《中共中央关于加强政法工作的指示》更加明确地提出了综治工作方针的基本内容。文件强调,在整治治安中,各级党委要加强领导,把维护良好的社会秩序看成是建设社会主义精神文明的一个重要方面,把各条战线、各个部门、各个方面的力量组织起来,采取思想的、政治的、经济的、行政的、法律的各种措施和多种方式,推广适合各种情况的安全保卫责任制,把“综合治理”真正落实到各个方面。

1983年,中共中央作出《关于严厉打击刑事犯罪活动的决定》,明确了把打击作为综治工作首要环节的工作思路,确立了依法从重从快严厉打击严重刑事犯罪分子的“严打”方针。1984年,中共中央批转的中央政法委《关于严厉打击严重刑事犯罪活动第一战役总结和第二战役部署的报告》，提出综治工作要抓住打击、预防、改造等各个环节，通过思想的、政治的、经济的、行政的、法律的各种手段，达到控制犯罪，预防犯罪，减少犯罪，并把犯罪分子中的绝大多数改造成为新人的目的。此后，针对为期三年“严打”斗争并未能实现社会治安状况的根本好转，甚至刑事发案又出现大幅度反弹的情况，中央进一步提出了一手抓“严打”、一手抓全面落实综治工作的各项措施的“两手抓”思想，进一步丰富和完善了社会治安综合治理方针的内涵。1989 年以后，全国许多地方纷纷建立了不同形式综治工作领导体制，设立了组织领导和办事机构，推动各项工作措施的进一步落实。

二、综治工作在全国普遍开展的阶段（1991～2000 年）

这一阶段的主要特点是：综治工作作为全党一项重要的政治任务，在全国普遍开展起来，并逐步走上了规范化、制度化的轨道。各级综治工作机构在党委、政府的统一领导下，认真贯彻落实中共中央、国务院和全国人大常委会《关于加强社会治安综合治理的决定》精神，围绕解决那些一两个部门难以解决的、群众反映强烈的、影响社会治安的突出问题，组织协调有关部门齐抓共管，狠抓综合治理各项措施的落实，组织开展了一系列重点工作和活动，取得了显著的成效。基本上是每年围绕一两个影响社会治安的突出问题，作为工作主题，召开专题会议，出台专门文件，层层部署抓落实。集中体现在以下几个方面：

一是综治工作的法律保障、组织保障和制度保障逐步建立健全。1991 年 1 月，中央政法委员会首次在山东烟台市召开全国综治工作会议，总结了党的十一届三中全会以来综治工作的基本经验，明确了搞好综治工作的一系列重大问题，对各级党委、政府提出了加强综治工作的具体要求。同年 2 月 19 日和 3 月 2 日，中共中央、国务院和全国人大常委会分别作出《关于加强社会治安综合治理的决定》。这是综治工作的纲领性文件，为综治工作提供了重要的政策、法律保障。同年 3 月 21 日，中共中央决定成立中央社会治安综合治理委员会，作为协助党中央、国务院领导全国综治工作的常设议事机构，下设办公室，与中央政法委机关合署办公。自此，综治工作有了全国统一的组织领导机构和办事机构，逐步走上了规范化、制度化的轨道。1991 年 12 月，中央综治委制定下发《关于社会治安综合治理工作“属地管理”原则的规定》、《关于实行社会治安综合治理一票否决权制的规定》；1993 年 11 月，中央综治委会同中纪委、中组部、人事部和监察部联合制定下发《关于实行社会治安综合治理领导责任制的若干规定》，有力促进了综治工作齐抓共管局面的形成和责任机制的落实。特别是 1992 年 10 月，党的十四大《党章》总纲，进一步明确了把加强综治工作作为全党一项重要的政治任务。

二是组织开展重点治乱。在中央综治委的统一组织领导下，各地各有关部门认真贯彻落实“两个《决定》”精神，针对一些地方治安混乱状况，围绕解决影响社会治安的突出问题，齐抓共管，开展了一系列重点治乱活动。如，1991 年至 1993 年，中央综治委先后部署开展了反盗窃专项斗争，重点治乱活动，打击取缔卖淫嫖娼和拐卖妇女儿童犯罪活动，围歼车匪路霸、整顿铁路治安等一系列专项整治活动，限期扭转一些地方治安混乱状况，集中解决突出治安问题。特别是针对农村治安混乱状况，1994 年 6 月中央综治委会同中组部、公安部、司法部、民政部在江苏省吴江市联合召开全国农村综治工作会议，部署开展农村治安整治。11 月，中央综治委、公安部、民政部、农业部联合发出《关于加强农村治保会工作的意见》。这次农村治安整治工作充分体现了各部门齐抓共管、专门机关工作与群众路线相结合的综合治理特征。

三是大力推动综治专门工作。针对流动人口管理、刑释解教人员安置帮教、学校及周边治安环境综合治理、预防青少年违法犯罪等重点、难点问题，中央综治委分别会同公安部、劳动部、司法部、教育部和共青团中央等部门团体，先后于 1995 年 7 月在福建省厦门市联合召开全国流动人口管理工作会议，1998 年 10 月在上海市召开全国刑释解教人员安置帮教工作经验交流会，1999 年 4 月在北京市召开全国学校治安综合治理工作电视电话会议，2000年9月在四川省成都市召开全国预防青少年违法犯罪工作经验交流会，分别对这几项专门工作进行研究部署，总结推广典型经验。同时，研究制定了《中央社会治安综合治理委员会关于加强流动人口管理工作的意见》、《中央综治委、教育部、公安部关于深化学校治安综合治理工作的意见》、《中央综治委关于进一步加强预防青少年违法犯罪工作的意见》等重要文件，并由中共中央办公厅、国务院办公厅转发。

四是加强综治基层基础建设。针对综治基层基础工作较弱的状况，中央综治委会同有关部门分别于1996年6月在河北承德市召开全国深入持久开展"严打"暨加强社会治安综合治理基层基础工作会议，1997年9月在山东威海市召开全国基层安全创建活动经验交流会，1999年7月在山东东营市召开全国企地共建安全社区工作现场会，对以基层安全创建为载体，加强社会治安综合治理基层基础，推进综合治理各项措施在基层的有效落实，进行了系统总结和全面部署，并先后制定下发了中央综治委《关于加强社会治安综合治理基层基础工作的意见》、《关于进一步开展基层安全创建活动的意见》。

五是部署加强矛盾纠纷排查调处工作。针对社会转型、经济转轨条件下社会矛盾纠纷突出的新情况，为推进正确处理人民内部矛盾、预防和减少犯罪及群众体性事件、维护社会稳定，中央综治委于2000年8月研究制定了《关于进一步加强矛盾纠纷排查调处工作的意见》，并由中共中央办公厅、国务院办公厅转发，对深入开展矛盾纠纷排查调处工作提出了具体措施和要求。

三、综治工作广泛深入发展的阶段（2001～2010年）

这一阶段的主要特点是：适应新世纪我国开始向现代化建设第三步战略目标迈进的新形势，按照落实科学发展观、构建社会主义和谐社会和全面建设小康社会的客观要求，综治工作围绕加强社会治安防范、矛盾纠纷排查调处和深化平安建设三大方面，进一步拓宽领域、充实内容、提高层次、完善机制。集中体现在以下几点：

一是全面部署新时期综治工作。2001 年 9 月，在总结过去十年综治工作基本经验的基础上，中共中央、国务院下发了《关于进一步加强社会治安综合治理的意见》，对新的历史时期进一步加强综治工作提出了具体意见。这是综治工作又一个具有里程碑意义的纲领性文件，为深化综治工作提供了重要的政策保障。

二是大力加强社会治安防范工作，构建社会治安防控体系。2002 年 4 月，中央综治委在上海市召开全国综治工作会议，专题研究部署加强社会治安防范工作，11 月中共中央办公厅、国务院办公厅转发了《中央综治委关于加强社会治安防范工作的意见》。2003 年 9 月，中央综治委在江西省南昌市召开全国综治工作会议，总结交流加强治安防范工作的经验，对构建社会治安防控体系作出部署。各地、各部门认真贯彻落实中央精神，从具体实际出发，因地制宜，建立健全人防、物防、技防相结合，点线面结合，专群结合，管理、教育、服务相结合，打击、防范、控制相结合，全时空、多手段、立体化的社会治安防控体系，有效预防和减少各种违法犯罪，保持社会治安秩序持续稳定。

三是深入开展矛盾纠纷排查调处工作，着力维护社会稳定。2003 年 11 月，中央综治委与浙江省委联合召开纪念毛泽东同志批示“枫桥经验”40 周年暨创新“枫桥经验”大会；2004 年 6 月，中央综治委在浙江杭州市召开全国综治工作会议，总结推广“枫桥经验”，研究部署进一步开展矛盾纠纷排查调处工作，推动综治工作措施在基层的落实，切实维护社会稳定。各地、各部门坚持以人为本、源头预防，建立健全利益协调机制，进一步健全矛盾纠纷排查调处工作网络和工作制度，探索完善矛盾纠纷多元化解决机制，积极预防和妥善处置群体性事件，维护广大人民群众的根本利益，维护社会稳定。

四是深入开展平安建设。自 2003 年 9 月中央综治委“南昌会议”总结交流了“平安江苏”建设的经验后，全国不少地方先后开展了平安建设活动。中央政法委、中央综治委及时推广各地、各部门的工作经验，研究制定了《关于深入开展平安建设的意见》，并于 2005 年 10 月，由中共中央办公厅、国务院办公厅转发该意见，对广泛深入开展平安建设，使综治工作拓宽领域、充实内容、提高层次、完善机制等，提出了明确要求。2006年4月、2007年4月和2008年4月，中央综治委围绕加强社会建设和管理、深入开展平安建设活动，先后在江苏省苏州市、陕西省西安市和广东省广州市、深圳市召开了全国综治工作会议，总结交流开展平安建设工作的经验，进一步部署深化平安建设，为党的十七大胜利召开和北京奥运会成功举办创造良好的社会环境。各级党委、政府对平安建设人力、物力、财力投入明显增多，使综治工作迈上了新的台阶，进入新的发展阶段。

五是狠抓考核评比工作，促进各项措施落实。2003年9月，中央综治委印发了《省、自治区、直辖市社会治安综合治理工作考核评比标准》，对完善综治工作考评机制，建立科学合理的综治工作评估体系提出了明确要求，并对考评内容和考评标准作出了规定。其后，中央综治办及中央综治委各专门工作领导小组和其他参与考评工作的成员单位，每年都结合年度工作重点，制定下发考评实施细则，认真开展考评工作。各地也层层开展综治工作考评。通过考评，查找工作中的问题和不足，有力地推动了一些重点难点问题，特别是机构、编制、经费等老大难问题的解决，促进了综治工作各项措施的落实。

四、社会管理综合治理的阶段(2011年起)

2007年十七大报告中提出“完善社会管理”这一概念。2011年3月“两会”《政府工作报告》指出要推进社会管理体制改革和创新。2011年2月，胡锦涛在省部级主要领导干部社会管理及其创新专题研讨班发表讲话强调，要“扎扎实实提高社会管理科学化水平，建设有中国特色社会主义社会管理体系。”7月5日，中共中央、国务院制定下发了《关于加强和创新社会管理的意见》，考虑到综治工作体制机制的优越性，决定赋予综治委协调和指导社会管理的重要职责。2011年8月21日，中共中央办公厅、国务院办公厅下发了《关于中央社会治安综合治理委员会更名为中央社会管理综合治理委员会的通知》，标志着综治工作进入了社会管理综合治理的阶段。

经过改革开放30多年的实践，综治工作取得了巨大成绩。各级党委、政府增强了“发展是硬道理，是第一要务；稳定是硬任务，是第一责任；发展是政绩，稳定也是政绩”的责任意识、大局意识和正确的政绩观、稳定观，切实担负起维护社会治安和社会稳定的政治责任，以邓小平理论和“三个代表”重要思想为指导，全面贯彻落实科学发展观，把加强综治工作作为一项重大政治任务和第一投资环境紧紧抓在手上，切实摆上了重要位置、加大了组织领导力度；综治基层基础工作进一步夯实，责任制进一步落实，齐抓共管的局面进一步形成；社会矛盾纠纷排查调处工作水平、社会治安防控体系建设水平、“严打”整治水平和维护社会政治稳定的能力得到进一步提升。近年来，综治工作不断适应形势发展的需要，在内容、形式、层次和要求等方面都有了新发展，由对社会治安问题的综合治理扩展到维护整个社会的稳定，由基层安全创建升级到大范围的平安建设，带动了维护社会稳定工作的机制创新、体制创新和方法创新，为维护社会和谐稳定、促进经济社会发展、推进中国特色社会主义事业做出了重大贡献。

江苏地处东南沿海，经济社会发展较快，在社会治安方面遇到的新情况、新问题也较多。改革开放之初，面对“苍蝇蚊子一起飞进来”的巨大压力，江苏较早地认识到社会治安应从多方面入手搞综合治理。早在1982年，省委、省政府就在全省政法工作会议上首次明确提出综合治理工作要求，开始了对既富又安之路的不懈探索。1991年党中央、国务院和全国人大常委会分别颁布《关于加强社会治安综合治理的决定》后，江苏省人大即在当年12月13日制定了《江苏省社会治安综合治理条例》，成为较早进行综治工作地方立法的省份，江苏综治工作进入了飞跃发展时期。党的十六大之后，江苏省委、省政府制定了江苏全面建设小康社会的4大类18项综合指标体系，其中将社会治安满意度列为一项重要的政治文明指标。2003年初全国“两会”期间，中央领导同志参加江苏代表团讨论时，对江苏提出了“率先全面建成小康社会、率先基本实现现代化”的要求。省委、省政府清醒地认识到，“两个率先”是对江苏新时期发展的历史性定位，要实现这一宏伟目标，必须有一个和谐稳定的社会环境。时任省委书记李源潮同志明确提出，“要争创最安全省份，打出江苏治安品牌”。2003 年 8 月 1 日，省委、省政府召开全省“建设平安江苏、创建最安全地区”动员部署电视电话会议。自此，平安建设活动在江苏大地蓬蓬勃勃开展，在全省经济社会快速发展、改革开放不断深化的同时，有力保持了社会大局的平安稳定，跳出了一些国家和地区“经济发展上去了、社会治安掉下来”的怪圈。

第二节　社会管理综合治理的组织体系

社会管理综合治理的组织体系包括以下几个部分：

一、党委统一领导

通过实行综合治理，动员全社会的力量来解决社会治安和社会管理中存在的突出问题，是我们党的政治优势和社会主义制度优势的集中体现。早在 1989 年全国政法工作会议上就提出，综治工作由各级党委统一负责，党委、政府都要有一位负责同志分管这项工作，可以建立由有关部门负责同志参加的联席会议或领导小组，具体负责综合治理的组织领导工作。1993 年，中央综治委、中纪委、中组部、人事部、监察部联合制定下发的《关于实行社会治安综合治理领导责任制的若干规定》，明确要求把抓好综治工作、确保一方平安同各级党政领导干部的任期目标、政绩考核、晋职晋级、奖惩挂钩。

实行党委统一领导意义在于：

1. 为社会管理创新提供政治保障。社会管理创新朝着什么方向、沿着什么道路进行，事关加强和创新社会管理的成败。通过实行党委统一领导，可以有效发挥党组织在社会管理创新中的领导核心作用，充分运用党的政治优势和组织优势，确保党的路线方针政策在社会管理领域得到贯彻落实，确保人民群众根本利益得到有效维护，确保社会形成既和谐稳定又充满活力的良好局面。

2. 为社会管理创新提供思想保障。当前人们的思想意识、价值取向、道德观念多元多样多变，给社会管理创新提出新的要求。实行党委统一领导，有利于强化思想政治教育，构建社会主义核心价值体系，更好地引领社会思潮、弘扬社会正气，既是创新社会管理的重要保证，也是社会管理创新的重要目的。

3. 为社会管理创新工程提供组织保障。社会管理创新能否取得实效，关键在人。实行党委统一领导，加强党的组织和干部队伍建设，切实发挥基层党组织在了解民情民意、服务广大群众、化解社会矛盾、维护社会稳定中的战斗堡垒作用，发挥党员干部在社会管理创新中的骨干带头和先锋模范作用，对推动社会管理不断创新发展至为重要。

为把党委统一领导落到实处，各级党委、政府要做到：牢固树立“稳定是第一责任”的理念，切实把社会管理创新工程作为推进经济社会平稳较快发展的重要保证，作为执政为民的重要体现，作为促进社会和谐的重要举措，纳入本地经济社会发展的总体规划，列入党政领导班子任期目标和党政综合考核，列为政府为民办实事工程，摆上重要议事日程，切实加强组织领导，认真研究解决重要问题。各级党委、政府要成立由党委分管领导担任组长的社会管理综合治理委员会，完善社会管理创新工程领导体系。要结合实际，精心制定本地区深入推进社会管理创新工程的意见和年度实施计划，党政主要领导要亲自抓，分管领导要具体抓，领导班子成员要共同抓。各级党委、政府要重视党委政法委、综治办建设，进一步加强领导、充实力量、增强权威。要大力支持党委政法委、综治委在组织开展社会管理创新工程中充分发挥组织协调作用，切实整改工作中存在的问题和薄弱环节，狠抓各项工作措施的落实。

二、综治机构组织协调

1. 综治委

2011 年 10 月，江苏省委下发《关于江苏省社会治安综合治理委员会更名为社会管理综合治理委员会的通知》，明确省社会管理综合治理委员会是省委、省政府的协调机构，负责协调、指导全省各地、各部门贯彻落实党中央、国务院和省委、省政府关于加强和创新社会管理的决策部署，重点协调、推动涉及多个部门的社会管理重要事项的解决；对各地各部门开展社会管理工作情况进行督导检查；总结推广各地各部门在社会管理工作中的成功经验和做法；加强对社会管理有关重大问题的研究，提出加强和创新社会管理的政策措施建议；协调指导社会管理法规制度建设；组织开展平安江苏建设；办理中央社会管理综合治理委员会和省委、省政府交办的其他事项。

各级社会管理综合治理委员会下设办公室（简称综治办）作为常设办事机构，与同级党委政法委机关合署办公。

作为加强和创新社会管理的组织协调机构，综治委在机构设置上具有综合性，是各级党委、政府在不改变各部门社会管理职能的基础上，建立的一个组织协调推进社会管理工作的综合平台；在力量组织上具有整合性，目前省综治委的 54 个成员单位基本整合了承担社会管理职能的各方面力量；在工作指导上具有聚合性，通过综治委这个综合平台，把打击与防范、惩治与教育、管理与服务、当前与长远、治标与治本有机地结合起来，指导推进各项工作。这三个特点，既是综治委的优势所在，又是综治委的责任所在。

2. 综治委专门工作领导小组

江苏省社会管理综合治理委员会下设 9 个领导小组，各个领导小组分别由省综治委主任或副主任负责联系，领导小组组长由组长单位主要负责人担任，副组长由省综治办负责人和相关单位负责人担任，办公室设在组长单位。部分领导小组下设专项工作组。

社会矛盾化解工作领导小组。省综治办为组长单位，主要负责协调推进社会矛盾化解工作。下设 3 个专项工作组，即由省司法厅牵头的人民调解专项工作组、由省法院牵头的司法调解专项工作组、由省政府法制办牵头的行政调解专项工作组。

实有人口服务管理工作领导小组。省公安厅为组长单位，主要负责研究建立全省人口基础信息库，建立覆盖全省实有人口的动态管理体系。下设 3 个专项工作组，均由省公安厅牵头，即流动人口服务管理专项工作组、人口基础信息库建设专项工作组、境外来华人员服务管理专项工作组。

特殊人群服务管理工作领导小组。省司法厅为组长单位，主要负责研究制定和完善对刑释解教人员、社区矫正对象、吸毒人员、具有肇事肇祸倾向的精神病人等特殊群体的服务管理政策，建立健全社会关怀帮扶体系。下设 5 个专项工作组，即由省司法厅牵头的刑释解教人员安置帮教专项工作组和社区矫正专项工作组、由省卫生厅牵头的易肇事肇祸精神病人专项工作组和易感染艾滋病病人服务管理专项工作组、由省公安厅牵头的吸毒人员管理教育专项工作组。

"两新组织"服务管理工作领导小组。省委统战部为组长单位，主要负责推动非公有制经济组织建立健全党组织和工会、共青团、妇联等群团组织，探索完善非公有制经济组织服务管理体制机制，健全劳动关系协调机制，建立社会组织分类发展、分类监管机制，把各类社会组织纳入党委和政府主导的社会管理体系，完善境外非政府组织在华活动管理机制。下设 3 个专项工作组，即由省委统战部牵头的非公有制经济组织服务管理专项工作组、由省民政厅牵头的社会组织服务管理专项工作组、由省外办牵头的在苏境外非政府组织服务管理专项工作组。

社会治安工作领导小组。省综治办为组长单位，主要负责研究推动打击犯罪、社会治安重点地区和突出治安问题排查整治、社会治安防控体系建设等工作。下设 3 个专项工作组，即由省综治办牵头的社会治安重点地区排查整治专项工作组、由省公安厅牵头的打黑除恶专项工作组和社会治安防控体系建设专项工作组。

政策法规工作领导小组。省人大常委会法工委为组长单位，主要负责研究制定加强和创新社会管理的法规和政策措施。

预防青少年违法犯罪工作领导小组。团省委为组长单位，主要负责研究推动预防青少年违法犯罪工作。下设 2 个专项工作组，即由团省委牵头的预防青少年违法犯罪专项工作组、由省民政厅牵头的流浪未成年人教育帮扶专项工作组。

学校及周边治安综合治理工作领导小组。省教育厅为组长单位，主要负责研究推动学校及周边治安综合治理工作。

护路护线联防工作领导小组。省综治办为组长单位，主要负责研究推动铁路、公路、输油气管道和电力、电信、广播电视设施安全联防工作。下设 4 个专项工作组，即由省综治办牵头的铁路护路联防专项工作组、由省交通运输厅牵头的公路水路民航治安联防专项工作组、由省公安厅牵头的油气田及输油气管道安全保护专项工作组和打击盗窃破坏电力电信广播电视设施专项工作组。

综治委各领导小组组长单位负责本组工作的组织、协调和落实，加强统筹协调和督促检查，建立任务明确、责任到位、协调有效、运转顺畅的工作机制。各成员单位应充分发挥职能作用，积极参与、支持和配合组长单位工作。领导小组组长单位应明确专门机构和工作人员负责专项工作，成员单位应确定专人参与专项工作，保证各项任务落到实处，形成专项工作合力。各领导小组应建立例会制度，一般每季度召开一次，主要任务是听取专项组、各成员单位情况汇报，研究解决专项工作推进过程中的重要问题，推动工作落实。

综治委各领导小组承担的都是社会管理重点工作。综治委抓社会管理创新，就要抓各项重点工作，抓重点工作就要抓领导小组和专项组，这是社会管理综合治理机制的一个重要转变。各领导小组及专项组对所承担的重点工作，应发挥三个作用：一是主导作用。领导小组应搞好制度层面的设计，抓好相关政策的研究，谋好阶段推进的思路，引导重点工作的开展。二是主推作用。领导小组应采取有效措施,加大工作力度,落实具体责任,推动各项重点工作深入进行、取得实效。三是发挥主攻作用。领导小组应针对重点难点问题,组织力量攻坚,努力取得实质性突破。

3. 综治委成员单位

省社会治安综合治理委员会原有成员单位继续作为省社会管理综合治理委员会成员单位。同时,根据工作需要,增加省委统战部、省编办、省维稳办、省人大常委会法工委、省外办、省国资委为成员单位。调整后,省社会管理综合治理委员会成员单位有:省纪委、省委办公厅、省政府办公厅、省法院、省检察院、省武警总队、省委组织部、省委宣传部(省委外宣办)、省委统战部、省委政法委、省编办、省委省级机关工委、省委610办公室、省委农工办、省维稳办、省人大常委会法工委、省发展改革委、省经济和信息化委、省教育厅、省民委(省宗教局)、省公安厅、省安全厅、省监察厅、省民政厅、省司法厅、省财政厅、省人力资源社会保障厅、省国土资源厅、省环保厅、省住房城乡建设厅、省交通运输厅(省铁路办)、省农委、省文化厅、省卫生厅(省食品药品监管局)、省人口计生委、省外办、省国资委、省工商局、省质监局、省广电局、省新闻出版局、省安监局、省旅游局、省政府法制办、省信访局(省联席办)、人行南京分行、南京海关、江苏保监局、省通信管理局、省军区政治部、省总工会、团省委、省妇联。

综治委和领导小组、专项组是由相应成员单位构成的一个有机整体,综治委和领导小组、专项组要切实发挥好作用,成员单位的工作是基础。各成员单位应立足自身职能,围绕重点工作,深入了解情况,深入研究问题,深入抓好落实,切实发挥应有的作用,尽到应尽的责任。

综治委各成员单位应明确一名中层干部担任综治委联络员,主要职责任务是,全面准确地掌握社会管理综合治理的任务目标、工作要求,当好本部门综治委委员的参谋助手,协助委员做好本部门、本系统加强和创新社会管理等方面的具体工作,积极参与综治检查考核,加强与综治办及各相关成员单位间的工作联系、沟通协调和协作配合，共同推动相关工作任务的落实。

三、各部门各负其责

综治委成员单位在社会管理综合治理工作中都有明确的职责任务，共同的职责任务包括：

1. 建立健全综治领导责任制，贯彻执行党委、政府对综治工作的部署，把综治和平安建设工作纳入本部门、本单位、本系统的总体工作规划，结合实际，制定工作意见和实施方案，认真抓好本部门、本单位、本系统参与综治和平安建设的各项工作。

2. 加强内部治安防范和管理。机关和下属单位内部安全保卫工作做到领导、制度、人员、措施落实，及时消除安全隐患。严格要害部位、重要场所和贵重物品、危险物品、枪支弹药的管理，严防被盗、被抢案件以及火灾、交通事故。

3. 加强对干部职工的思想道德和法制教育，努力预防和减少干部职工违法犯罪。

4. 及时排查调处涉及本部门、本单位、本系统的矛盾纠纷，积极化解不安定因素，预防群体性事件、非正常上访等事件的发生。

5. 按照综治委的统一部署，深入开展联系点共建工程，指导和帮助所挂钩的基层单位研究解决综治和平安建设工作中遇到的具体困难和问题。

成员单位具体的职责任务，主要依据自身工作职能确定，以省司法厅、省民政厅和省住房和城乡建设厅为例，其具体职责为：

省司法厅：

一是充分发挥省综治委人民调解专项工作组的作用，加强社会矛盾纠纷排查调处工作。以人民调解为基础，扎实推动大调解机制的完善发展。健全大调解组织网络，加强县乡两级社会矛盾纠纷调处中心和基层人民调解组织建设，培育发展新型人民调解机构，优化调解员队伍结构，推动调解队伍的职业化、专业化、社会化建设。拓展调解工作领域，最大限度地把矛盾纠纷化解在基层，解决在萌芽状态，有效预防、减少民转刑案件和群体性事件的发生。

二是大力开展法制宣传教育工作，努力增强公民的法律意识。扎实有效地推进普法规划的实施，重点抓好领导干部、执法人员和青少年的法律教育。与教育部门共同抓好在校学生的法制课教学，增强广大学生的法制观念。

三是严格、公正、文明执法，提高对罪犯和劳教人员的执法管理水平。积极推进监狱和劳教管理工作改革，加强对法轮功罪犯、劳教人员的教育转化工作，努力提高罪犯教育改造质量。加强监狱、劳教场所的安全防范工作，确保监所安全稳定。

四是充分发挥省综治委特殊人群服务管理工作领导小组的作用，指导基层单位落实矫治措施，提高教育矫正质量，预防和减少社区矫正对象重新犯罪；协调有关部门做好刑满释放、解除劳教人员的帮教安置工作。健全完善刑释解教人员回归社会衔接管理工作机制，指导基层单位全面落实帮教安置措施，努力减少刑释解教人员重新违法犯罪。

五是通过律师、公证等工作，为政府、企事业单位和公民提供优质高效的法律服务，保护其合法权益，预防和减少纠纷，促进经济社会发展。组织开展法律援助工作，不断扩大法律援助覆盖面，努力实现“应援尽援”。

省民政厅：

一是贯彻落实村(居)民委员会组织法，加强村(居)民委员会建设。建立村民代表会议制度，推行村务公开，充分发挥群众自治组织在化解社会矛盾、维护社会稳定方面的作用。积极开展“和谐社区”创建活动。

二是加强流浪未成年人救助保护中心建设，做好城市流浪乞讨人员救助管理工作。

三是健全城乡社会救助体系，做好城乡居民最低生活保障、医疗救助、临时救助、生活无着人员求助和无固定收入的重度残疾人生活救助工作。

四是做好救灾救济工作，帮助贫困户和灾区群众发展生产，脱贫致富，安定群众生活，保证贫困地区和灾区的社会稳定。

五是动员社会力量办好社会福利事业，着力加强弃婴、孤儿抚养和农村“五保”、城镇“三无”老人供养工作。办好福利企业，为残疾人提供更多的就业机会。积极收治无依无靠、无家可归、无生活来源、影响社会治安的精神病患者。

六是做好勘界工作，加强平安边界建设，依法调处边界纠纷，防止恶性事件的发生。

七是加强对社会团体、基金会和民办非企业单位的登记管理，会同有关部门依法查处非法社会组织和社会组织违法乱纪行为。

八是会同有关部门推进社会工作人才队伍建设和相关志愿者队伍建设。

省住房和城乡建设厅：

一是根据维护社会治安的需要，将视频监控设备等安全防范基础设施建设列入规划。

二是将电子防盗门等防范设施纳入住宅设计标准并予以监督实施。加大对老居民住宅小区和散居居民楼、院的治安防护设施改造和建设力度。协调有关部门研究制定外来务工人员集体公寓建设的优惠政策。

三是指导各地完善市政设施建设，将城市建设管理和治安管理结合起来，增强对违法犯罪行为的预防和监控能力。

四是指导基层建设部门积极参加基层平安创建活动，在城镇居民住宅小区积极开展物业管理，加强小区治安防范。

五是配合有关部门切实加强房屋租赁管理，严禁利用承租房屋进行违法犯罪活动。

六是组织开展平安拆迁创建活动，预防和化解城乡拆迁中的矛盾。组织开展平安工地创建活动，最大限度地减少安全事故，降低发案率。组织开展平安景区创建活动，在全省风景旅游区创建诚信、平安景区。组织开展平安住宅小区创建活动，为群众创造安全、文明的居住环境。

第三节 社会管理综合治理的运行机制

社会管理综合治理的运行机制，从总体上讲指责任制和齐抓共管，这两大机制在工作实践中又派生出领导责任制、目标管理责任制、挂钩共建机制等具体的机制。上述机制在建立完善的过程中都离不开“谁主管谁负责”和属地管理两大综治工作原则的指导。

一、“谁主管谁负责”和属地管理原则

据《辞海》记载：“原则是人们从自然界和人类历史中抽象出来的，观察问题、处理问题的准绳。”通常被定义为：人们说话或行事所依据的法则或标准。综合治理的原则是制定、解释、执行和研究综合治理工作的基本依据，是实现综合治理的核心，是做好综治工作必须遵循的准则。社会管理综合治理是一项宏大的社会系统工程，涉及全党全社会各个方面。实践证明，做好这项工作，坚持“谁主管谁负责”和“条块结合，以块为主有机结合的属地管理”原则至关重要。

这两项原则是 1991 年 2 月 19 日，中共中央、国务院在《关于加强社会治安综合治理的决定》中正式提出的。同年 12 月 25 日中央社会治安综合治理委员会第四次全体会议，进一步细化属地管理原则的具体内容。2001 年 9 月 5 日，中共中央、国务院《关于进一步加强社会治安综合治理的意见》要求：党政军各部门和各人民团体要各负其责，充分发挥职能作用，切实做到“管好自己的人，看好自己的门，办好自己的事”，将“谁主管谁负责”的原则真正落到实处。企事业单位包括非公有

制经济组织在综治工作中，要按照“属地管理”的原则，自觉服从所在地党委、政府的统一领导，接受综治工作机构的指导、协调和监督，加强单位内部的治安管理和防范工作，防止违法犯罪案件的发生。2005 年 10 月 21 日，中共中央办公厅、国务院办公厅转发《中央政法委员会、中央社会治安综合治理委员会关于深入开展平安建设的意见》，再次重申：按照“属地管理”和“谁主管谁负责、谁经营谁负责”的原则，层层建立领导责任制、部门责任制和单位责任制，把平安建设的各项任务落实到基层，落实到部门(单位)，落实到责任人。

1. “谁主管谁负责”原则

“谁主管谁负责”原则是根据综合治理的基本特点提出来的。它来自实践，又进一步指导实践，是实现综合治理的核心。“谁主管谁负责”，就是指一个地区、一个部门、一个单位的领导，对本地区、本部门、本单位的综治工作负责，即按照综治工作的任务、要求和工作范围，主动找准自己的位置，明确本部门、本系统的职责，切实承担起维护社会稳定和创新社会管理的义务和责任，保一方平安。各地、各部门的领导对综治工作必须高度重视，加强领导，及时部署，严格检查督促，狠抓落实。一个地区如果在维护稳定和创新社会管理上出了问题，就要追究该地区领导人的责任；一个部门出了问题，就要追究该部门领导人的责任。以此类推，“谁”负责的地区、部门、单位出了问题，“谁”就要对此负责。

2. 属地管理原则

属地管理的原则是“谁主管谁负责”的原则在“条块结合，以块为主”关系上的运用。所谓“条”，是指按照不同工作性质、任务的范围划分的各个系统、各个行业、各个部门、各个单位，是上下纵的方面的系统。所谓“块”，是指依照地理位置而划分的行政区域，是左右前后成片横的区域。虽然“条条”都有各自的系统和上级主管部门，但它们的工作场所和生活场所一般都在一定的“块块”管辖范同之内，这样在综合治理工作中就形成了“条”和“块”两个不同工作领域。实行“条块结合，以块为主”的属地管理原则就是要在综合治理工作中明确“条、块”关系以及各自所处的位置，消除“条、块”分割、脱节的现象，充分调动“条、块”两个方面的积极性，从而更好地把综合治理的各项措施落实到基层。

根据属地管理和“谁主管谁负责”原则，各行政区划的党委、政府对本辖区综治工作负全面责任；所有机关、团体和企事业单位的综合治理工作都要服从所在地党委、政府的统一领导；各部门、各人民团体既要抓好本系统的综合治理工作，又要积极支持、配合地方党委、政府，督促所属单位做好综合治理工作；上级部门所属的企事业单位，既要执行上级主管部门关于综治工作的部署，又要服从所在地党委、政府的统一领导和所在地综治工作领导机构的组织、指导、协调、督促和检查。

二、责任制

明确职责、落实责任，要靠责任制来保证，实行责任制是将责任落到实处的制度保证。责任制的内容一般包括责任分解、责任履行和责任追究等几个方面。综治工作责任制主要包括综治工作领导责任制、目标管理责任制和一票否决权制三部分内容。2001 年，中共中央、国务院《关于进一步加强社会治安综合治理的意见》对此作了比较全面系统的表述：“各级党委、政府要进一步健全和落实综治工作目标管理责任制、综治工作领导责任制和综治工作一票否决权制等各项制度。要建立健全落实责任制联席会议制度。要把各级党政领导干部抓综治工作的实绩，列为干部考核的重要内容，并把考核结果作为干部升降奖惩的重要依据，与晋职晋级、奖惩直接挂钩。各级党委组织部门在考察党政主要领导干部和分管治安工作的领导干部工作实绩时，须征求所在地区、部门综治工作领导机构的意见。要表彰奖励真抓实干、成效显著的地方、部门和单位及其领导干部，宣传他们的先进事迹和典型经验。要严格执行领导责任查究制度，进一步加大对因领导干部工作不力而导致发生严重危害社会稳定和社会治安问题的地方、单位及部门进行领导责任查究的力度，坚决实施一票否决，追究有关领导的责任。”

1. 领导责任制

综治工作领导责任制，主要是解决各级党政领导保一方平安的政治责任问题，是综治工作的“龙头”。中共中央、国务院《关于加强社会治安综合治理的决定》指出：“搞好社会治安综合治理，领导是关键。各级党政领导要从思想上、组织上、工作上加强对综合治理的领导，认真组织、协调各部门的工作，解决落实中的问题，保证各项措施落实到基层。”1993年，中央综治委与中纪委、中组部、人事部、监察部联合制定的《关于实行社会治安综合治理领导责任制的若干规定》要求：“各级党委、政府都要建立社会治安综合治理的领导责任制。要把抓好社会治安综合治理工作，确保一方平安，作为各级党委、政府和各部门党政领导干部的任期目标之一，并同党政领导干部的政绩考核、晋职晋级和奖惩直接挂钩。”2005年，中办、国办转发的中央政法委、中央综治委《关于深入开展平安建设的意见》要求，要把平安建设的成效作为各级党政领导班子和领导干部执政能力与执政水平的重要标准，列入干部考核评价的重要内容，并将考核结果作为对干部晋职晋级和实施奖惩的重要依据。2006年，中组部制定的《体现科学发展观要求的地方党政领导班子和领导干部综合考核评价试行办法》，把各级领导干部抓综治工作情况列入干部考核的重要内容，纳入考察干部时民意调查的范围。

根据中央有关文件和法规规定精神，结合各地、各部门工作实践，综治工作领导责任制的主要内容包括以下几点：

一是实行领导任期目标责任制。把抓好综合治理工作，确保一方平安，作为各级党委、政府和各部门党政领导干部的任期目标之一。按照“发展是硬道理，是第一要务；稳定是硬任务，是第一责任；发展是政绩，稳定也是政绩”的要求，把综合治理工作纳入当地经济社会发展规划和各地、各部门、各单位年度工作计划，做到与经济社会发展和其他重要工作同部署、同检查、同考核、同奖惩。

二是实行领导岗位责任制。根据抓业务工作和综治工作"一岗双责"的领导岗位责任制,分别对党政领导班子、党政主要领导干部和分管综治工作的领导干部,以及其他领导干部抓综治工作的责任,进行分解量化,列入议事日程,摆上工作位置。

三是实施"一把手"工程。党政主要领导干部对社会管理和社会稳定工作亲力亲为,纳入全局工作和重要议程,对重要决策、重点工作亲自部署抓落实,亲自过问解决工作中的困难和问题。

四是实行领导责任查究制。2000 年,中央综治委与中纪委、中组部、监察部、人事部联合制定实施的《关于对发生严重危害社会稳定重大问题的地方实施领导责任查究的通知》,确立了综治工作领导责任查究制,进一步完善了综治工作责任制。《通知》明确规定,对发生严重危害社会稳定,造成恶劣影响的一些重大刑事案件、治安灾害事故和重大群体性事件的地方、单位及部门,经中央五部委共同研究确定后,由中央综治委向重大问题发生地的省、自治区、直辖市综治委下达《重大问题领导责任查究通知书》,对负有责任的领导干部进行领导责任查究。

五是实行嘉奖制。2002 年,中央五部委联席会议确立了综治工作嘉奖制度,明确对在综治工作中成绩突出的地区和单位的党政主要领导、分管领导,要给予嘉奖,并由组织部门记入个人档案,作为干部考核的重要内容。此后,中央综治委与中央组织部联合对荣获 1997 至 2000 年度、2001 至 2004 年度和 2005 至 2009 年度全国综治工作先进集体、优秀地市(单位)的党政主要领导、分管领导,分别给予了嘉奖。在 2005 至 2009 年度全国表彰中,江苏共有 6 个省辖市、7 个县(市、区)、6 个基层单位和 4 名个人获得表彰,获奖总数居全国首位。苏州市、南通市分别因连续三届获表彰而被授予综治工作最高荣誉——长安杯。

2. 目标管理责任制

综治目标管理责任制,主要是解决地方、部门和单位的责任问题,尤其是发挥各部门、各单位参与综治工作积极性、形成齐抓共管局面的重要保证。1991 年，“两个决定”明确规定：“各部门、各单位必须建立综合治理目标管理责任制，做到各尽其职、各负其责、密切配合、互相协作。各级人民政府要把社会治安综合治理纳入两个文明建设的总体规划，切实加强对社会治安综合治理工作的领导。要从人力、物力、财力上给予支持和保障。人民法院、人民检察院和政府的公安、安全、司法行政等职能部门，特别是公安部门，应当在社会治安综合治理中充分发挥骨干作用。”“各机关、团体、企业、事业单位应当落实内部各项治安防范措施，严防发生违法犯罪和其他治安问题。各部门应当督促下属单位，结合本身业务，积极参与社会治安综合治理，充分发挥各自的作用。”“层层建立社会治安综合治理目标管理责任制。地方各级党政领导之间，党政领导和各部门、各单位之间，厂长、经理和车间、班组负责人之间，都要层层签订责任书。要把社会治安综合治理的任务、要求分解为若干具体目标，制定出易于执行检查的措施，建立严格的检查监督制度、定量考核制度和评比奖惩制度。”

实行目标管理责任制的关键，是要从实际出发，制定科学合理、切实可行的工作目标，并根据实际情况不断修订完善责任目标，细化、量化工作要求，通过签订目标管理责任书、治安承包协议等形式，严格检查监督、定量考核和评比奖惩，把各责任主体的综治工作责任落到实处。2003 年，中央综治委制定下发的《省、自治区、直辖市社会治安综合治理工作考核评比标准》，为进一步改进综治工作的检查考评方法，完善综治工作考核评比机制，建立科学合理的综治工作评估体系，促进综治工作目标管理责任制的落实提供了依据。中央综治办和中央综治委各专门工作领导小组及有关部门据此制定了考核评比实施细则，为促进综治工作目标管理责任制的落实提供了可操作性的办法。

3. 一票否决权制

综合治理一票否决权制，主要是解决责任追究、约束机制的问题，是把领导责任制和目标管理责任制落到实处的关键，是综治工作的

“尚方宝剑”。

1991年，中共中央、国务院《关于加强社会治安综合治理的决定》规定：“要把社会治安责任制同经济责任制、领导任期责任制结合起来，将社会治安综合治理目标管理同责任人的政治荣誉、政绩考核、职级提升和经济利益挂钩，同评选文明单位、企业晋级挂钩，实行社会治安综合治理一票否决权制。”为将上述规定精神落到实处，中央综治委于1991年底专门制定下发了《关于实行社会治安综合治理一票否决权制的规定》，对实行综治一票否决权制的目的、原则、权限、程序和否决的内容与情形等，作了明确规定。

实行综治一票否决权制的目的，在于建立一种奖惩结合、赏罚分明的激励和制约机制，以调动社会各方面力量维护社会治安的积极性，督促后进单位和个人改进工作，真正形成齐抓共管的局面。

实行综治一票否决权制的原则是：实事求是、积极稳妥、全面衡量、公开进行。

一票否决权的行使权限是：由县级（含县及相当于县级的单位）以上各级综治领导机构行使。乡镇（街道）及各部门所属的县级以下各级综治领导机构有一票否决的建议权。县级以上各级综治领导机构要在充分考虑乡镇（街道）意见的基础上行使一票否决权。

一票否决的内容包括：县（市、区）、乡镇（街道）以及机关、团体、学校、企业、事业单位评选综合性的荣誉称号；上述单位的主要领导、分管领导和治安责任人评先受奖、晋职晋级的资格。

一票否决的情形包括：因领导不重视、综治机构不健全，造成本地区或本单位治安秩序严重混乱的；对不安定因素或内部矛盾不及时化解，处置不力，以致发生集体上访、非法游行、聚众闹事等问题或造成严重后果，危害社会稳定的；因主管领导、治安责任人工作不负责任，发生特大案件或恶性事故，造成严重损失或恶劣影响的；因管理不善、防范措施不落实，发生刑事案件或治安灾害事故，使国家、集体财产遭受损失，又不认真查处、改进工作的；存在发生治安问题的重大隐患，经上级主管部门、有关部门或综治机构提出警告、司法建议、检察建议、整改建议，限期改进，而无有效改进措施和明显效果的；因教育管理工作不力，本单位职工中违法犯罪情况比较严重的；发生刑事案件或重大治安问题，有意隐瞒不报或作虚假报告的；省、自治区、直辖市综治领导机构认为其他需要予以否决的。

实行一票否决的程序包括：各部门、各单位进行初评；初评意见要经当地综治机构审核；否决的决定书要及时送交被否决单位或个人及其上级主管部门，必要时还可在内部通报，或登报、广播，以扩大教育面；被否决者或其上级主管部门有异议的，可向作出否决决定的机构的上一级综治领导机构提请复议；受理复议的机构应在规定期限（一个月）内复查完毕，作出是否变更否决的决定，并答复要求复议的单位或个人；复查期间否决决定暂不执行；对复议决定仍然不服的，由受理复议的机构根据否决的内容分别提交同级党委或政府作出最后决定。

2002年，中央综治委与中纪委、中组部、人事部、监察部等五部委联席会议，确立了综治督查制度，进一步完善了综治一票否决权制。会议纪要明确各级综治组织要会同有关部门建立督查制度，对治安秩序长期混乱、工作措施不落实、群众反映强烈的地方、单位，对发生严重影响治安秩序和社会稳定的事（案）件的地方、单位，或由中央综治办组织力量进行督查，或由需督查的地区、单位所在的省（区、市）综治委进行督查，被督查的地方党委、政府或单位党委（党组）要查明发生问题的原因和存在的漏洞，制定整改措施，追究有关责任人的责任，并由当地省（区、市）综治委在规定的时间内，将查究结果上报中央五部委。凡被中央综治委下达《重大问题领导责任查究通知书》的责任单位，所在地的省（区、市）综治委必须按照中央五部委《关于对发生严重危害社会稳定重大问题的地方实施领导责任查究的通知》和《关于实行社会治安综合治理一票否决权制的规定》，对其实行一票否决，并由纪检、组织、监察、人事部门落实相关的措施。对被一票否决的地区、单位和个人，在一年内取消其被评为文明、先进、模范等各种荣誉称号的资格；负有领导责任和直接责任的干部，当年不得晋升职务，推迟一年晋升工资档次，在治安面貌改变之前，取消干部本人评先受奖的资格；受到行政处分的，处分期间还不得晋升职务和级别；受到行政处分或党纪处分的人员的年度考核，按照国家有关规定办理。

三、齐抓共管

社会管理创新工程是一项涉及面很广的社会系统工程，需要各部门、各单位的密切配合和通力协作，需要社会各界和人民群众的广泛参与。齐抓共管、齐创共建也是社会管理综合治理和平安建设工作最大的优势，在深入推进社会管理创新工程中应进一步整合资源和力量，提升齐创共建效率。

根据齐抓共管的要求，各级综治委要进一步完善全体成员会议制度和综治、纪检、组织、监察、人事等五部门联席会议制度，积极组织成员单位深入开展专项工作、系列平安创建活动和联系点共建工程，不断提升齐抓共管的水平。各级综治委成员单位要围绕社会管理创新工程的目标要求和自身职能，研究制定本部门、本系统推进社会管理创新的总体规划和年度工作计划，扎扎实实地推进社会管理创新工程各项措施在本部门、本系统的落实。

1. 综治工作制度建设

综治工作制度是指在开展综治工作时，为实现一定的目标、任务而制定的、要求大家共同遵守的、用来调动和约束各种力量的办事规程或行动准则。

加强制度建设，是提升综治工作水平的重要保障，是不断创新充满活力的综治工作机制的必然要求。通过制度建设，进一步完善综治工作运行机制，不断改进综合治理在各方面的实践方式方法，为全面推动综治工作提供坚强保障。随着综治工作形势的发展变化，一些新情况、新问题不断出现，全社会法治意识不断增强，这要求我们要更加充分地运用法律手段强化制度建设。进一步搞好立法调研，把好法规草案起草关，科学制定综治条例，并在综合治理和平安建设实践中进一步修订和规范，给综治工作注入新的内容和发展动力，从法律、规章上解决影响综治工作开展的“瓶颈”问题。用立法的形式规范综治工作的运行体系，对综治工作的各方面如机构、人员配备、参与部门职责、激励约束、责任追究等作出明确的法律规定。

各级综治委应建立健全组织领导制度和基础管理制度：

(1) 组织领导制度

组织领导制度是从综治工作的大局出发，制定出台的一系列规章、规范。这些全局性的规章制度，把握着综治工作或某专门工作领域的发展方向，贯穿于综治工作大局的全过程，它涉及到社会管理综合治理的体制、管理思想、目标、组织、方法和手段等。制定这些制度，要着眼于拓展综治工作的质和量发展的空间，在提升综治工作绩效的同时，使工作手段创新和制度创新同步进行。如：各省(自治区、直辖市)制定的《关于加强社会治安综合治理的决定》、《关于深入开展平安建设的意见》等，各地综治委制定《预防和妥善处置群体性事件工作机制》、《社会稳定预警机制》、《矛盾纠纷排查调处机制》、《社会治安综合治理责任追究机制》等工作制度，这些都是综治工作的主线。制定《学校及周边治安综合治理工作实施意见》、《流动人口管理工作实施意见》、《预防青少年违法犯罪工作实施意见》、《刑释解教人员安置帮教工作实施意见》、《刑释解教人员衔接制度》等工作制度，明确各专门工作领导小组办公室及成员单位的职责任务，明确几个专门工作领域的基本定位，为扎实有效地开展殊群体的教育管理工作创造积极有利的条件。制定《综治五部委联席会议制度》、《治安防控体系实施意见》、出台《综合治理群防群治经费保障意见》等，从制度、人力、物力和财力上，为深入开展综治工作提供坚强保障。

(2) 基础管理制度

基础管理决定着综合治理组织机构最基本的战斗力。一方面随着工作发展要不断修订，完善工作标准、工作规范、岗位职责、行为准则等；另一方面要求真务实、严格要求，核心是抓人的思想、业务素质。要将培养、提高人的素质，规范人的行为作为制度建设的关键，发挥人的积极性和创造性，夯实基础管理制度建设的根基。具体来说，主要包括以下几方面制度。

第一，全体会议制度。综治委全体会议原则上每年召开两至三次。会议由主任召集，副主任和全体委员出席，根据需要可安排有关部门或地方负责同志参加。会议主要任务是分析社会管理面临的形势，听取有关部门参与社会管理综合治理工作的汇报，研究贯彻落实党中央、国务院和省委、省政府社会管理工作方针政策的意见措施，协调解决社会管理综合治理工作中遇到的重大问题，对推进阶段性社会管理工作做出安排部署。

第二，社会管理综合治理工作会议制度。社会管理综合治理工作会议一般每年召开一次，参加会议人员为：综治委主任、副主任、委员；有关部门负责同志。会议的主要任务是总结工作，交流经验，对推进社会管理重点工作进行部署。

第三，专题工作会议制度。综治委专题工作会议根据需要随时召开，由主任或副主任召集，有关成员单位负责同志参加，主要任务是研究协调解决社会管理中的专门问题。

第四，领导小组负责制度。综治委各领导小组组长单位负责本组工作的组织、协调和落实，加强统筹协调和督促检查，建立任务明确、责任到位、协调有效、运转顺畅的工作机制。各成员单位要充分发挥职能作用，积极参与、支持和配合组长单位工作。领导小组组长单位要明确专门机构和工作人员负责专项工作，成员单位要确定专人参与专项工作，保证各项任务落到实处，形成专项工作合力。各领导小组要建立例会制度，一般每季度召开一次，主要任务是听取专项组、各成员单位情况汇报，研究解决专项工作推进过程中的重要问题，推动工作落实。

第五，情况报告制度。综治委各领导小组、专项组每月向综治委报告专项工作简要情况，重要情况和重大问题应随时报告。各领导小组、专项组及综治委成员单位每年 1 月和 7 月分别向综治委报送上年度工作总结和本年度工作计划、上半年工作情况和下半年工作安排。

第六，督促检查制度。对各地贯彻落实中央、省加强和创新社会管理决策部署的情况，综治办协同有关成员单位，适时进行专项督促检查。平时，适时组织人大代表、政协委员开展视察，组织综治委委员进行巡视检查。年终，综治委组织进行综合性检查，检查结果向党委、政府作出报告。

2. 重点项目建设

项目化是一个现代企业管理中被广泛运用的管理手段。从企业管理的角度讲，项目是一个特殊的将被完成的有限任务，它是在一定时间内，满足一系列特定目标的多项相关工作的总称。项目管理是在一个确定的时间范围内，为了完成一个既定的目标，并通过特殊形式的临时性组织运行机制，通过有效的计划、组织、领导与控制，充分利用既定有限资源的一种系统管理办法。

社会管理创新工程涉及面广、涵盖内容多，实行项目化推进是有效手段。2011 年，中央综治委制定了《社会管理创新项目指南》。江苏省委政法委、省综治委确定了 2011—2015 年社会管理创新工程 60 个项目任务。2012 年，又确定了 56 项政法综治重点工作任务，其中社会管理创新项目任务 30 项。各领导小组、专项组及牵头部门应围绕上述项目任务，组织成员单位和协作部门逐一制定实施方案，明确责任主体、时序进度、工作目标、项目载体和推进措施，一个一个地攻坚克难，确保项目做实、早见成效。省综治委 9 个领导小组在项目推进过程中，应充分发挥牵头抓总、统筹协调作用，围绕破解社会管理重点难点问题，进一步明确主攻方向，落实关键措施，力争取得突破性进展。就当前形势任务而言，各领导小组应当集中精力抓好以下重点项目：

(1) 社会矛盾化解工作领导小组应重点实施社会稳定风险评估工作规范化专业化建设、健全矛盾纠纷排查“零报告”制度及矛盾纠纷调处专业化建设等项目，努力提高预防和化解社会矛盾工作水平。

(2) 实有人口服务管理工作领导小组应重点实施流动人口居住证

制度、推广“三集中”模式和出租屋管理项目，实现全省范围内流动人口“一证通”。

(3) 特殊人群服务管理工作领导小组应重点实施特殊人群服务管理政策制定和基础设施建设项目，着力解决特殊人群服务管理方面存在的突出问题，努力把对特殊人群关怀帮扶、教育管控措施落到实处。

(4) 社会治安工作领导小组应重点实施社会治安防控体系建设项目，着力整治治安突出问题，健全完善立体化治安防控体系，确保江苏公众安全感继续位居全国前列。

(5) “两新组织”服务管理工作领导小组应重点实施和谐劳动关系建设项目，推动建立健全企业劳动关系监测预警机制、工资平等协商机制、劳动关系矛盾纠纷化解机制，努力将各类劳资纠纷化解在企业内部。

(6) 预防青少年违法犯罪工作领导小组应重点实施特殊青少年群体的教育帮扶项目，健全预防青少年违法犯罪工作机制，完善学校、家庭、社会“三位一体”工作方法，着力净化青少年健康成长的社会环境。

(7) 学校及周边治安综合治理工作领导小组应重点实施平安校园建设项目，完善校园周边矛盾纠纷和治安问题联合排查整治机制，切实维护校园和学生安全。

(8) 政策法规工作领导小组应重点实施社会管理法规建设项目，协调推动社会管理领域建章立制工作，加大对社会管理法律、法规、政策实施情况的检查督导，推动社会管理工作走上规范化、法治化轨道。

(9) 护路护线联防工作领导小组应重点实施突出问题和治安隐患综合整治项目，健全完善联防联治机制，确保各类重要保卫目标安全。

各级综治委根据社会管理创新工程项目任务，每年对各领导小组、专项组和牵头部门任务完成情况进行全面督查。根据年度全省综治工作重点任务，每半年对各领导小组、专项组和牵头部门工作进展情况进行一次督查，并通报结果。各领导小组、专项组和牵头部门定期对各成员单位、协作部门工作情况开展督促检查，掌握工作进度，发现存在问题，督促落实整改措施。

3. 联系点共建

实施“省综治委成员单位联系点共建工程”，是江苏综治工作的一项重要举措。省综治委于2002年建立成员单位联系点共建制度，2004年调整为联系点共建工程。联系点共建制度实施以来，省综治委成员单位与被联系地区共同努力，推动了综治和平安建设工作各项措施在基层的落实，为全省平安建设作出了重要贡献。

加强联系点共建工作，对于增强成员单位为基层服务的意识，落实齐抓共管有着重要意义。首先，深入开展联系点共建工作，是更好地发挥省综治委成员单位职能作用的需要。省综治委成员单位通过开展联系点共建工作，深入了解和掌握基层开展社会管理创新的实际情况，进一步增强参与综治和平安建设的责任意识，提高上下一心、齐创共建的整体配合意识和工作合力。各单位通过深入联系点调查研究，全面了解掌握基层开展平安建设面临的困难和问题，找准本部门、本系统参与社会管理创新的切入点，把本部门的工作优势转化为加强和创新社会管理的整体合力。其次，深入开展联系点共建工作，是帮助基层提高社会管理水平的需要。全省不少县(市、区)，特别是苏北、苏中一些地方，由于受一定的地域性、历史性和发展阶段性等因素的制约，在开展社会管理创新工作中难免会遇到一些困难和问题，影响了社会管理创新的成效。省综治委成员单位与这些地方挂钩共建，可以充分发挥省级机关在业务、资源、人才等方面的优势，从更高的层次、更优的角度，指导和帮助他们分析问题、解决困难、破解难题。作为联系点的县(市、区)在受到鼓舞、得到指导、获得帮助的同时，也会感到压力，从而增强责任感和紧迫感，从各个方面加大工作力度，提升工作水平。通过深入开展联系点共建工作，帮助全省综治和平安建设工作的薄弱环节改变面貌，有利于以点带面，促进了社会管理水平的全面提升。第三，深入开展联系点共建工作，是合力解决社会稳定和社会治安面临的新问题的需要。随着经济社会的发展变化，社会稳定和社会治安工作出现了许多新情况、新问题。由于经济领域存在的突出问题对社会稳定的负面传导效应，新的社会矛盾不断产生，原有的一些社会矛盾也随之凸显，并呈现出经济领域的新矛盾与老矛盾、经济领域的矛盾与其他领域的矛盾相互影响、相互作用的局面。此外，全省刑事犯罪总量仍在高位运行，刑事犯罪的组织化、暴力化、智能化特征日益明显，职业犯罪、高智商犯罪、跨国犯罪日益增多，防控成本越来越大，破案打击越来越难，社会稳定和社会治安面临的错综复杂的新形势，需要省综治委各成员单位共同来应对；出现的各种新问题，需要各成员单位合力来解决。深入开展联系点共建工作，有利于省综治委各成员单位到基层一线去研究问题、把握形势、寻求对策，在推进联系点县（市、区）解决新问题的同时，探索和积累新的经验，推动全省社会管理工作的新发展。

省综治委成员实施联系点平安共建工作要着力做好以下几个方面的工作：

一是认真落实联系点共建工作责任制。成立联系点共建的工作班子，建立责任制，把联系点共建工作的职责和任务分解落实到有关分管领导、具体处室和具体人员。各部门的省综治委委员是实施联系点共建工作的具体责任人，具体负责共建工作的组织领导。应至少每半年一次深入联系点，加强对社会管理创新工作的调查研究，积极帮助联系点研究解决工作中遇到的具体困难和问题。省综治委各成员单位承担综治工作任务的职能处室是负责联系点平安共建的具体责任处室，负责承担共建工作各项任务的落实与实施。各成员单位的综治工作联络员也是平安共建工作的联络员，要保持与联系点的经常联系，及时提出工作建议，反馈工作信息，加强与省综治办的沟通。

二是建立健全联系点共建工作制度。各成员单位要与联系点共同建立联席会议制度，定期召开成员单位领导和联系点党政领导、综治办领导参加的联席会议，研究决定共建工作的重大事项；要建立联络员工作制度，省综治委成员单位的联络员与联系点县（市、区）综治办负责人互为共建工作联络员，应保持经常联系，做好协调沟通工作；要建立检查督办制度，省综治委成员单位要加强对联系点综治工作的检查、督促、指导，帮助联系点整改问题，提升工作实效；要建立信息交流制度，联系点定期向成员单位报告社会稳定和社会管理情况以及综治和平安建设工作进展情况，成员单位也要经常向联系点提供有助于推进综治工作的信息，同时要及时向省综治办反馈联系点的重要情况，积极反映工作意见和建议。

三是深入联系点开展调查研究。调查研究是开展联系点共建工作的基本方法，各成员单位在每年年初明确新的联系单位后，要迅速进行衔接并尽快赴联系点组织开展一次全面的调查研究，全面了解掌握联系点综治和平安建设工作情况。在共建过程中要定期开展调查研究，及时了解掌握联系点工作的进展情况。要针对联系点平安建设工作中存在的主要问题组织专题调研，共同寻求解决问题的方法和措施。调研要立足于发现问题、分析问题、解决问题，注重工作实效。对通过调研探索出来的、经过试点取得实效的方法和举措，要及时进行总结，形成典型经验。

四是制订切实可行的共建工作方案。各成员单位要在深入联系点开展调查研究的基础上，与联系点共同研究制订联系点共建工作的实施方案和具体工作计划，明确共建工作的具体内容、目标任务、方法措施、时序进度等，有计划有步骤地推进共建工作扎扎实实地开展。共建工作实施方案要针对联系点存在的主要问题，要符合共建工作的任务要求，同时要发挥成员单位的职能优势，做到科学合理，切合实际。

4. 系列平安创建

系列平安创建活动是各综治委成员单位结合自身职能，在本系统布署开展的专项平安创建活动，是把综治和平安建设各项措施落实到各地区、各部门、各行业、各单位的有效载体，也是进一步打牢平安稳定根基的有效方法。开展系列平安创建活动，有利于把综治和平安建设的责任落实到各行业、各部门、各单位，从而织就保平安促稳定的严密网络，从源头上减少违法犯罪，从根本上消除隐患，从全方位堵塞安全漏洞，以各个具体单位的稳定保全省的稳定，以各个具体单位的小安保全省的平安；有利于提高综治委成员单位参与综治和平安建设的主动性和积极性，有助于从根本上改变“块热条冷”的状况，推动行业系统与地方平安建设齐头并进，增强创建合力，提升创建水平，巩固创建成果。

近几年，江苏省根据中央综治委的统一部署，组织开展了“平安家庭”、“平安医院”、“平安校园”、“平安铁路区段”等系列平安创建活动，取得了一定成效。2009 年，省综治委在充分调研和论证的基础上，制定了深入开展系列创建活动的意见，明确了创建活动的指导思想、总体目标、具体项目和责任分工，对全省系列平安创建活动进行了规范和拓展。

开展系列平安创建活动的主要环节有：

一是健全组织，管理到位。各级党委、政府和相关职能部门要把系列平安创建活动纳入本地和本部门平安建设的总体规划，列入行业管理和发展的总体布局。各项平安创建活动都要成立专门领导小组，由牵头单位主要领导担任组长，牵头单位和配合单位分管领导担任领导小组成员，牵头单位分管领导担任办公室主任，牵头单位职能处室承担办公室日常工作。要建立健全牵头会办、联席会议、领导述职、检查考核等各项制度，把系列平安创建活动不断推向深入。

二是科学规划，工作到位。开展系列平安创建活动必须围绕中心、服务大局，以开拓创新的精神状态、思想作风和工作方法，统筹推进综治与平安建设的各项工作。各牵头单位要把系列平安创建活动的阶段性目标与社会管理创新工程的总体目标结合起来，分类指导，针对各类创建对象的具体情况，制订科学合理的创建目标、标准、规划、实施方案和奖惩办法，逐级分解工作任务，层层落实工作责任，明确时序进度。除省综治委部署的创建项目外，各部门也可按照中央有关部门的统一部署或根据本部门、本行业的实际需要，组织开展其他相关的系列平安创建活动，需要有关省综治委成员单位配合的，相关单位要积极配合。各地可根据实际适当拓展创建范围，进一步扩大系列平安创建活动的覆盖面。

三是齐创共建，配合到位。系列平安创建活动是一项“积小安为大安”的系统工程。要按照“一家为主、多家参与、条抓块包、齐创共建”的办法，建立健全党政领导、综治指导、主管部门牵头协调、相关部门密切配合的工作格局。各地、各部门的领导要亲力亲为，深入一线指挥创建；各级综治部门要抓好综合协调、指导监督；牵头单位要充分发挥行政管理职能的作用，切实负起牵头之责；相关部门要积极履行维护社会稳定的工作职责，牢固树立一盘棋思想，积极配合牵头单位开展创建活动，形成齐抓共建的合力。各地、各部门要围绕创建工作的难点、热点问题，探索新思路，研究新办法，掌握新动态，总结新典型，创造性地开展专项创建工作。

四是突出重点，措施到位。系列平安创建活动要围绕维护社会稳定、压降违法犯罪案件、减少安全事故的目标，突出重点·强化措施。第一，要努力减少和化解不稳定因素。各级综治委成员单位要建立和完善本系统、本行业社会稳定风险评估机制，在出台政策、实施重大项目时要充分考虑对社会稳定的影响，从源头上预防和减少不稳定因素。要加强行业管理和作风建设，切实防止因不作为、乱作为引发重大矛盾纠纷。要切实增强各类创建主体的大局意识、责任意识，督促指导本系统、本行业“办好自己的事”，不得将本系统、本行业本单位的问题推向社会，影响社会和谐稳定。要建立健全本单位、本系统化解社会矛盾纠纷的工作机制，妥善处置各类社会矛盾纠纷。第二，要努力压降违法犯罪案件。要切实加强创建单位的治安防范工作，全面落实创建单位的防范措施，有效控制创建单位内的各类违法犯罪案件的发生。加强创建单位内部管理和流动人口服务管理，加强干部职工思想道德教育和法制教育，有效预防和减少违法犯罪。第三，要努力压降安全事故。要落实安全工作责任，推进隐患排查治理工作，加大对道路交通路面秩序的监管治理力度，切实抓好在建重点工程的针对性监管工作，严防发生重特大安全事故。要从各行、各业的特点出发，梳理分析本单位可能会发生的各类突发事件，加强实战演练，切实提高应急处置能力。

后　记

社会管理是中国特色社会主义事业总体布局中社会建设的重要组成部分。加强和创新社会管理，事关党的执政地位巩固，事关国家长治久安，事关人民安居乐业。江苏省委十一届十次全会部署实施的"八大工程"涵盖了经济、政治、文化、社会以及生态文明建设和党的建设，是江苏推进科学发展的系统工程。社会管理创新工程是江苏重点实施的"八项工程"之一。

本书编委会成员由熟悉社会管理综合治理理论和业务的精干力量组成。在编写过程中，力求突出时代性，充分体现中央和省委的关于加强和创新社会管理的新部署、新要求；力求突出系统性，全面系统阐述省委部署推进社会管理创新工程的时代背景、目标任务、关键举措；力求突出独创性，紧贴江苏实际积极借鉴先进理论成果；力求突出实效性，全面展现江苏特色的原创成果；力求突出可读性，努力运用通俗语言论述专门工作。

南京大学政府管理学院教授、博士生导师童星和中共江苏省委党校社会学教研部主任、教授冯必扬对书稿进行了评审，给予了精心指导，提出了很好的修改意见，在此表示衷心感谢。本书在编写过程中，参考了大量中央和省委、省政府文件以及学术界相关的研究成果，由于篇幅原因，在书中没有一一注明出处，敬请谅解。由于时间仓促和水平有限，本书难免存在一些不足之处，欢迎读者批评指正。

编　者

2012 年 12 月

图书在版编目(CIP)数据

社会管理创新工程读本/《社会管理创新工程读本》编委会编著. --南京:江苏人民出版社,2012.8

(江苏省全面建成更高水平小康社会 开启基本实现现代化新征程干部读本)

ISBN 978-7-214-08740-9

Ⅰ.①社… Ⅱ.①社… Ⅲ.①社会管理-创新管理-中国-干部教育-学习参考资料 Ⅳ.①D63

中国版本图书馆 CIP 数据核字(2012)第 198882 号

书　　名	社会管理创新工程读本
编 著 者	本书编委会
出版统筹	韩　鑫
责任编辑	朱　超
责任监制	王列丹
装帧设计	许文菲
出版发行	凤凰出版传媒股份有限公司 江苏人民出版社
出版社地址	南京市湖南路 1 号 A 楼,邮编:210009
出版社网址	http://www.jspph.com http://jspph.taobao.com
经　　销	凤凰出版传媒股份有限公司
照　　排	江苏凤凰制版有限公司
印　　刷	江苏凤凰盐城印刷有限公司
开　　本	718 毫米×1000 毫米　1/16
印　　张	22　插页 2
字　　数	283 千字
版　　次	2013 年 1 月第 2 版　2013 年 1 月第 1 次印刷
标准书号	ISBN 978-7-214-08740-9
定　　价	34.00 元